全国高职高专旅游专业工学结合规划教材

现代酒店前厅客房服务与管理

（第二版）

主　编　沈忠红

副主编　石　莹

人民邮电出版社

北　京

图书在版编目（CIP）数据

现代酒店前厅客房服务与管理 / 沈忠红主编. —2版. —北京：人民邮电出版社，2010.9（2015. 12 重印）
全国高职高专旅游专业工学结合规划教材
ISBN 978-7-115-23787-3

I. ①现… II. ①沈… III. ①饭店—商业服务—高等学校：技术学校—教材 ②饭店—商业管理—高等学校：技术学校—教材 IV. ①F 719.2

中国版本图书馆CIP数据核字（2010）第163000号

内容提要

本书以项目和任务的形式，系统、全面地介绍了酒店前厅客房服务和管理的理论与方法。其主要内容包括客房预订业务、前厅部接待业务、前厅部日常服务、前厅部销售服务、前厅部的对客关系、客房产品设计、客房清洁卫生与管理、客房服务接待等。同时，书中还插入大量的图片，并配以案例分析、问题讨论等内容，思路新颖，结构合理，可操作性强。

本书可作为高职高专旅游管理、酒店管理专业及相关本科专业的教材，也可作为酒店管理人员、旅游管理部门工作人员的培训教材。

全国高职高专旅游专业工学结合规划教材
现代酒店前厅客房服务与管理（第二版）

◆ 主　　编　沈忠红
副 主 编　石　莹
责任编辑　李宝琳
执行编辑　程珍珍

◆ 人民邮电出版社出版发行　　北京市丰台区成寿寺路 11 号
邮编　100164　　电子邮件　315@ptpress. com. cn
网址　http://www. ptpress. com. cn
固安县铭成印刷有限公司印刷

◆ 开本：700×1000　1/16
印张：17　　　　2010 年 9 月第 2 版
字数：200 千字　　　　2015 年 12 月河北第 6 次印刷

ISBN 978-7-115-23787-3

定　价：29.00元

读者服务热线：(010)81055656　印装质量热线：(010)81055316
反盗版热线：(010)81055315

全国高职高专旅游专业工学结合规划教材
编辑委员会

第二版总序

“全国高职高专旅游专业规划教材”自2006年出版以来市场反响强烈，获得了广大读者的好评，并被国内众多院校采用，对高职高专旅游管理类专业的教学起到了很好的促进作用。

随着改革开放的不断深入和发展，我国旅游业也迎来了新的机遇，尤其是2008年北京奥运会、2010年上海世界博览会等大型国际性盛会的举办进一步推进了我国旅游业的跨越式发展。为适应旅游业新的发展变化，迎接挑战，满足社会对新型旅游人才日益扩大的需求，使当前的旅游专业课堂教学内容与形式紧密结合，根据教育部进一步提高高职高专教育教学质量的相关文件和精神，我们对本套教材进行了全新的改版，编写成为了“全国高职高专旅游专业工学结合规划教材”。在本套教材的改版过程中，我们始终坚持“以能力为本位，以就业为导向”的指导思想，把“工学结合”作为高职高专教育人才培养改革的重要切入点，紧紧围绕现阶段高职高专教育人才培养目标从“培养能够与企业工作岗位对接的‘制造型人才’向培养能够适应旅游产业结构升级和工作岗位变换的‘创造型人才’”转型这一实际要求，采用“工学结合、任务驱动、项目导向、顶岗实习”的模式，融“理论、实务、案例、实训”四位一体，全面提高学生的实际操作能力。

“全国高职高专旅游专业工学结合规划教材”的改版原则与特色如下。

1. 以学习目标为导向，采用任务驱动型教学理念。以学习任务的形式进行编写，明确知识目标、技能目标、案例目标和实训目标，改变了传统教材的理论式灌输，使学生首先明确在该学习任务中的技能要求，从而有方向、有针对性地展开学习。

2. 以学习任务为目标，重新梳理整合知识体系。通过对学习任务的分析和整理，提炼学生需要掌握的学习性工作任务，以岗位操作的要求指导教学。

3. 以同步案例为引导，融入丰富的教学资源。在大部分学习任务之前设置“想一想，做一做”栏目，以典型案例的形式引导出该学习任务的内容。

4. 提供同步实战演练，激发学生学习兴趣。在技能要求的知识点中，设置相应的同步实战演练，要求学生及时进行实务分析与操作，达到理论与实践的统一，并通过操作有效激发学生的学习兴趣。

5. 进行综合实训操作，强化学生专业技能。同步演练与综合实训操作既是对任务知识的运用，也是对业务技能的训练，能有效强化学生的操作技能。

6. 搭建校企合作平台，强调教、学、做合一。学习任务来源于企业的实际工作要求，又回归到企业的实践中去，强调教、学、做合一。

7. 引入科学准确的数据，注重资料的时效性。数据、资料列有出处，并介绍了本学科最新的研究成果和国内外的先进经验，以便能够反映出现代旅游业发展的新要求。

由于我们的经验有限，教材中难免存在不妥和疏漏之处，我们期待着旅游界的同行、专家、学者和广大读者的批评与指正，以便我们能够紧跟旅游业发展的新形势，及时修订和出版更新、更优秀的旅游系列精品教材。

胡德华

2010年6月

前言

随着市场经济、现代旅游业和酒店业的发展，我国对酒店从业人员的需求量日益增多，对员工素质的要求也越来越高，这促使了我国旅游教育的规模不断扩大。高职高专院校旅游专业和酒店管理专业的学生已成为旅游服务业从业大军中的主要力量。因此，提高职业教育的教学质量，尤其是提高教材的质量，就显得日益重要。同时，随着高职院校教学改革的深入，高职高专院校旅游专业使用的现代酒店前厅客房服务与管理教材也有必要进行更新。在此形势下，人民邮电出版社不失时机地组织了本教材的修订编写。

本教材是旅游与酒店管理专业的核心课程，立足于提高学生整体素质和学生综合职业能力特别是实践操作能力的培养，旨在帮助学习者领悟旅游服务的真谛，胜任客房服务与管理的工作要求，培养工作技能，拓展专业视野。本教材在传授基本知识的同时，重点突出基本操作技能和实务创新能力的培养，集科学性、知识性和实用性于一体，充分体现高职高专教育的特色。在教学中要求运用情景案例、实战演练、综合实训等任务导向环节引领学生对相应技能的掌握与运用。

本教材的编写适应高职高专教学改革的方向，主要依据第一线的酒店职业岗位群对前厅客房知识和技能的需求，本着以培养全面素质为基础、以能力为本位、以就业为导向的指导思想，充分体现教育部16号文件的精神，严格按照任务驱动的形式组织，力求体现时代精神和高等职业教育的特点与规律，以行动导向教学的形式，系统地阐述酒店客房的基本知识和操作实务。

第一，学习目标导向，任务驱动。对酒店前厅客房体系进行任务性的划分，以学习任务的形式进行编写，并明确知识目标、技能目标、案例目标和实训目标，改变了传统教材的理论式灌输，使学生首先明确在该学习任务中的技能要求，从而有方向、有针对性地展开学习。

第二，学习任务梳理，重新整合体系。学习前厅客房管理与服务的方法，奠定前厅客房管理的基础工作；通过前厅客房典型性工作任务的分析，确立学习性工作任务，以岗位操作的要求完成该学习性工作任务，并强调了前厅客房管理活动。

第三，同步案例引导，丰富资源。每个学习任务之前的引例，以典型案例分析提示的形式，引导出该学习任务的内容。

第四，同步实战演练，激发兴趣。在技能要求的知识点中，设置相应的同步实战演练，要求学生及时进行实务分析与操作，达到理论与实践的统一，并通过操作有效激发学习兴趣。

第五，综合实训操作，强化技能。学习任务中的同步实训与学习任务后的综合实训操作题，既是对任务知识的运用，也是业务技能的训练，又能有效强化学习者的实务技能。

第六，校企合作平台，教学做合一。学习任务来源于酒店的工作要求，又回归到酒店的实践中去，强调教学做合一。

本书由沈忠红任主编，石莹任副主编。沈忠红负责确定提纲和统稿。本书的写作分工是：项目1至项目6主要由石莹老师编写修订，项目7至项目12主要由沈忠红老师修订编写。

在本书的编写修订过程中，我们得到了杭州纳德大酒店前厅与客房经理的支持和帮助，并参阅了大量专家学者的相关文献、科研成果、资料及图片，在此向他们表示衷心的感谢！

由于编者水平所限，加上时间较为仓促，书中难免有缺陷与不妥之处，敬请专家和广大读者批评指正！

目　录

项目 1 前厅部

■ 学习目标

■ 知识目标

1. 了解我国酒店业的发展及酒店的类型和等级。

2. 了解前厅部的任务及业务特点。

3. 熟悉前厅部的组织结构和岗位职责。

4. 熟悉前厅部人员的素质要求。

5. 了解前厅的环境布局及美化要求。

■ 技能目标

1. 能够根据《中华人民共和国星级酒店评定标准》分析一家星级酒店是否符合标准。

2. 能够对一家酒店的大堂环境布局情况作出分析和评估。

3. 能够以前厅部人员的素质标准来要求自己。

■ 实训目标

1. 学会观察、了解酒店前厅部基本布局。

2. 掌握分析酒店前厅布局优势与不足的方法。

■ 教学建议

1. 本项目建议用时5个课时。

2. 建议采用教、学、做、验为一体的教学方法，校内教室与校外酒店交替授课。

3. 因本项目要求学生分组前往酒店参观和考察，需要教师做好学生的组织工作，并能得到酒店的大力支持，以完成实训考察任务。

学习任务❶ 认识酒店

【想一想，做一做】

希尔顿酒店是世界公认的酒店业中的佼佼者，该酒店的宗旨是“为我们的顾客提供最好的住宿和服务”。希尔顿这个品牌名称已经成为了“出色”酒店的代名词。

希尔顿酒店的创始人康拉德·希尔顿在老年时撰写了一本自传——《欢迎惠顾》，在书中他总结了自己一生经营酒店的经历、经验与教训，其中包括以下酒店管理的七条金科玉律。

（1）酒店联号的任何一个分店必须要有自己的特点，以适应不同国家、不同城市的需要。

（2）预测要准确。

（3）要大量采购。

（4）学会挖金子，即把酒店的每一寸土地都变成盈利空间。

（5）为保证酒店的服务质量标准，并不断提高服务质量，要特别注重人才的培养。

（6）加强推销，重视市场调研，重视公共关系，利用系统的优势搞好广告促销。

（7）酒店之间应互相帮助预订客房。

想一想

1. 从以上七条金科玉律中你能总结出希尔顿酒店成功的原因吗?

2. 希尔顿酒店成功的经验给你带来什么启示?

3. 请查找资料了解希尔顿酒店的发展史，并从中了解世界酒店业的发展历史。

知识储备

酒店业是伴随着旅游活动的兴起而产生的。作为旅游业的三大支柱之一，现代酒店业在社会中的地位越来越重要。

酒店（Hotel）一词源于法语，在18世纪末被英美等国家普遍接受并沿用至今。现代酒店是在古代亭驿、客栈的基础上发展起来的，无论其设施设备的档次如何，它都必须具备提供住宿和餐饮的功能。

世界各国对酒店的定义基本相同。《中华人民共和国星级酒店评定标准》中对酒店的定义是：酒店是指以夜为时间单位向客人提供配有餐饮及相关服务的住宿设施。按照不同的习惯，酒店也被称为宾馆、旅馆、旅社、宾舍、度假村、俱乐部、大厦等。

由此可以看出，酒店是一个以提供服务为主的综合性服务企业，是以有形的空间、设备、产品和无形的服务效用为凭借，投入到旅游消费服务领域中，具有一定独立性的经济实体。其特征有提供食宿等服务、具有独立的法人地位、自主营运、服务对象广泛。

1.1 世界酒店业的发展

1.1.1 古代客栈时期

客栈时期是指从11世纪到18世纪之间，其中以15世纪至18世纪较为盛行，并以英国和法国的客栈最为发达，许多客栈所在地成为当地的社会、政治与商业活动中心，有些则演变为后来的大城市。

客栈一般是指位于乡间或路边的、主要供过往客人寄宿的小客店，是现代旅游酒店产生的雏形。

早期的客栈，从设施上看，规模小，设备简陋；从服务上看，仅仅为过往旅客提供吃饭和睡觉；从经营上看，客栈是单家独户经营，无需专门的管理和服务人员。

15世纪以后，随着商业和贸易活动的兴旺与发展，人们对客栈的需求增加，对客栈的服务要求也提高了。于是，客栈的规模开始扩大，设施也有所改善，备有专门的厨房、餐厅和酒窖，建有带壁炉的宴会厅和舞厅，客栈的环境也大为改善，有供客人休憩的花园草坪等，并开始雇用专门的服务和管理人员，现代酒店初具雏形。

1.1.2 大酒店时期

18世纪末至19世纪末是酒店业发展的大酒店时期。这一时期，美国和欧洲很多国家的酒店业发展较快。

18世纪末，美国酒店业有了较快发展。1794年在纽约建成的都市酒店标志着酒店业进入了大酒店时期。都市酒店拥有73个房间，这在当时不亚于一个大宫殿，这里很快成为纽约市的社交中心。1829年，在波士顿建成的特莱门酒店（Tremont）开创了现代酒店业的先河，推动了美国乃至欧洲酒店业的蓬勃发展。该酒店设有前厅，负责接待宾客；酒店内不仅有单间客房，而且客房里备有脸盆、水罐和肥皂。19世纪末20世纪初，美国出现了一些豪华酒店，如纽约的广场酒店（Plaza）至今仍称得上是一流的酒店。这些酒店崇尚豪华、大气，供应精美的食物，布置有高档的家具。

在美国酒店业迅速发展的同时，欧洲国家的酒店业也不甘示弱，19世纪末欧洲一些国家相继建成了一些豪华大酒店，如1874年建成的柏林恺撒大酒店、1876年开业的法兰克福大酒店、1880年建成的巴黎大酒店、1885年建成的罗浮宫大酒店及1889年开业的伦敦萨伏依酒店等，这些都是规模宏大、设施豪华、装饰讲究和服务一流的酒店。

1.1.3 商业酒店时期

商业酒店时期是指20世纪初到20世纪40年代末的一段时期，是酒店业发展的重要阶段，从各方面奠定了现代酒店业的基础。

商业酒店的服务对象主要是公众和商务旅行者，因而其设施与服务一改追求豪华与奢侈的做法，讲求舒适、方便、清洁、安全和适用，并考虑宾客的需求和承受能力，在收费方面也比较合理。

这一阶段商业酒店的发展具有以下突出特点。

第一，确定了酒店为公众和旅游者服务的基调，使酒店业的发展与经济发展和人们的生活水平相适应。

第二，促进了酒店管理和服务的标准化与规范化，形成了行业规范和相应的管理机构，如酒店协会等。

第三，逐步实现了酒店的现代化经营和管理，形成了所有者与经营者分离的体制，促进了酒店经营管理阶层的产生和发展。

第四，出现了专门培养酒店经营管理人才的学校，如美国康奈尔大学酒店管理学院等。

1.1.4 现代新型酒店时期

从20世纪50年代开始，酒店业进入了现代新型酒店时期。

第二次世界大战以后，首先出现在北美洲的酒店集团得到了极大的发展，并逐步扩大到了世界其他地方，国际性酒店集团开始崛起，如美国洲际酒店（Inter-Continental Hotels Corporation）、希尔顿国际酒店公司（Hilton International）、喜来登酒店公司（Sheraton Corp.）、凯悦国际酒店公司（Hyatt International）、假日酒店公司（Holiday Inns Corp.）等。纵观这一时期酒店业的发展，具有以下几个方面的特点。

第一，酒店规模扩大，集团化管理占有日益重要的地位。一些大的酒店公司通过联号管理、特许经营等方式，逐渐形成了统一名称、统一服务标准的酒店联号经营方式，促进了酒店的集团化发展。

第二，酒店服务的多样化和综合性促进了各种类型酒店的产生，以满足不同类型宾客的需求。

第三，酒店业与相关行业的合作日益密切，如酒店业与交通业、旅游业、金融业、商业的合作广泛开展，联合促销，共同争取客源。

1.2 中国酒店业的发展

1.2.1 中国古代酒店设施

中国古代酒店设施主要以官办驿站、迎客酒店和民间客栈为主。

1. 官办驿站

官办驿站是指专门用来接待往来信使和公差人员并为其提供车、马交通工具的住宿设施。驿传制度始于商代中期，止于清光绪年间，世代沿袭三千余年。

2. 迎客酒店

迎客酒店是另一类官办的住宿设施，是官方用来接待外国使者和交往人员的。这不仅适应了中国古代对外交往的客观需要，而且对促进中国古代政治、经济和文化的交流起到了十分重要的作用。

3. 民间客栈

中国民间旅店业早在春秋战国时期就已产生，据文字记载，在商周时期就有专门为人们提供休息和食宿的“逆旅”场所。秦汉时期，由于商业和贸易活动的频繁，民间旅店业有了较快的发展。汉代以后，随着城市的发展，民间客栈广泛分布于城内繁华地带。除了一般提供食宿的客栈外，为适应中国封建科举制度的要求，在各省城和京城又出现了专门接待各地赴试学子的会馆，成为当时旅店业的重要组成部分。

1.2.2 中国近代酒店业的发展

中国近代酒店业是在19世纪初随着外国资本的侵入而逐渐发展起来的。这一时期，中国的酒店设施大致可分为西式酒店、中西结合式酒店和民间旅店三种类型。

1. 西式酒店

1840年鸦片战争以后，西方列强纷纷入侵中国，并在租界和势力范围内建立起大量的西式酒店。这些西式酒店把西方国家的酒店模式带入中国，尤其是受19世纪初西方国家商业酒店发展的影响，这些西式酒店一般都规模宏大、装饰华丽，拥有客房、餐厅、舞厅、酒吧、会客室等，备有电话、暖气及卫生间，采用标准化服务和规范化管理，以适应来华的外国人员及当时上流社会人物、达官贵人集会的需要。西式酒店的进入对中国近代酒店业的发展起了一定的促进作用，尤其是把西方商业酒店的建设、经营、服务及管理方法带到中国，使中国的商业酒店也有了迅速的发展。

2. 中西结合式酒店

中西结合式酒店是指受西式酒店影响、由中国民族资本开办经营的酒店。这类酒店背弃中国传统酒店的庭院或园林式建筑风格，在建筑设施上趋于西化，且多为高大的楼房建筑；店内设备和装潢则中西结合，在经营项目和经营方式上受西方酒店影响，不仅实行与交通、银行等行业联营，而且在服务和管理方面也接受国外商业酒店的方式，从而使中国近代酒店业的发展接近西方国家酒店业的发展水平。

3. 民间旅店

这一时期中国民间旅店业也进一步发展与壮大，民间旅店不仅规模上有所扩大，在设施和装潢方面也较以往的旅店有了较大的改善。

1.2.3 中国现代酒店业的发展

中国酒店业在新中国成立之后，特别是改革开放以后得到了快速发展。这一时期中国的酒店业的发展大致分为如下三个阶段。

1. 事业型的招待所

实行改革开放之前，各地方、各部门建立了一批招待所。这些招待所是从事接待工作的事业单位，不要求自负盈亏、独立核算。而这一时期的招待所的数量较少、设施相对陈旧、服务功能单一、入住条件简陋。

2. 管理型的酒店

改革开放初期，事业型的招待所向企业型转化。这个阶段，酒店开始具有企业的性质，最重要的表现在于它不再是接待本部门、本系统的人员，而开始对外开放，接待旅客。但是这一时期的酒店基本上还未将所有权与经营权分离，其经营管理仍处于各部门、各单位的行政管辖之下。

3. 相对独立经营的酒店

随着改革步伐的加快，我国的酒店业逐步实行所有权和经营权分离。这一时期涌现出一大批独立经营或合资的酒店，酒店的所有制成分更加多样化。这类酒店在新的形势下，纷纷提高经营管理水平，向国外高水平看齐。

1.3 酒店的等级

1.3.1 国际酒店业等级制度

目前国际上有数十种酒店等级制度，有各国政府部门制定的，也有各地酒店协会或相关协会制定的。有些国家强制性规定酒店必须参加评定等级，有的国家则是由酒店企业自愿申请参加评定。但无论是强制还是自愿，酒店等级制度除详细的等级标准外，还包括完备的申请、调查、批准、复查、暗查、抽查、降级、除名等程序。由于各国、各地区之间酒店业的发展程度不均衡及出发点的不同，各种等级制度所采用的标准也不尽相同。但是，各地酒店等级的依据和内容却十分相似，通常都从酒店的地理位置、环境条件、建筑设计布局、内部装潢、设备设施配置、维修保养状况、服务项目、清洁卫生、管理水平、服务水平等方面进行评价确定。

1.3.2 中国酒店业等级制度

中国酒店业的等级制度采用国际上通行的星级制度，即按照一星级、二星级、三星级、四星级、五星级来对酒店进行分级评定，星级越高，表示酒店档次越高。星级用五角星表示，一颗五角星表示一星级酒店，其余依次类推，这既巧妙地避开了各国语言文字的障碍，而且可以使客人一目了然地对酒店的各方面有一个全面的了解。

1. 酒店星级评定的范围

《中华人民共和国评定旅游（涉外）饭店星级的规定》明确了星级评定的范围："凡在中国境内，正式开业一年以上的旅游涉外饭店，均可申请参加星级评定。"

2. 酒店星级评定的组织和权限

国家旅游局是星级酒店评定的最高权力机关，负责全国旅游酒店星级评定的领导工作，并具体负责五星级酒店的评定；各省、自治区、直辖市旅游局设立酒店星级评定机构，负责本地区旅游酒店星级评定工作（四星以下），并向国家旅游局酒店星级评定机构推荐本地区的五星级酒店，最后由国家旅游局星级评定机构评定；副省级城市和优秀旅游城市旅游局设立的酒店星级评定机构可直接评定三星级以下的酒店；非副省级城市和非优秀旅游城市旅游局设立的酒店星级评定机构可直接评定二星级以下的酒店，并向上级主管部门推荐三星级酒店。

3. 酒店星级评定的依据和方法

旅游酒店星级评定是以酒店的建筑、装饰、设施设备及管理、服务水平等为依据，具体的评定办法按照国家旅游局颁布的设施设备评定标准、设施设备的维修保养评定标准、清洁卫生评定标准、服务质量评定标准、宾客意见评定标准五项标准执行。

酒店星级评定的具体工作由检查者承担，检查者在各级星级评定机构的领导下工作，在审核《酒店星级申请报告》的基础上，对申报的酒店进行明察暗访，并实施现场打分，达到标准要求的酒店，由星级评定机构予以批准；暂达不到标准的酒店，检查者向酒店提出整改意见，在完全达标后，予以正式评定。

4. 星级酒店的检查和监督

如果酒店的经营管理和服务水平达不到既定星级标准，星级评定机构应根据具体情况对酒店作出相应的处分：（1）口头提醒；（2）书面警告；（3）罚款；（4）通报批评；（5）暂时降低星级，限期整顿；（6）降低星级；（7）吊销星级，吊销旅游涉外营业许可证。

实战演练

名称	评定一家四星级酒店
时间	2学时
要求	根据《中华人民共和国星级酒店评定标准》，分析和评定××市一家四星级酒店是否符合规定标准
准备	了解我国四星级酒店的评定标准，了解一家四星级酒店的相关信息
方法	现场考察，对照评定

学习任务❷ 认识前厅部

【想一想，做一做】

一年一度的中国哈尔滨国际经济贸易洽谈会期间是哈尔滨市酒店的接待高峰。A酒店为了保证该酒店的经济效益，一连几天前台都实行了超额预订。某个雨天，一位来自××市的客人要求入住酒店，他并没有提前预订房间，而且此时酒店的房间已经全部被预订。当前台服务员向客人解释时，客人却很不理解，提着行李在大堂大声抱怨，说自己第一次来哈尔滨又冒着大雨，一定要给他安排房间入住。这时，大堂副理走了过来，细心地与客人解释。可这大雨天也得让客人有地方住才行，于是大堂副理打电话与附近同星级的几家酒店联系，最后终于找到了一家合适的B酒店，之后又派出酒店的车辆将客人送至附近的B酒店。

想一想

1. 大堂副理这样的处理方法正确吗?
2. 如果你碰到这样的客人会如何处理?
3. 前厅部工作人员应如何做好接待工作?

知识储备

2.1 前厅部的地位与作用

2.1.1 前厅部是酒店的门面

前厅部处于酒店接待工作的最前沿，是酒店最先迎接宾客和最后送别宾客的地方。前厅服务是使宾客对酒店产生第一印象、最后印象以及酒店整体形象的重要环节。因此，前厅在酒店的总体形象中起着重要的作用。首先，前厅的建筑布局、色彩氛围等都体现出酒店的星级、特色及追求的文化品位；其次，前厅服务人员的衣着、仪表、举止、言语等能给宾客留下非常深刻的印象并影响着他们对酒店整体形象的认知，这在很大程度上决定了客人进店后是否入住、入住后是否愉快、下次是否再次光临等。所以说前厅是酒店的门面，代表着酒店的对外形象。

2.1.2 前厅部是酒店的销售窗口

前厅部通过预订、接待宾客、推销客房及其他服务设施来达到销售的目的。虽然前厅部通常销售的客房数量要低于市场营销部，但前台推销的价格一般要高于市场营销部的销售房价。前厅部的问询处通过回答宾客的问询，还可以借此向宾客推销酒店的餐饮、酒吧、商场、康乐等部门的产品和服务。因此，前厅部是通过客房的销售来带动其他部门的经营活动，从而提高酒店的经济效益。

2.1.3 前厅部的服务贯穿于对客服务的全过程

前厅部从客人抵达酒店前开始，到客人入住、居留期间及客人离店的整个过程中，一直扮演着重要的角色，这是酒店其他任何部门都不可替代的。

2.1.4 前厅部是酒店的信息、协调、沟通和联络中心

前厅部是酒店的信息中心，它收集、整理、统计、分析、传递、保存了关于市场和宾客的大量重要信息，这是酒店管理者进行科学决策的依据。对酒店其他部门来说，他们所需要的信息绝大部分来源于前厅部，这些部门将根据信息来计划和组织对客服务的工作。只有及时、准确地了解宾客的特点和需求，才能使服务工作更有针对性地进行。

2.1.5 前厅大堂是确保酒店安全的重要场所

前厅大堂是宾客进出酒店的必经通道，前厅工作人员应细心观察进出大堂

的每一个人员，对可疑人员提高警惕，与保安部保持密切联系，以确保酒店的安全。另外，要管理好客房钥匙、客人寄存的行李物品及贵重物品，保证客人的人身和财产安全。因此，提高前厅人员的安全意识是为酒店竖起第一道安全防线，防止犯罪活动在酒店发生。

2.2　前厅部的目标与任务

前厅部的目标是尽最大可能地推销酒店客房与其他产品，并协调酒店各部门向客人提供满意的服务，使酒店获得理想的经济效益和社会效益。前厅部的具体任务有以下几个方面。

2.2.1　销售客房

前厅部的首要任务是销售客房。目前，我国有相当数量的酒店盈利，前厅部占整个酒店利润总额的50%以上。前厅部推销客房数量的多与少及达成价格的高与低，不仅直接影响着酒店的客房收入，也间接影响着酒店餐饮、娱乐、酒吧、商场等部门的收入。

2.2.2　正确显示房间状况

前厅部必须在任何时刻都能正确地显示每间客房的状况，包括住客房、走客房、待打扫房等，为客房的销售和分配提供可靠的依据，提高客房的利用率和对客服务的质量。

2.2.3　提供各项前厅服务

前厅部还能提供各项前厅服务，如到机场或车站接送宾客、提供行李寄存服务、问询服务、各项委托代办服务等。

2.2.4　协调对客服务

前厅部要向有关部门下达各项业务指令，然后协调各部门解决业务执行中遇到的问题，联络各部门为宾客提供优质服务。

2.2.5　信息收集、处理与传递

前厅部是酒店的信息中心。信息包括外部的市场信息和内部管理信息（如开房率、营业收入、预订情况、宾客信息等）。前厅部不仅要收集信息，还要负责对信息的加工整理及传递工作。

2.2.6　负责客账管理

建立客账是为了记录和监督客人与酒店之间的财务关系，以保证酒店及时、准确地获得营业收入。前厅部负责客账管理工作，其工作内容包括客账建立、客账累计、客账审核及客账结算等。

2.2.7 建立客史档案

大部分酒店为住店一次以上的客人建立客史档案，按照客人姓名字母顺序排列的客史档案是记录酒店所需要的有关宾客的主要资料，这些资料是酒店提供针对性服务与研究市场营销的主要依据。

2.3 前厅部的业务特点

2.3.1 综合性

前厅部是一个提供综合性服务的经营部门，它在为酒店开辟市场、保证客源、推销酒店其他产品的过程中，承担着主要的服务与经营责任。其服务好坏对客人整个住店过程中的影响起着至关重要的作用，它的工作质量还关系到其他部门的服务效果。前厅部业务实行24小时运转，保证不间断地为客人提供优质服务。

由于参与全过程的对客服务，而且要求24小时运转，从时间上看，前厅部的管理存在一定的难度，这就要求前厅部具有完善的管理体系和制度以及训练有素的员工队伍。

2.3.2 复杂性

前厅部的业务包括预订、接待、问讯、行李、迎宾、接机、总机话务、票务、传真、复印、打字、收银结账、客史管理、贵重物品保管和委托代办等，业务专业性强，涉及范围广，与客人接触多，需求随机性强，信息量大而且变化快。因而要求前厅部的管理人员必须要有较全面的业务知识以及较强的沟通协调能力、应变能力和服务的技能技巧。同时，由于前厅部的管理效果直接关系到酒店的声誉和经营成败，所以又要求前厅部在管理上要重视员工的服务态度、文化素养和业务技能的培训，以便与客人建立起良好的关系，从而给客人留下良好的印象。

2.3.3 高效性

前厅部是酒店信息集散的枢纽及对客服务的协调中心，因此其收集、整理、传递信息的效率决定了对客服务的效果。由于前厅部属于一线服务部门，与客人的接触较多，因而其收集的信息量也相对较大。再加上客人的要求每时每刻都会发生变化，这就要求前厅在信息处理上的效率要高。另外，前厅部所掌握的一些重要信息，如当日抵或离的VIP客人、营业口报、客情预测等，都必须及时传递给总经理室及其他相关部门。前厅部的这一特点决定了前厅部的员工必须具备信息观念、时间观念和价值观念，同时也要重视信息的收集、整理和传递工作，以提高工作效率和服务质量。

2.3.4 灵活性

酒店服务的对象来自不同的国家和地区，具有不同的职业、不同的年龄、不同的教育程度、不同的身份地位、不同的宗教信仰、不同的需求心理以及不同的价值观念，这些差别必然会造成客人对服务效果的评价产生较大差异。这就要求前厅部服务人员能够因人、因地、因时，以恰当的方式，灵活地为客人提供有针对性的个性化服务，最大限度地满足客人的需要。

规范化是优质服务的基础，但现在客源市场表现出向定制化方向发展，因此要特别注意随时处理好客人的特殊需求与酒店固定产品服务的关系、工作制度原则性与服务灵活性的关系、客人的心理变化与相应的服务调整的关系等。

2.3.5 政策性

前厅是酒店的“门面”和“橱窗”，同时又是一个具有特殊意义的舞台。前厅服务人员的仪表仪容、言谈举止、待客接物等行为，时时处处都在展示酒店文化特点和员工礼貌修养的文明程度、服务技能技巧的熟练程度等，其实际上是在向客人展示酒店的服务和管理水平。因涉外酒店属于窗口型的行业，除了本身经营、管理上需要有许多政策与制度外，还必须执行国家的有关法令及涉外条例，而前厅部则是具体执行这些政策的部门，其工作有着较强的政策性。

实战演练

名称	了解一家酒店前厅部的主要任务
时间	2学时
要求	根据所学知识考察一家星级酒店的前厅部
准备	联系一家星级酒店，请该酒店前厅部主管介绍酒店前厅部的主要任务
方法	调查、咨询、听取介绍

学习任务❸ 前厅部组织机构设置

【想一想，做一做】

小张是一家酒店前厅礼宾部的员工，但他对自己的工作不太满意，经常对朋友说："我们经理一点也不重视我，我想辞职不干了。""那你对自己的工作熟悉了吗？礼宾部各岗位操作流程你都了解了吗？客人提出的各种问题你都能解决吗？"他的朋友反问道。"还没有！""那么你现在辞职对酒店并没有什么损失，你不如将礼宾部当作免费学习的地方，等学了本领之后再走。"对于朋友提出的建议，小张听了认为有道理，于是便认真学习，不断钻研业务，每天上班比别人早，下班比别人迟。一年之后，朋友问他："现在你可以辞职不干了吧。""可是我现在已经是礼宾部的骨干了，经理对我也是刮目相看，还准备提拔我呢！""这是我预料之中的事！"朋友笑着说，"当初经理不重视你，是因为你的能力不够，又不肯努力学习；后来你能够下苦功，不断学习，经理当然会对你刮目相看了。"

想一想

1. 这个案例给了你什么启示？
2. 怎样才能在工作中获得更多的机会？
3. 你认为如果从事酒店服务工作你具有哪些优势和不足之处？

3.1 前厅部组织机构设置

前厅部的组织机构要根据酒店自身的类型、规模、星级、特点、管理方式、地理位置、客源构成等方面的因素进行设置。总而言之，前厅部组织机构的设置，必须既能保证前厅运转的效率和质量，同时又能满足客人的需求。

3.1.1 前厅部组织机构的设置原则

1. 满足宾客的需要

前厅部组织机构的设置必须符合宾客的要求，方便对客服务的进行。酒店是一个以生产服务产品、满足宾客需求为目的的企业，所以任何机构和岗位的设置都必须以满足宾客的要求为出发点，并与服务工作的开展相适应。

2. 符合国家旅游星级酒店标准的要求

国家旅游局星级酒店标准对酒店一些岗位的配置和服务时间有相关的规定，组织机构的设置应符合这一要求。

3. 机构精简、高效

前厅部组织结构的设置应遵循“精兵简政”的原则，尽量减少不必要的人员浪费，做到“因事设岗”，而不是“因人设岗”，降低劳动力成本，同时提高工作效率，做到“一专多能、一岗多能、人尽其才、物尽其用”。

4. 分工明确、便于协作

应明确各机构所有员工的职责及工作内容，明确上下级关系，建立科学有效的工作流程，做到职、权、责分明。

5. 统一指挥

应建立明确的垂直逐层指挥体系，使内部沟通渠道畅通，分层负责，做到既统一指挥、步调一致，又能充分发挥各级人员的积极性和聪明才智，从而提高工作效率。

3.1.2 前厅部组织机构的设置模型

1. 大型酒店

在大型酒店中，前厅部通常设有部门经理、主管、领班和普通员工四个层级，但是不同的大型酒店前厅部的组织机构也会根据不同情况有所变化。大型酒店前厅部组织机构图，如图1-1所示。

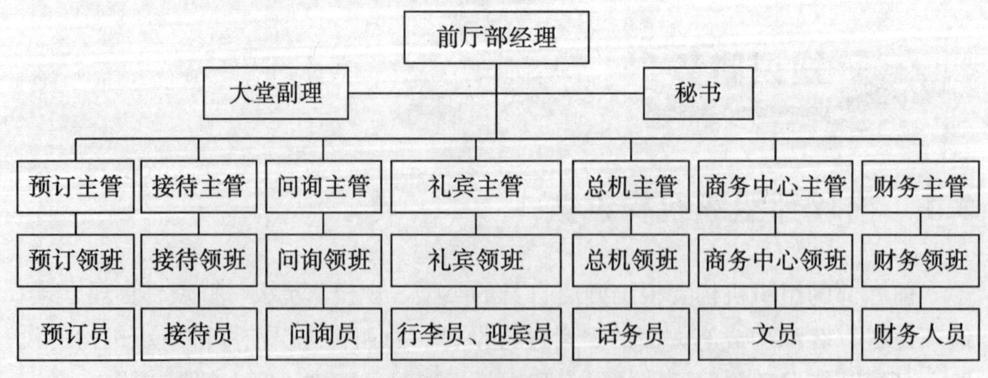

图1-1 大型酒店前厅部组织结构图

2. 中型酒店

中型酒店的前厅部一般由部门经理、领班、普通员工三个层级构成，与大型酒店相比，前厅部下设的岗位减少。中型酒店前厅部组织结构示意图，如图1-2所示。

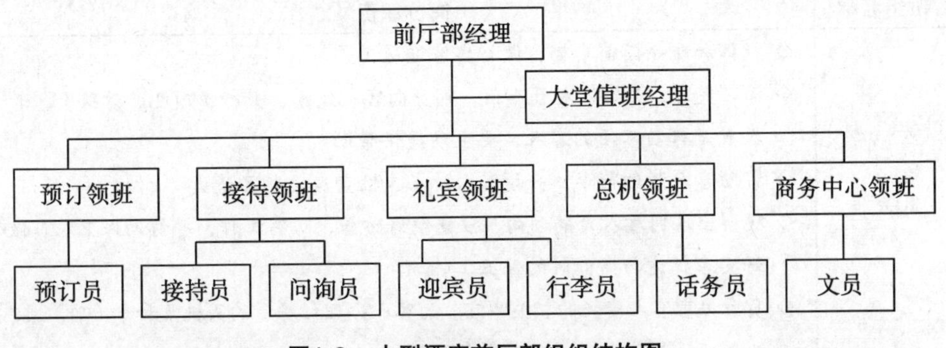

图1-2 中型酒店前厅部组织结构图

3. 小型酒店

小型酒店的前厅部通常由客房部下设的总服务台班组代替，一般只设领班（或主管）与普通员工两个层次。小型酒店总服务台组织结构示意图，如图1-3所示。

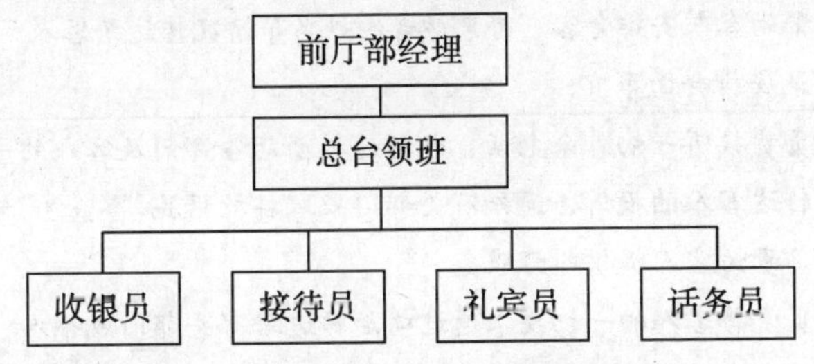

图1-3 小型酒店前厅部组织结构图

3.2 前厅部岗位职责

前厅部各岗位职责的具体内容详见表1-1。

表1-1 前厅部岗位职责

班组名称	岗位职责
预订组	◇ 根据客人的要求，为其提供与其需求相适应的客房 ◇ 全天24小时为客人提供预订服务，及时处理客人的订房事宜 ◇ 及时记录和存储预订资料 ◇ 做好客人抵达前的准备工作
接待组	◇ 细致热情地做好个人订房和团体订房的服务 ◇ 做好开房登记和有关验证客人身份的工作。熟悉当天抵店的VIP客人的身份、房号及抵离时间 ◇ 熟悉当天散客及旅行团的开房情况，掌握当天的房间状况办理加床和换房要向客人讲明情况，并要登记和说明 ◇ 夜班当班员工要负责制作当日报表，反映房间情况，并搞好班组卫生

（续）

班组名称	岗位职责
礼宾组	◇ 指挥和疏导门前车辆，做好宾客迎送工作 ◇ 面带笑容，为客人打开车门，躬身向客人致意，并行护顶礼。对孩子、老人或是行动不便的客人，要主动提供帮助 ◇ 帮助客人装卸行李，并请客人清点、检查有无物品遗失 ◇ 观察出入门厅人员的动向，注意做好防暴、防窃工作，并协助保卫人员做好宾客抵达与离开时的保卫工作 ◇ 负责办理客人委托的相关事宜。为客人办理订房、购买机票和车（船）票、办签证、取送物品、购物等各事项
问询组	◇ 掌握本酒店的一切设施及酒店所在城市的其他大酒店、娱乐场所、游览胜地的一些情况 ◇ 管理好客房钥匙，做好保管和收发工作 ◇ 熟悉电脑查询操作 ◇ 帮助客人安排会客。将来访者的姓名等情况传达给客人，再根据客人的意见安排会面事宜
话务组	◇ 负责接听一切外来电话，包括连接酒店各部门及客人的一切电话 ◇ 转达客人的投诉，通知有关部门采取补救措施 ◇ 负责为客人提供叫醒服务 ◇ 负责将客人的一切要求通过电话转达给有关部门或个人 ◇ 明确在接到紧急电话时应采取的措施和行动
商务中心	◇ 为客人提供复印、翻译、打字、传真收发、上网以及长话等服务 ◇ 及时为其购买机票、车（船）票 ◇ 根据需要可为客人提供秘书服务
收银组	◇ 严格遵守各项财务制度和操作程序。准确地收点客人的现金或是支票，准确地填写发票 ◇ 做好交接班工作，钱物一定要交割清楚 ◇ 按规定及时结清客人或团体的各种费用

3.3 前厅部人员素质要求

3.3.1 前厅部管理人员素质要求

前厅部的管理人员工作在对客服务的第一线，直接指挥、督导并参与前厅服务和客房销售工作，是前厅部正常运转、保证服务质量的直接责任者。他们应具备以下几个方面的基本素质。

- 身体健康、精力旺盛。
- 具有良好的职业道德。
- 有强烈的事业心和工作动力。
- 有较高的业务水平。
- 有良好的语言表达能力。
- 有较强的管理能力。
- 有良好的人际关系和沟通能力。
- 自信乐观、豁达开朗。

3.3.2 前厅部服务人员素质要求

- 品行：品行端正，正直、善良、诚实、勤奋、上进、谦虚。
- 服务意识：必须具备良好的服务意识，正确认识服务工作，随时准备主动为客人服务；必须能够微笑服务；必须乐于助人。
- 身体要求：必须身体健康、精力充沛、反应敏捷。
- 心理素质：善于控制自己的情绪；善于调整自己的心理；善于站在对方的立场思考问题。
- 工作态度：及时准确地向上级或同事报告工作或传递信息；责任心强；对客人的需求反应敏捷；具有一定的灵活性；有创造性，善于独立思考；有服从性；遇事冷静不冲动；爱护酒店财产，关心酒店利益；具有团队协作精神，能顾全大局。
- 仪表礼节：有良好的仪表仪容；讲究礼节礼貌；注意个人卫生，举止得体。
- 技能技巧：能熟练电脑操作、打字、速记、复印、发传真等；掌握有关业务表单的填写、整理、存档等。
- 工作能力：有自我控制能力、人际关系能力、推销能力、应变能力、记忆能力、理解他人的能力、沟通与协调能力、处理投诉的能力、计算能力、预测及判断能力、处事能力等。
- 语言能力：有良好的语言表达能力，普通话发音准确、动听；掌握一门以上外语；最好学会常用的方言，如粤语、闽南话等。
- 较广的知识面：对酒店所在地的历史、地理、气候、风景名胜、交通、风俗等方面的知识有全面的了解；熟悉外事纪律和外事接待礼仪；掌握安全消防知识和急救常识；熟知本酒店的服务项目、服务时间、服务特色等。

实战演练

名称	确定自己是否适合前厅部的工作
时间	2学时
要求	能够对照前厅部员工的素质要求，找出自己的差距，并确定努力方向
准备	联系一家星级酒店，请该酒店前厅部主管介绍酒店前厅部员工的素质要求
方法	调查、咨询、比较

学习任务④ 前厅环境设计

【想一想，做一做】

炎炎夏日的一个中午，夏先生夫妇来到某酒店总台要求入住。刚进入酒店时，他们觉得温度适宜，非常舒适。办理完入住登记手续后，夏先生夫妇就外出观光游览了。当返回酒店后不久，夏夫人感觉有点凉，并开始打喷嚏，当晚发起了高烧。事后，夏先生向酒店投诉，称酒店的空调太冷导致他夫人生病，要求酒店赔偿。

酒店在接到夏先生的投诉后非常重视，仔细分析了夏夫人的病因，认为一方面是因为夏夫人年龄较大，一时没有适应酒店空调所调的温度；另一方面，酒店的空调确实温度调得太低。因此，酒店决定承担夏夫人的医药费，并免去了他们的房费。夏先生表示接受。

想一想

1. 你知道酒店大厅的空调温度夏季和冬季分别应控制在多少度是合适的吗？
2. 合理调整酒店空调温度有何意义？
3. 以上案例给了你怎样的启示？

知识储备

4.1 前厅的布局

前厅是客人进出酒店的必经之处和活动汇集场所，是客人进入酒店后首先接触到的公共场所。前厅必须以其宽敞的空间、华丽的装潢创造出一种能有效感染客人的气氛，以便给客人留下美好的第一印象和难忘的最后印象。

4.1.1 前厅布局的基本原则

尽管前厅的布局随着酒店业的发展在不断更新，各类酒店在前厅设计上都注意突出自己的特点，但是前厅的设计一般应遵循如下基本的原则，以利于前厅的运转。

- 宽敞舒适。其建筑面积应与酒店的接待能力相适应，它和客房的数量有密切的关系。一般情况下，酒店的主前厅的面积按0.4~0.8平方米乘以客房数计算。
- 有一定高度，采光良好，无压抑感。
- 保持适宜的温度和湿度。
- 播放适宜的背景音乐并有良好的隔音效果。
- 地面表层美观，最好用大理石或者优质木地板，既豪华美观又便于清洁。
- 前厅的部门招牌显而易见。
- 星级酒店要提供世界主要客源国（或城市）时间的时钟、外汇汇率牌、日历、天气预报等，以方便入住酒店的客人。

总之，前厅的设置是前厅业务运转的基础，而且，前厅一旦落成又很难改变，因此在设置前一定要进行可行性研究。

4.1.2 前厅的分区布局

1. 酒店大门

酒店的大门由正门和边门构成，大门的外观要新颖、有特色，能对客人有较强的吸引力。一般的酒店都采用玻璃门作为正门。

2. 公众活动区域

前厅的装饰布局风格、面积大小必须与酒店的规模和星级相适应，前厅中应有足够的空间供客人活动。

- 员工进出酒店的通道应与宾客通道分开，并设有团队专用通道和行李车道。有条件的应分别建立客用电梯、员工电梯和货用电梯。
- 酒店的公共服务设施应方便宾客辨认、进出和使用。
- 大厅的非经营区应有供宾客休息的场所。

3. 柜台

大厅内除了设有总服务台以外，还可以设有其他多个服务柜台，柜台的布置必须与前厅总服务台的风格协调一致，并能满足服务的要求。

4. 洗手间

大厅内应设有用中英文文字及图形明显标志的供男女客人使用的洗手间，洗手间要宽敞，各种用品如手纸、面巾纸、香皂、干手器、小毛巾、擦鞋机等要齐全，并确保洗手间干净无异味。

5. 总台

酒店前厅部的总台是总服务台的简称，或称为前台，是前厅最显眼的部位，它肩负着前厅接待的大多数工作，既是宾客投诉处，也是宾客咨询、查询处，因而成为宾客和酒店联系的纽带。

总台高度的设置应以方便客人住宿登记和总台员工的接待服务工作为原则。通常情况下酒店前台柜台的高度是120~130厘米，过高或过低都不利于前台的接待工作，柜台台面的宽约70厘米，柜台内侧设有工作台，其台面高度为85厘米，宽约30厘米。柜台内侧与墙面之间，应有100~150厘米的距离，以供接待员活动或摆放工作文件之用。总台的长度与面积应与酒店规模、等级相一致，酒店规模越大、等级越高，则总台越长、面积越大。总台的形状可根据大堂的建筑结构有所不同，有的设置为直线型，有的设置为半圆型或者是“L”型。

4.2 前厅的环境

前厅的装饰、灯光、布置必须有特色，能体现酒店的级别、服务特点及管理风格，同时也对客人有较强的吸引力，并营造宁静的气氛。更重要的是，前厅的布局要考虑到酒店经营与管理的需要。

4.2.1 温度与湿度、通风与采光

大厅的适宜温度：夏季为22℃~24℃；冬季为20℃~24℃。现代酒店普遍使用了冷气装置或中央空调，使温度得以有效控制。

湿度是与温度密切相关的一种环境条件，适宜的相对湿度应控制在40%~60%的范围内。湿度大易引发人们的烦躁感。

通风是为了保持室内空气新鲜。新鲜空气中约含有21%的氧气，如果室内氧气含量降低到14%就会给人体带来危害。大厅内新风量一般不低于200立方米/人·小时。

大厅的自然采光照度应不低于95勒克斯，灯光照明应不低于45勒克斯。

4.2.2 环境噪声控制

一切听起来不和谐、不悦耳的声音，均为噪声。噪声对环境是一种污染，影响人们休息，降低工作效率。酒店的大厅客人来往频繁，谈笑不断，为了创造良好的环境和气氛，必须采取有效措施，从而防止噪声。大厅内的噪声一般

不得超过50分贝。为有效地控制噪音，大厅的天花板、墙面需使用隔音及吸音性材料；大厅内设施设备的选用和装饰美化（如瀑布、喷泉等）的设计都应注意防止噪声；对团队、会议等大批客人要尽快安置，尽快把人群从大厅疏散；员工要养成轻声说话的习惯，大厅内绝对禁止大声喧哗。另外，播放背景音乐也是防止噪声及工作单调感的有效措施。悦耳的、分贝值低的背景音乐可以掩盖嘈杂的、分贝值较高的噪声，从而降低噪声所带来的不良影响，稳定人们的情绪，又可减少员工因重复性的单调工作而带来的疲劳感。背景音乐要保持在令人轻松愉快的程度，不影响宁静宜人的气氛，一般以5~7分贝为宜。

4.2.3 空气卫生

大厅内的空气中可能会含有一氧化碳、二氧化碳、可吸收颗粒、细菌等空气污染物，有害人体健康，必须予以控制。大厅内空气卫生质量的标准为：第一，一氧化碳含量不超过5mg/m^3，二氧化碳含量不超过0.1%；第二，可吸收颗粒均不超过0.1mg/m^3，细菌总数不超过3000个/m^3。

4.2.4 绿化

人们本能地喜爱自己赖以生存的阳光、空气和水，喜爱充满着生命力的自然界。在高度文明的现代社会，城市中大批的高层建筑拔地而起，人工造成“钢筋水泥的丛林”，阳光被阻挡，加之空气和水被污染，人与自然的距离越来越远，要求回归大自然的呼声越来越高。现代酒店设计中应尽可能在大厅内布置绿化，尤其是大城市中心的现代酒店，周围不一定有优美的花园风景，更加需要在大厅内设计花卉、树木、山石、流水等景观，使大厅内洒满阳光、绿荫丛丛、流水潺潺，给人以亲切、爽适的自然美感。绿化还有调节大厅气温、减少噪音、净化空气的作用，也可以消除人们由于长时间室内活动而产生的疲劳感。

实战演练

名称	对某酒店大堂布局及环境的评估
时间	2学时
要求	根据所学知识参观一家星级酒店的大堂，仔细观察和感受该酒店大堂的布局与环境，发现其存在的问题，并提出合理的改进建议，完成评估报告
准备	联系一家星级酒店，将学生分为几个小组，前往酒店参观考察
方法	现场考察、了解和分析

本项目总结

知识梳理

本项目主要介绍了酒店业的发展情况；我国酒店的等级制度；前厅部的地位和作用、主要任务及业务特点；前厅部的组织机构和各岗位职责；前厅部员工的素质要求；前厅的环境布局和美化要求等。

主要概念

酒店　酒店的等级　前厅部　总台

练习题

1. 描述世界及中国酒店业的发展过程。
2. 前厅部在酒店为什么会成为指挥中心与信息中心？
3. 对比前厅服务人员应具备的素质，查找自身存在的不足。
4. 前厅装饰美化的要求是什么？
5. 1974年在纽约建成的____标志着酒店业进入了____时期。
6. ____是星级酒店评定的最高权利机关。
7. 20世纪50年代，酒店业进入现代新型酒店时期。(　)

A. 是　　B. 否

8. 300间客房以上的酒店称为大型酒店。(　)

A. 是　　B. 否

技能训练

【实训内容】

在教师的带领与安排下，到本市某家四星级以上酒店进行参观考察。

【训练目标】

使学生了解酒店的工作环境并感受酒店的工作氛围，实地观察前厅部的各个工作岗位，学会利用所学知识对该酒店的大堂布局和环境进行评估，找出其具有的优势及存在的问题，帮助学生真正了解酒店前厅部的相关知识。

【操作步骤】

1. 将班级5~6位学生分成一组，每组确定1人负责，分批安排到酒店参观。
2. 对学生进行入店前的培训，强调各项纪律及注意事项。
3. 参观时间以1~2小时为宜。

4. 教师带队进行跟踪指导。

5. 结束后写出评估报告。

6. 各组在班级进行交流与汇报。

【成果形式】

撰写《对××酒店前厅布局和环境的评估报告》。

【任务考核】

工作任务	评价方式		评价标准	分值
对××酒店前厅布局和环境的评估	个人自评	20%	评价学生完成任务过程中的执行情况、任务完成效果、工作态度、操作技能及自主解决问题的能力等	100
	小组互评	40%		
	教师评价	40%		

项目2 客房预订业务

■ 学习目标

■ 知识目标

1. 了解客房预订的基础知识。
2. 了解客房预订的主要任务。
3. 熟悉客房预订的渠道、方式和种类。
4. 熟悉客房预订的业务程序。
5. 掌握超额预订的计算方法。

■ 技能目标

1. 能够掌握客房预订的操作程序。
2. 能够按照要求为客人提供预订服务。
3. 学会填写客房预订单。
4. 能正确计算客房超额预订数和超额预订率。
5. 能妥善解决因超额预订引起的订房纠纷。

■ 案例目标

1. 掌握客房预订的操作程序。
2. 学会计算超额预订房间数及超额预订率。
3. 能够妥善处理酒店发生的订房纠纷。

■ 实训目标

1. 能够根据酒店客房预订的不同渠道所占的比例，分析该酒店的主要客源情况。
2. 能够熟练掌握客房预订的电话受理程序。
3. 能够正确计算酒店的超额预订数及超额预订率。
4. 能够较好地处理因超额预订所引起的各种订房纠纷。

■ 教学建议

1. 本项目建议用时5个课时。

2. 建议采用教、学、做为一体的教学方法，在课堂上安排客房电话预订的情景模拟训练。

3. 本项目要求学生积极参与课堂模拟训练，按照规定的程序完成角色任务。教师要善于控制课堂气氛，充分调动学生的参与积极性，使之准确、熟练地掌握客房预订的操作程序。

学习任务① 客房预订知识

【想一想，做一做】

一天，上海某四星级酒店前厅部预订员小何接到一位日本客人山本从北京打来的电话，这位客人想预订180美元左右的标准双人客房两间，住店时间6天，3天以后到酒店入住。小何马上翻阅预订记录，发现3天以后酒店的标准间已全部预订出去了，小何想了想说："山本先生，感谢您对我们酒店的厚爱，遗憾的是标准双人房已预订出去了，您可否先住3天我们酒店的豪华套房，后面的3天再换成标准双人房。豪华套房是外景房，在房间可眺望外滩的优美景色，室内配有我们中国传统雕刻的红木家具；套房每天收费仅280美元，我想您和您的朋友住了一定会满意。"对方似乎犹豫不决，小何又说："山本先生，我想您不会单纯计较房价的高低，而是在考虑豪华套房是否物有所值吧。请告诉我，您和您的朋友将乘哪次航班来上海，我们将派车去机场接你们，到酒店后，我一定先陪你们参观豪华套房，到时您再做决定好吗？"最后山本先生欣然同意先预订3天豪华套房。

想一想

1. 预订员是如何妥善处理此事的？请你评析一下他的做法。
2. 如果你是预订员，你会如何处理此事？
3. 你认为一名优秀的预订员应具备哪些良好的素质？

知识储备

1.1 客房预订的基础知识

1.1.1 客房预订的概念

客房预订是指客人或代理机构在抵店前与酒店之间达成的客房租用的预先约定。

1.1.2 客房预订的目的

1. 预先满足客人的住宿需求。
2. 提高酒店的服务质量。

3. 争取理想的客房出租率。

1.1.3 客房预订的任务

1. 受理客人的订房要求

酒店的预订处要负责酒店的订房业务，接受客人以电话、传真、信函或口头等方式的预订，并受理客人的各种订房要求。

2. 记录、储存预订资料

预订处不仅要记录和储存预订资料，还要制定预订报表，并参与制订全年预订计划。

3. 推销酒店客房

预订是推销酒店客房的好机会，这就要求预订员能够主动地推销酒店各种类型的客房。

4. 完成客人到达酒店前的各项准备工作

预订处要密切与总台接待处的联系，及时向前厅部经理以及其他相关部门提供有关客房的预订资料和数据，向上级提供VIP客人到达酒店的信息，以便酒店提前做好重要客人到达酒店前的各项准备工作。

1.2 客房预订的种类、渠道和方式

1.2.1 客房预订的种类

客房预订的方法很多，通常可以分为四类，即临时类预订、确认类预订、保证类预订和等待类预订。

1. 临时类预订

临时类预订（Advanced Reservation）一般是指宾客在即将抵达酒店前很短的时间内或在到达的当天联系预订。酒店一般没有足够的时间给临时预订的宾客以书面确认，只能予以口头确认。当天的临时性预订通常会转由前厅接待处的员工受理。接待处的员工在受理时应注意弄清宾客抵达酒店的时间或所乘航班班次或火车车次，并提醒宾客，所订客房将保留至当日18：00（取消预订时限），以免在用房紧张时引起不必要的纠纷。

2. 确认类预订

确认类预订（Confirmed Reservation）是指酒店通过书面的方式答应为预订的宾客保留房间至某一事先声明的规定时间，但若到了这一规定时间宾客仍未抵达酒店，也无任何声明，则在用房紧张时期，酒店可将所保留的客房出租给等候名单（Waiting-List）中的宾客或其他有需要的宾客。

3. 保证类预订

保证类预订（Guaranteed Reservation）是指宾客通过预付订金或订立合同

等方式来保证自己的订房要求，或者在旺季时，酒店为了避免因预订客人临时取消订房而引起的损失，要求客人预付订金加以保证的预订类型。保证类预订对双方都有约束力，违约方将承担相应的经济责任。

4. 等待类预订

等待类预订（Waiting Reservation），是在客房预订已满的情况下，再将一定数量的订房客人列入到等候名单的预订。对这类订房客人，酒店应事先向客人说明，如果有人取消预订或有人提前离店，酒店就会给予优先安排，通知等候名单中的客人来酒店入住。

1.2.2 客房预订的渠道

1. 旅行社和其他订房代理机构。
2. 连锁酒店或合作酒店。
3. 航空公司。
4. 协议单位。
5. 友人。
6. 客人直接订房。

1.2.3 客房预订的方式

1. 电话预订

电话订房比较普遍，其特点是方便、快捷。但由于区域和语言障碍，电话的清晰度以及受话人的听力等影响，往往容易出现听不清或理解上的错误。因此，预订员必须首先听清客人的要求并及时记录，然后向对方完整地复述一遍，得到客人的确认方可。近年来，受话人支付的电话业务发展迅速，并逐渐成为促销的新手段，被称为“免费预订热线”，如“800电话业务”，方便了客人进行预订。

2. 网络预订

这是目前国际、国内较先进的订房方式。随着计算机技术的迅速发展以及互联网的不断扩展，很多酒店在网上都有自己的网址，越来越多的客人乐于使用这种成本低廉、操作快捷又具有个性化的预订方式。

3. 传真预订

传真订房具有方便、迅速、完整的特点，尤其可以使远隔千万里的客人与酒店之间完整地、毫无遗漏地交换各自的资料及要求，同时还可以成为客史档案资料及合同的证明文件。酒店的预订员在接收和发出传真后，应及时打上时间印记；回复客人的时候语言要简明扼要；接收客人的传真订房资料要保留存档，以备日后查对。

4. 信函订房

这种方式很传统，但显得很正规，是以邮寄或托人转交的形式传递客人与酒店的订房交易。由于是“白纸黑字”，并附有客人本人的签名或负责人签字，同样可以作为预订客房、客史资料的相关文件。这种方式比较适合于提前预订时间比较长的客户和以接待度假或者会议为主的酒店。这种订房方式信息比较可靠，客人也能写明特殊要求。

5. 当面订房

预订员与客人面对面地洽谈订房事宜，一方面使预订员获得机会详细了解客人的要求，同时还可以根据客人喜好、行为特点，进行有针对性的介绍和推销，必要时还可以向客人展示其他房间供客人选择。但是由于酒店方很难当场了解客人的信用状况，所以在此类订房要求中应该向客人说明所订的房间只能保留到某一时间为止，逾期则自动取消；并且应该要求客人预付定金。

6. 合同订房

酒店与旅行社或商务公司之间通过签订订房合同，以达到长期出租客房的目的。通常通过此方式预订的房价相对比较低。大型酒店通常将此种形式发展成了会员制的俱乐部或是联谊会，其会员订房享有一定比例的折扣。这种方法可以维系客人对酒店的信赖。

实践要点

1. 比较各种预订方式的优缺点。
2. 区别各种预订的种类。

实战演练

名称	从一家酒店客房预订的不同渠道分析该酒店的客源情况
时间	2学时
要求	了解一家酒店客房预订的不同渠道，根据其所占比例，分析该酒店的主要客源情况，例如，是以团队为主还是以散客为主？以商务客人为主还是旅游客人为主？该酒店的销售渠道是否畅通等
准备	联系一家星级酒店，请前厅预订主管负责为学生提供相关信息
方法	调查、了解、查询相关资料

学习任务② 客房预订程序

【想一想，做一做】

某日，一位外地客人王先生经本地公司预订入住某大酒店，要一个单人间预住5天。但在总台办理入住手续时，接待员告诉王先生，他的预订只有1天。现在又正值旅游旺季，第二天的单人间难以安排。王先生听后大怒，强调自己让本地接待单位在为他订房时是明确要住5天的，订房差错的责任肯定在酒店。由此，接待员与客人在总台形成了僵持的场面。

想一想

1. 接待员当时应该如何妥善处理此事？

2. 如果责任在订房公司，应该怎样处理？如果责任在酒店，又该如何处理？

3. 此案例给了你什么启示？

为了确保客房预订工作的高效运行，前厅部必须建立健全的客房预订的程序。通常，客房预订的程序可概括成下列五个阶段，具体内容详见表2-1。

表2-1 客房预订的程序

1	2	3	4	5
预订前的准备工作	受理预订或婉拒预订	确认预订	订房控制	抵店前的准备工作

2.1 预订前的准备工作

为保证客人能顺利入住酒店，客房预订员应做好预订前的相应的准备工作，其具体工作内容如下。

第一，按酒店规定准时上岗，做好交接班工作。

第二，了解前期的预订情况，掌握当天及未来一段时间客房的可预订情况。

第三，准备好预订工作所需的表单、资料及用品。客房预订表示例，详见表2-2。

表2-2　客房预订表

□ 新客　　　□ 回头客

客人姓名	房数	房型	房价	客人数量	工作单位
抵店日期			离店日期		
预住天数		抵店航班		离店航班	
备注					
联系人	姓名	关系	联系方式	传真号码	
离店时账目结算交付方式： □ 现金 □ 旅行社凭证 □ 信用卡 预订员签名： 预订日期：					

各个酒店的预订表都会有一些区别，但是一般都会包括以下内容。

1. 全名

必须详细地填写入住客人的姓名。

2. 抵店日期

酒店业内规定用统一的写法，都是用日-月-年的记录方法。个别国家如美国就例外，他们用月-日-年，而我国经常用的是年-月-日。所以有必要统一写法，以免出现不必要的误会。

3. 离店的日期

离店的日期不是客人住宿最后一夜的日期，而是第二天，比如一位客人住宿的最后一夜为1月19日，那么他的离店日期就是1月20日。

4. 预计到达酒店的时间

能够提供给酒店的相关部门做好准备工作。重要贵宾还要有到达的航班班次或者火车车次，以便安排酒店方去迎接。

5. 住宿的夜数

客人住宿应该用“夜”来计算而不用“天”、“日”，以免产生误解。

6. 订房的房间种类

7. 订房的数量

8. 住宿人数

9. 房间的价格

通过不同的公司、旅行社或者个人预订客房都有不同的价格优惠，作为订房员应该了解这些不同的优惠政策，并且应向客人说明房价附加的服务费用以及所含费用。

订房单上还包括预订人住址、姓名、付款方式、订房形式、信用卡的号码与有效期和确认栏，最后是承办人及日期和备注栏。

2.2 受理预订或婉拒预订

2.2.1 受理预订

1. 电话预订的受理程序

电话预订受理程序如图2-1所示。

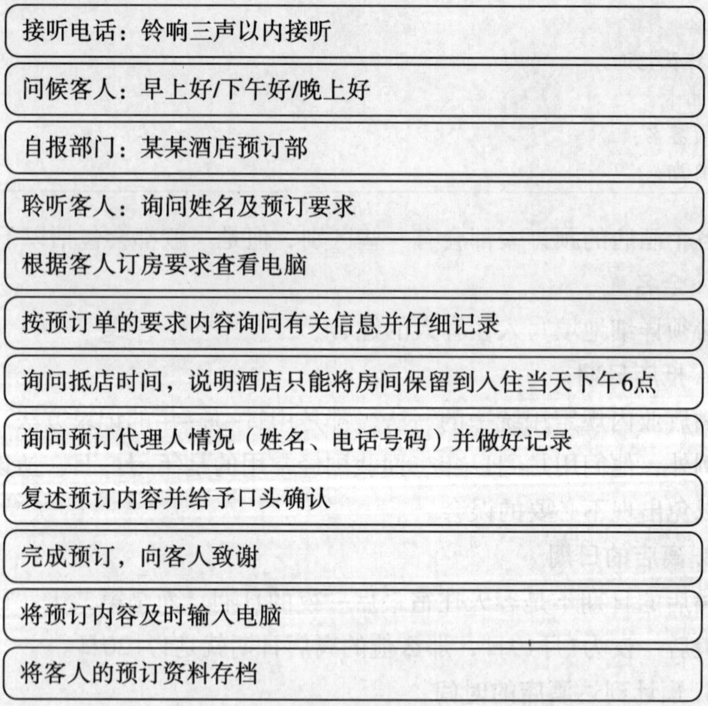

接听电话：铃响三声以内接听

问候客人：早上好/下午好/晚上好

自报部门：某某酒店预订部

聆听客人：询问姓名及预订要求

根据客人订房要求查看电脑

按预订单的要求内容询问有关信息并仔细记录

询问抵店时间，说明酒店只能将房间保留到入住当天下午6点

询问预订代理人情况（姓名、电话号码）并做好记录

复述预订内容并给予口头确认

完成预订，向客人致谢

将预订内容及时输入电脑

将客人的预订资料存档

图2-1 电话预订受理程序

2. 传真预订受理程序

传真预订受理程序如图2-2所示。

3. 网络预订服务程序

网络预订服务程序如图2-3所示。

仔细阅读传真内容

查看房态，确定当日订房状况

按预订单的要求填写预订内容

回复：（1）在收到传真预订的当日回复
（2）加急函电立即回复
（3）回复电传、传真应使用标准格式和通用的缩写方式
（4）如客人预订无法满足，应发出书面致歉信

归档保存：将传真及回复等资料存档

图2-2 传真预订受理程序

每天按指定时间上网，以接收预订电子邮件

用打印机打出网上的预订内容

以传真或E-mail的方式回复是否确认预订

图2-3 网络预订服务程序

2.2.2 婉拒预订

决定能否受理一项订房要求，有如下4个因素。

（1）抵店日期；（2）客房种类；（3）用房数量；（4）入住天数。

预订员对照可预订客房的状况，决定是受理还是婉拒预订。如果确实无法满足客人的需求，应实事求是地说明情况。婉拒预订时，不能因为交易未成而停止服务。而是应该主动提出若干可供客人参考或选择的建议，这样做不但可以促进客房销售，同时还可以在顾客中树立酒店良好的形象。

2.3 确认预订

无论客人以何种方式预订客房，酒店都应给客人一个明确的答复，如果是肯定的答复就叫确认预订（Confirmation）。

2.3.1 确认内容

1. 满足客人对预订房间的要求。
2. 满足客人对预住期限的要求。
3. 与客人就房价达成一致意见。
4. 与客人就付款方式达成一致意见。

2.3.2 预订确认的方式

1. 口头确认

当时间不允许或条件受限制的情况下，预订员可以与客人当场进行口头确认。

2. 书面确认

根据国际订房惯例，不管客人以何种方式订房，只要订房与抵达日期之间有充足的时间，酒店都应向客人寄发书面订房确认书。确认书是客人订房已被酒店接受的书面凭证，是双方发生权力和义务关系的协议书。

团队或个人客房预订的确认传真的详细内容，详见表2-3。

表2-3　团队/散客预订确认传真

ROOM RESERVATION COMFIRMED BY FAX

传至 To		日期 Date	
接收人 Attn		传真号码 Fax No.	
传自 From		页数 Total Pages	

有关：

Re：

我们很愉快地确认以下预订：

We are pleased to confirm the reservation as follows：

客人数目 No.of Person（s）		客房数目 No.of Rooms		房价 Rate	抵达日期 Arr. Date	离开日期 Dep. Date
成人 Adult		标准间Standard Rm				
		单人间Sigle Rm				
儿童 Children		套房Suite Rm			抵达日期 Arr. Date	离开日期 Dep. Date
		家庭间Family Rm				
陪同 Guide		陪同Guide				
		加床Exb				
总计 Total		总计 Total			抵达班次 No.	离开班次 No.
膳食 Meal	早餐 Breakfast				付款方式 Method of Payment	
	中餐 Lunch					
	晚餐 Supper					

客人姓名：

Name of Guest（s）：

备注：

Remarks：

订房中心

Reservation Centre

2.4 订房控制

2.4.1 预订资料整理存档

1. 打时：原始凭证上打上时间，包括预订客房的传真、预订员填好的预订单等。

2. 盖章：根据不同情况加盖已确认、取消、VIP、定金已付等。

3. 输入电脑：预订信息按照要求输入电脑，并做好相应记录。

4. 整理存档。

2.4.2 订房变更

订房变更指的是客人在抵达酒店前出于某种原因要对原预订进行补充或修改，甚至取消原预订。当出现如下几种情况时，预订员应该如何处理呢？

1. 接到客人改变预订的要求以后

（1）首先应察看电脑或有关预订的控制记录，看看是否能够满足客人的变更要求，如果能够满足，则予以确认；如果不能满足，则将酒店空房类型及有空房的日期告知客人，与客人协商解决。

（2）不能在原始的预订单上直接涂改，要填写预订更改表。

（3）如果更改的内容涉及其他部门的工作安排，应尽快通知，重新安排。

2. 接到客人取消预订的要求以后

（1）服务员不能表露出不愉快，应让客人感觉到今后随时光临本酒店都是受欢迎的。

（2）尽量简化取消预订手续。

（3）不能在原始的预订单上直接涂改，要填写预订取消单，在原预订单上盖上“Canceled”的印章，并在备注栏内注明取消日期、原因、取消人等。

（4）在电脑上或者预订控制表上将其注销。

（5）如果更改的内容涉及其他部门的工作安排，应及时通知。

2.4.3 预订的核对

由于客房预订在客人入住前有可能出现变更、取消等情况变化，为提高预订的准确性和理想的入住率，预订员对每一个已确认的预订都要进行多次核对。

那么到底应该进行多少次核对呢？

第一，在客人预订抵店前一个月由预订部文员每天核对下个月的当天抵店的客人。

第二，在客人入住的前一周进行再次核对。

第三，预订员核对客人抵店前一天的预订状况。

对于大型团体客人或专业会议，核对的次数和内容要更多、更细致。因为接待团队或会议客人人数较多，酒店为此要提前预留相应的客房，在客人离店后，又立即会出现大量客房闲置，因此，酒店必须加强对团队（会议）预订的管理工作，尽量减少由此而带来的经济损失。

2.5 客人抵达酒店前的准备工作

2.5.1 预先分房

按预订要求及接待标准提前为已办理预订的客人分配房间、确定房号，并将有关变更或补充的通知传达至相关部门。很多酒店将预分排房工作提前数日进行，尤其是大中型酒店。小型酒店则是安排总台接待员在当天提前对预订客人的住房进行预分排房。

2.5.2 实施具体接待措施

在客人抵达酒店的前一天，将已经批准的各项接待及安排计划（如派车通知单、礼宾鲜花、贵宾水果篮等）送到相关部门。

实践要点

1. 各种预订的受理程序。
2. 婉拒预订的注意事项。
3. 正确填写预订单及确认单。
4. 预订资料的整理。
5. 订房的变更流程。

实战演练

1. 实战内容

（1）按照正确的程序完成散客电话预订的书面模拟对话。（50分）

（2）由两位学生分别担任预订员和客人角色，模拟完成电话客房预订操作流程。（50分）

2. 实战地点：教室。

3. 实训课时：1课时。

4. 实战要求

（1）模拟客房预订程序，考核时间为3分钟。

（2）若出现下列情况之一，则终止考试，成绩记为零分：

①没有填写预订单；

②预订程序出现三处以上错误；

③超过规定时间。

5. 评分标准

序号	考核内容	考核要点	配分	评分标准	扣分
1	仪容仪表	整洁得体，鞋袜洁净，纽扣齐全，化淡妆，不佩戴夸张的饰物	10	有一项不符合要求，扣1分	
2	仪态	行走、站姿正确，行为规范有礼	5	有一项不符合要求，扣1分	
3	了解需求	礼貌地询问清楚客人的订房要求	9	每有一处错误或遗漏扣1分	
4	介绍房间	向客人介绍三种以上的客房，正确描述各类房间的优点及房价	6	少介绍一种扣2分，描述不全面扣2分，报错价格扣2分	
5	表格填写	规范、完整地填写预订表	5	每有一处错误扣1分	
6	确认订房	确认客人订房的时间、天数、房型、房数、房价、付款方式、保留时间、特殊要求、联系电话等	6	每有一处错误或遗漏扣2分，扣完为止	
7	道别	礼貌地向客人道谢、道别	4	每有一处遗漏扣2分	
8	预订程序	按照正确的程序提供预订服务	5	出现一处程序错误扣2分	
合计得分			50	合计扣分	

学习任务③ 超额预订

【想一想，做一做】

盛夏正值旅游旺季，某酒店的客房爆满。这时一位先生打电话要求预订4间标准间，并要求将房间保留到晚上11点。值班服务员小张查看了一下房态，正好还有客人需要的房间，就接受了此预订。

由于是旅游旺季，期间来了许多客人。酒店已经没有房间了，小张一一婉拒了客人的住房要求。当晚只剩下4间预订房的客人还没到了，这时离与客人约定好的时间还有几分钟，恰好又来了几位客人要求入住酒店。看着眼前着急的客人，小张心想也许预订的客人不会来了，于是就把那4间标准房售了出去。可就在这时，预订的客人带着朋友到了，听说自己预订的房间已经没有了，客人愤怒地指责酒店不讲信誉，要求小张一定要解决他们的住房，否则要投诉，一时之间大厅乱作一团。

想一想

1. 小张的做法对吗？
2. 酒店应如何妥善解决此事？
3. 今后应如何避免这种订房纠纷呢？

知识储备

客人向酒店订房之后，并非所有的人都能按约如期抵达酒店，总会有一小部分预订宾客因各种原因不能按期抵达或临时取消，使酒店出现空房，延误出租而造成一定损失。酒店为追求理想的客房经济效益，有必要实施有效的超额预订。

3.1 超额预订的确定

3.1.1 超额预订的概念

超额预订是指酒店在一定时期内，有意识地接受的客房预订数超过其客房接待能力的一种预订现象，目的是为了弥补因少数客人临时取消预订而出现客房闲置带来的损失。也就是说，有时候即使酒店的订房几乎没有空缺，也要适当增加订房的数量。

3.1.2 超额预订的影响因素

超额预订房数要受预订取消率、预订客人未到率、提前退房率以及延期住店率等因素的影响，它们之间存在一个关系式从而可以帮助酒店确定超额预订的具体数量。按国际酒店的管理经验，超额预订的百分比可控制在5%~20%之间。

3.1.3 超额预订数的确定

预订取消率、预订客人未到比率、提前退房率以及延期住店率等因素之间存在如下关系：

超额预订房数=预计临时取消预订房数+预计预订客人未到房数+预计提前退房房数−延期住店房数

=酒店应该接受当日预订房数×预订取消率+酒店应该接受当日预订房数×预订而未到率+续住房数×提前退房率−预期离店数×延期住店率

假设：X=超额预订房数；A=酒店客房数；C=续住房数；r_1=预订取消率；r_2=预订而未到率；D=预期离店房数；f_1=提前退房率；f_2=延期住店率，则：

$$X=(A-C+X)\cdot r_1+(A-C+X)\cdot r_2+C\cdot f_1-D\cdot f_2$$

$$X=C\cdot f_1-D\cdot f_2+(A-C)(r_1+r_2)/[1-(r_1+r_2)]$$

设超额预订率为R，则

$$R=X/(A-C)\cdot 100\%$$

例如：某酒店有标准客房800间，未来1月8日续住房数为300间，预期离店房数为200间，该酒店预订取消率通常为10%，预订而未到率为4%，提前退房率为5%，延期住店率为8%，试问，就1月8日而言，该酒店：

（1）应该接受多少超额订房?

（2）超额预订率多少为最佳?

（3）总共应该接受多少订房?

解：（1）该酒店应该接受的超额订房数为

$$X=C\cdot f_1-D\cdot f_2+(A-C)(r_1+r_2)/1-(r_1+r_2)$$

$$=300\times 5\%-200\times 8\%+(800-300)(10\%+4\%)/[1-(10\%+4\%)]$$

$$=80\text{（间）}$$

（2）超额预订率为

$$R=X/(A-C)\cdot 100\%$$

$$=80/(800-300)\cdot 100\%$$

$$=16\%$$

即通常超额预订率在10%~20%比较正常。

（3）该酒店共应该接受的客房预订数为

800−300+80

=580（间）

答：就1月8日而言，该酒店应该接受80间超额订房；超额预订率最佳为16%；总共应该接受的订房数为580间。

3.2 超额预订的操作控制

3.2.1 掌握好团体订房和散客订房的比例

团体订房是事先有计划的订房，取消和无故不到的可能性很小，即使是取消预订，一般也会事先通知。而散客的特点是随意性比较大，受外界因素的影响大，所以，在团体预订多而散客预订少的情况下，超额预订的比例就要小一些；反之，散客订房多、团体订房少时，则超额预订的比例就要大一些。

3.2.2 根据预订情况分析订房动态

在某段时间内，确认性和保证性预订多而临时性预订少，则酒店超额预订的比例不宜过大；反之，则酒店超额预订的比例不宜过小。

3.2.3 超额预订的风险及解决途径

超额预订在实践上虽然是可行的，但是极有可能造成违约行为。因为酒店接受了客人的预订，也就是在酒店与客人之间确立了关于客房出租的合同关系，而酒店进行超额预订，完全有可能会使某些或者某个客人不能入住，也就是酒店不能够履行合同，客人有权利起诉酒店违约。所以，对于因过多超额预订而不能入住的客人，酒店应该有妥善处理的预案。

发生因过多超额预订而导致客人不能入住的情况时，酒店应该采取以下措施。

1. 诚恳地向客人道歉，请求客人的谅解。

2. 立即与另一家相同等级的酒店联系，请求援助，并派车免费将客人送至该酒店。

3. 若找不到相同等级的酒店，则应安排客人入住档次稍高的酒店，差额部分的房费由酒店支付。

4. 免费提供一次长途电话，以便客人将变更信息通知有关人员。

5. 保留宾客的有关信息，便于为宾客提供邮件及查询服务。

6. 征得宾客同意，并做好搬回酒店时的接待工作。

7. 对提供援助的酒店表示感谢。

实践要点

1. 超额预订数、超额预订率的计算。

2. 发生订房纠纷时酒店应该采取的措施。

3. 超额预订的控制。

实战演练

某酒店有标准客房600间，未来10月2日续住房数为200间，预期离店房数为100间，该酒店预订取消率通常为8%，预订而未到率为5%，提前退房率为4%，延期住店率为6%。试问，就10月2日而言，该酒店：

（1）应该接受多少超额订房？

（2）超额预订率多少为最佳？

（3）总共应该接受多少订房？

本项目总结

知识梳理

1. 客房预订基础知识

（1）预订的概念；（2）预订的目的；（3）预订的任务；（4）客房预订的种类、渠道和方式。

2. 客房预订的程序

（1）预订前的准备工作；（2）受理预订或婉拒预订；（3）确认预订；（4）订房控制；（5）抵店前的准备工作。

3. 超额预订

（1）超额预订的确定；（2）超额预订的操作控制；（3）订房纠纷的处理。

主要概念

预订　临时类预订　确认类预订　保证类预订　等待类预订　电话预订　传真预订　网络预订　信函预订　当面预订　受理预订　婉拒预订　确认预订　订房控制　超额预订　超额预订率

练 习 题

1. 简述接受电话预订的服务程序。

2. 预订处在客人入住酒店前应做好哪些准备工作?

3. 发生因过多超额预订而导致客人不能入住的情况时，酒店应该采取哪些措施?

4. 如何做一名优秀的酒店预订员?

5. 客房预订是指____或____在抵店前与酒店达成的客房租用的预先约定。

6. 预订资料按字母顺序存放，便于掌握某一时期的预订数量(　)。

A. 是　　B. 否

7. 某酒店出租客房数为600间，可出租客房总数为1 000间，则客房出租率是(　)。

A. 50%　　B. 30%　　C. 60%　　D. 40%

8. 客人抵店前的准备工作内容中不包括(　)。

A. 预报客情　　B. 预分排房　　C. 实施接待计划　　D. 客人经费预算

项目3 前厅部接待业务

学习目标

知识目标

1. 了解前厅接待服务工作的范围。
2. 了解前厅接待员的岗位职责。
3. 熟悉入住登记的各种表格及有关程序。
4. 熟悉商务楼层入住接待程序。
5. 掌握前台结账的规范要求。

技能目标

1. 能够做好前厅接待的各项准备工作。
2. 能够按照规范的程序为客人提供入住接待服务。
3. 能够掌握商务楼层日常工作流程。
4. 能够正确地提供换房服务、加床服务、叫醒服务等。
5. 能够按照规范要求为客人提供结账服务。

案例目标

1. 了解前厅接待的重要性。
2. 掌握一些前厅接待的服务技巧，并且体会到酒店细微服务的无处不在。
3. 明白如何做才能为客人提供满意的服务。

实训目标

1. 将前厅接待程序等理论知识运用于实践，能够熟练地按照规范要求为客人提供入住登记服务、结账服务、叫醒服务等。

2. 准确地把握前厅各项接待服务的操作细节，达到教、学、做为一体的学习效果。

教学建议

1. 本项目建议用时5个课时。
2. 建议先通过案例，让学生了解前厅接待工作的重要性以及应掌握的服务技巧。
3. 通过课堂模拟情景的安排，让学生熟练掌握前厅接待各项服务流程。
4. 教师将学生分组，分配不同角色，进行课堂训练。

学习任务❶ 前厅接待服务

【想一想，做一做】

张先生在某酒店前台办理入住手续时，他向接待员提出房价给予七折优惠的要求。按照酒店规定，只给入住酒店六次以上的常客提供七折的优惠，而张先生声称自己也曾多次入住此酒店。

接待员小李立即在电脑上查找核对，但是没有查到这位张先生的名字，当小李把调查结果当众道出时，这位张先生顿时非常恼怒。此时正值总台入住登记高峰期，由于他的恼怒、斥责，引来了大厅里许多好奇的目光……

想一想

1. 这位张先生为何恼怒？
2. 服务人员的服务意识是否合格？
3. 遇到类似情况应该如何处理？
4. 你从中受到了什么启发？

知识储备

接待服务（Reception）是前厅部对客服务全过程中最为关键的环节之一，其工作效果将直接影响到前厅其他各项功能的发挥。同时，入住登记手续的办理也是宾客与酒店建立正式的、合法关系的最根本的一个环节，因此做好前厅接待管理工作责任重大。

1.1 前厅接待服务工作的范围

前厅接待服务工作包括办理散客、团体客人、会议客人及VIP客人的入住登记手续和分配客房，同时还为客人办理换房、退房手续及涉外登记管理。

1.2 前厅接待员的岗位职责

1. 认真阅读交接班工作记录。
2. 了解当天预订的基本情况。
3. 掌握当天房间的出租情况。
4. 整理并补充各种表单等办公用品。

5. 为客人办理入住登记手续。

6. 处理客人换房、提前退房和延期住房等事宜。

7. 做好客人资料的归档工作。

8. 协助公安机关做好相关的来客登记工作。

9. 夜班负责制作各类报表并协助财务进行夜审。

10. 做好工作记录，便于与下一班交接。

1.3 前台接待的准备工作

为了缩短办理入住登记的时间，提供准确、快捷的服务，接待员应做好接待前的准备工作。

1.3.1 制定用房预分方案

为了方便顾客，同时对客房的分配进行有效的管理，接待人员应根据预订确认书中散客和团队要求的房间类型与数量，提前制定用房预分方案。在排房分房的工作中，接待员必须熟悉每间客房的客房价格、位置、朝向、客房的优缺点及设备的运转等具体情况，从而进行针对性的分房。

为了尽可能让客人满意，应注意下列分房技巧：

- 尽量将团体客人安排在同一楼层或相近楼层；
- 内外宾应分别安排在不同的楼层；
- VIP客人应选留同类房间中最好的房间；
- 将老年人、残疾人和带小孩的客人尽量安排在靠电梯较近的房间；
- 不同国家的客人尽量不安排在同一楼层；
- 尽量把旅游散客、新婚夫妻安排在安静的角房；
- 注意房间号码的忌讳；
- 除VIP客人、常客外，一般不可过早对客人的房号予以承诺；
- 对常客尽量安排在他们以前住过的房间。

1.3.2 检查待出售房间

对预留的房间，接待人员要同客房部保持联系，注意电脑终端客房状况的变化，尽量使待出售房间进入销售状况。特别是对VIP客人的房间，要由大堂副理亲自检查。前台主管要复查各项预分房间是否合适、有无差错。

1.3.3 准备入住资料

将登记表、欢迎卡、客房钥匙、结账单和其他有关单据、表格等按一定的顺序摆放，待客人入住登记时使用。

1.4 前台入住登记

1.4.1 入住登记所需表格

无论哪种形式的住宿登记表，其内容一般都包括客人的姓名、性别、职业、国籍、证件号码、住宿期限以及房号等内容。正确填写这些内容对于搞好酒店经营与管理具有重要意义。

- **房号**：便于查找、识别入住的客人及建立客账的需要。
- **房价**：是结账、预测客房收入的重要依据。
- **姓名**：是识别客人的首要标志。
- **证件号码**：可以证明客人的身份。
- **付款方式**：可以确定客人的信用限额，有助于提高离开酒店结账的效率。
- **抵、离店的日期和时间**：有助于结账及提供邮件查询服务，有助于客房预测和排房工作，使酒店处于主动地位。
- **地址**：掌握客人准确的地址，有助于客人离店后的账务及遗留物品的处理，还有助于向客人提供离店后的邮件，如促销品之类。
- **客人签名**：为了让客人对所列项目内容予以认可。
- **接待员签名**：可以加强员工的工作责任心，是酒店质量控制的措施之一。
- **有关责任说明**：有助于明确责任，减少纠纷，完善服务环节。

表3-1至表3-3是国内旅客住宿、境内外人员临时住宿和团队人员住宿登记表的具体内容。

表3-1 国内旅客住宿登记表

房号：　　　　　　房租：　　　　　　接待员：

<table>
<tr><td>姓名</td><td>年龄</td><td>性别</td><td colspan="2">籍贯</td><td colspan="2">工作单位</td><td>职业</td></tr>
<tr><td></td><td></td><td></td><td colspan="2">省　市
县</td><td colspan="2"></td><td></td></tr>
<tr><td>地址</td><td colspan="5"></td><td>从何处来</td><td></td></tr>
<tr><td colspan="5">身份证或其他有效证件名称</td><td></td><td>证件号码</td><td></td></tr>
<tr><td colspan="4">住宿日期</td><td colspan="4">离店日期</td></tr>
<tr><td rowspan="3">同宿人</td><td>姓名</td><td>性别</td><td>年龄</td><td>关系</td><td rowspan="3">备注</td><td colspan="2" rowspan="3"></td></tr>
<tr><td></td><td></td><td></td><td></td></tr>
<tr><td></td><td></td><td></td><td></td></tr>
<tr><td colspan="6">请注意：
1. 退房时间按惯例通常不超过中午12:00时
2. 贵重物品请存放在收款处的免费保险箱内，否则阁下一切物品的遗失，酒店概不负责
3. 来访客人请于晚11:00时前离开房间
4. 房租不包括房间里的饮料</td><td colspan="2">离店时我的账目结算将交付：
☐ 现金
☐ 旅行社凭证
☐ 信用卡
客人签名：</td></tr>
</table>

表3-2 境外人员临时住宿登记表

REGISTRATION FORM OF TEMPORARY RESIDENCE FOR VISTORS

ROOM NO: DAILYRATE:

FIRST NAME: SURNAME:		DATE OF BIRTH:	SEX:	NATIONALITY:
OBJECT OF STAY	DATE OF ARRIVAL	DATE OF DEPARTURE:		OMPANY NAME OR OCCUPATION
HOME ADDRESS				
PLEASE NOTE: 1. CHECK OUT TIME IS 12:00NOON. 2. VISITORS ARE REQUESTED TO LEAVE GUESTROOMS BY11:00PM. 3. ROOM RATE NOT INCLUDING BEVERAGE IN YOUR ROOM.		ON CHECKING OUT MY ACCOUNT WILL BE SETTLED BY: □ CASH □ T/A VCHER □ CREDIT □ COMPANY GUEST SIGNATURE:		
以下由服务员填写FOR CLERK USE				
护照或证件名称:	号码:	签证种类:	签证号码:	签证有效期:
签证签发机关:	入境日期:	口岸:	接待单位:	
备注: REMARK:				
值班服务员签名: CLERK SIGNATURE:				

表3-3 团体人员住宿登记表

团队名称: 日期: 至

房号 Room No.	姓名 Name in full	性别 Sex	出生年月日 Date of Birth	职业 Occupation	国籍 Nationality	护照号码 Passport No.
何处来何处去						
接待单位:		联系人:			接待员:	

1.4.2 入住登记程序

入住登记的程序由七个相互关联的步骤组成，具体内容详见表3-4。

表3-4　办理入住登记的基本程序

步骤	1	2	3	4	5	6	7
工作内容	识别客人有无预订	根据客人需要介绍房间	填写入住登记表格	排房、定价	确定付款方式	完成入住登记手续	建立相关资料并存档

1. 识别客人有无预订

抵达酒店的客人可以分成两类：已办理订房手续的客人和未办理订房手续而直接抵达酒店的客人。接待员应首先识别客人有无预订，如果客人已办理预订，则应复述客人的订房要求，接着请客人填写入住登记表。对于持有订房凭证的客人，前台接待员应首先从客人那里得到订房凭证，然后检查客人姓名、酒店名称、居住天数、房间类型、用餐安排、离开酒店的日期等内容。对于已付定金的客人，应向客人确认所收到的金额数。

2. 根据客人需要介绍情况

对于未经预订直接抵达酒店的客人，应该首先询问客人的住宿要求，同时查看当天的客房预订状况及可售客房的情况，再根据客人需要向其介绍客房情况及酒店的其他设施及服务项目。

3. 填写入住登记表

（1）预订的散客。对于已经预订房间的散客，由于酒店在客人订房时就已掌握客人一定的资料，所以在客人实际抵店前，可以将有关内容形成预先登记表，并将其按客人姓名字母顺序排列在专用箱内。当客人抵店时，则可根据姓名迅速查找出该客人的预先登记表，请其填写完其他有关内容并签名，最后形成入住登记记录。

（2）预订的VIP客人、常客。对于已预订房间的贵宾及常客，由于酒店掌握的信息资料较多，所以在客人抵店前的准备工作可以做得更为充分及仔细。接待员可根据客人的订房单及客史档案中的内容，提前填写好登记表及房卡等。当客人抵店时，只要核对证件、签名后，即可进入客房。贵宾还可以享受先进客房，在客房内签字登记的礼遇规格。

（3）预订的团体会议客人。对于已预订的团体会议客人，可以根据其具体接待要求，提前将登记表交给陪同或会务组的人员，以便团体会议客人在抵店途中或抵达酒店后，在大堂指定区域或在客房内填写。

（4）未预订的客人。对于直接抵店的客人，接待员应尽量帮助客人，尽可能缩短客人入住登记的时间，如酒店可借助于电子扫描仪，前台接待员在核对客人有效证件后，可迅速将客人的证件进行扫描。在扫描的同时，填写欢迎卡，制作房间钥匙，并请客人在空白的住宿登记单上签名。住宿登记单上的其他内容则在事后由接待员根据电子扫描仪上的证件资料显示来填写完整。这样，客人的入住登记时间会大大减少。

4. 排房及定价

随着客人消费需求日趋个性化以及客房之间存在的差异，接待员的排房工作更加复杂化，接待员分房的好坏直接影响到酒店和客人双方的利益，因此确定合理、科学的分房顺序相当关键。一般的分房顺序为：（1）团体宾客（团队或会议宾客）；（2）重要宾客和常客；（3）已付定金的预订宾客；（4）要求延期离店的宾客；（5）普通预订宾客；（6）无预订的散客。

客房确定后，接待员可在客房价格范围内，或依据酒店的信用政策条文定价。一般来讲，为了促进销售，酒店往往制定出适应市场需求的灵活价格政策，但对于确认书中已确认的房价，不得随意更改。

5. 确定付款方式

确定付款方式的目的是为了决定客人住店期间的信用限额，加快退房结账时的速度。不同的付款方式所给予的信用限额不同，客人常采取的付款方式有信用卡、现金及转账等。对于采用信用卡结账的客人，接待员应首先确认客人所持信用卡是否是酒店所接受的信用卡，信用卡是否完好无损，并在有效期内。对于以转账方式付款的客人，一般都是在订房时就向酒店提出要求，并已获批准。接待员应向客人清楚地说明属于转账款项的具体范围。

6. 完成入住登记手续

排房、定价、确定付款方式之后，接待员应制作房卡，并请客人在房卡上签名，提醒客人注意房卡上的须知内容，并将制作好的房门钥匙交给客人。有些酒店还为客人提供用餐券、免费饮料、宣传品等。接待员还应安排行李员运送客人行李，并将客房楼层与电梯位置告诉客人，最后祝客人住店期间愉快。接待员还应将客人入住信息迅速通知总机及客房服务中心，并改变电脑记录，更新客房状态表。

7. 制作客人账单，建立相关资料并存档

应在印制好的账单上打印客人的姓名、抵达日期、结账日期、房号、房间类型及房费等，然后将账单连同住宿登记表一起交前台收款员保存。对于使用转账方法结账的客人，需要制作两份账单：一份记录应由签约单位支付的款项，是向签约单位收款的凭证；另一份记录客人自理的款项。

表3-5至表3-8介绍了不同形式的入住登记手续的办理程序和标准。

表3-5　有预订散客入住登记手续的办理

程序	标准
1. 接待有预订散客抵达酒店	（1）当客人抵达酒店时表示欢迎 （2）如果在忙碌，示意客人不会久等；若有许多客人等候时，则向客人致歉 （3）确认客人有预订，查看是否有客人的留言及邮件
2. 为客人办理入住手续	（1）请客人填写入住登记单（正确地递笔和单子），并请客人签字 （2）核对证件上的有关内容，包括姓名、相片、性别、出生日期、证件号码、证件有效期等，确认无误后签上自己的名字 （3）确认房价及付款方式，收取押金并开收据（或刷卡签名） （4）填写房卡，制作钥匙
3. 说明及通知	（1）说明房费里是否含早餐，以及早餐的时间与地点 （2）告知房间所在楼层及电梯位置 （3）通知行李员，引客入房，并祝愿客人居住愉快 （4）通知总机、客房部客人入住
4. 信息储存	（1）将所有信息输入计算机，包括客人姓名、地址、付款方式、国籍、护照号码、离店的日期等 （2）检查所有信息的正确性，并输入客人档案中 （3）将登记单存放在客人入住的档案中，以便随时查询

表3-6　无预订散客入住登记手续的办理

程序	标准
1. 接受无预订客人入住要求	（1）当客人抵达酒店时表示欢迎 （2）确定客人无预订，根据酒店客房出租情况决定是否可接纳客人入住 （3）若可安排客人入住，则以高价位至低价位的原则向客人推销客房，尽量满足客人的需要 （4）检查客人在酒店是否可以享有优惠价格
2. 为客人办理入住手续	（1）请客人填写入住登记单（正确地递笔和单子），并请客人签字 （2）核对证件上的有关内容，包括姓名、照片、性别、出生日期、证件号码、证件有效期等，确认无误后签上自己的名字 （3）分配房间，确认房价及付款方式，收取押金并开收据（或刷卡签名） （4）填写房卡，制作钥匙
3. 说明及通知	（1）说明房费里是否含早餐，以及早餐的时间与地点 （2）告知房间所在楼层及电梯位置 （3）通知行李员，引客入房，并祝愿客人居住愉快 （4）通知总机、客房部客人入住

（续）

程序	标准
4. 信息储存	（1）将所有信息输入计算机，包括客人姓名、地址、付款方式、国籍、护照号码、离店日期 （2）检查所有信息的正确性，并输入客人的档案中 （3）将登记单存放在客人入住的档案中，以便随时查询

表3-7 重要客人入住登记手续的办理

程序	标准
1. 接待VIP客人的准备工作	（1）填写VIP房申请单，上报总经理审批签字认可 （2）VIP房间的分配力求选择同类客房中处于最佳状态的客房 （3）VIP客人到达酒店前，要将装有钥匙卡的欢迎信封及登记单放至客务经理处 （4）客务经理在客人到达前检查房间，确保房间状态正常、礼品发送准确
2. 为客人办理入住手续	（1）准确掌握当天预抵VIP客人的姓名，并在客人抵达时准确称呼 （2）及时通知客务经理，由客务经理亲自迎接 （3）客务经理向客人介绍酒店设施，并亲自将客人送至房间 （4）请客人核对登记单上的内容后签字，并将其送回接待处
3. 信息储存	（1）复核有关VIP客人资料的正确性，并准确输入计算机 （2）在计算机中注明VIP客人，以提示其他部门人员注意 （3）为VIP客人建立档案，注明身份，以便作为订房和日后查询的参考资料

表3-8 团体客人入住手续的办理

程序	标准
1. 接待团体客人的准备工作	（1）按照团队要求提前分配房间，尽量安排在同一楼层 （2）预先准备好团队的房间钥匙，并与客房部联系以确保房间的干净整洁 （3）分配房间后，打印分房单分送客房部、行李组、餐饮部、团队联络人，并在前台接待处存档
2. 接待团队入住	（1）团队抵达时，销售部团队联络人将客人引领至团体进入酒店登记处 （2）团队联络员向团长、领队、客人介绍有关事宜 （3）接待员与领队确认房间数、人数及早上叫醒时间 （4）请领队填写团体客人入住登记表 （5）请团队联络人在团队明细单上签字，接待员也需签字 （6）协助领队发放钥匙，告知客人电梯位置
3. 信息储存	（1）将准确的房号名单转交行李部，以便发送行李 （2）修整完毕所有更改事项后，将信息输入计算机

1.5 商务楼层入住登记和离店手续

“商务楼层”是高星级酒店（通常为四星级以上）为了接待高档商务客人等高消费者客人，向他们提供特殊的优质服务而专门设立的楼层（如图3-1所示）。

图3-1 商务楼层示意图

1.5.1 入住登记手续

1. 客人走出电梯后，服务员微笑地问候、迎接客人。

2. 在行政楼层接待台前请客人坐下。

3. 替客人填写登记卡，请客人签名认可；同时注意检查客人护照、付款方式、离店日期与时间以及协助机票确认。

4. 在客人办理入住登记过程中呈送欢迎茶。

5. 在送客人到房间之前应介绍行政楼层设施与服务，包括早餐时间、下午茶时间、鸡尾酒时间、图书报刊赠阅、会议服务、免费熨衣服务、委托代办服务、擦鞋服务等。

6. 引领客人到房间。中途与客人交谈，看是否能给客人更多的帮助。

7. 示范客人如何使用钥匙卡，连同欢迎卡一同给客人，介绍房间设施，并预祝客人居住愉快。

8. 通知前厅行李员尽快将行李送到客人房间。

9. 在早餐、下午茶、鸡尾酒服务时间，接待员应主动邀请客人参加。

1.5.2 离店手续

1. 提前确认客人离店的时间，并询问是否需要送机服务，为客人准备账单。

2. 微笑、热情地迎接客人，结账时让客人过目细节，并确认客人的付费方式。

3. 结账时询问客人住店期间是否愉快、有何意见。

4. 结账后为客人安排好行李服务，向客人礼貌道别。

实践要点

1. 前台各种入住登记表的正确填写。

2. 预先合理分房的技巧。

3. 办理入住登记的基本步骤。

4. 商务楼层办理入住工作的流程。

实战演练

1. 实战方法：

（1）学生两人一组，分别担任前台接待员和客人角色，模拟完成无预订客人的前台入住登记手续。（50分）

（2）按照正确的程序完成无预订散客入住登记书面模拟对话。（50分）

2. 实战地点：教室。

3. 实战课时：1课时。

4. 实战要求：

（1）模拟前台入住登记程序考核时间：3分钟。

（2）若出现下列情况之一，则终止考试，成绩记为零分：

① 没有填写散客入住登记单；

② 没有查验客人证件；

③ 超过规定时间。

5. 评分标准

序号	考核内容	考核要点	配分	评分标准	扣分
1	仪容仪表	整洁得体，鞋袜洁净，纽扣齐全，化淡妆，不佩戴夸张的饰物	8	有一项不符合要求，扣1分，	
2	仪态	行走、站姿正确，行为规范有礼	5	有一项不符合要求，扣1分	
3	主动迎宾	微笑、行注目礼、使用敬语问候客人	3	每遗漏一项，扣3分；没做到位，扣1分	
4	了解是否预订	询问并核实客人是否已经预订	2	没有询问，扣2分	
5	介绍房间	向客人介绍三种以上的客房，正确描述各类房间的优点及房价	3	少介绍一种，扣1分；描述不全面，扣1分；报错价格，扣1分	
6	验证	请客人出示正确的证件并查验	5	查验方法每出现一处错误，扣2分	
7	填写入住登记表、房卡	规范、完整地填写入住登记表、房卡，请客人签名	3	每出现一处填写错误，扣1分	
8	制作钥匙	正确制作钥匙并请客人签名	2	每处错误，扣1分	

（续）

序号	考核内容	考核要点	配分	评分标准	扣分
9	确定付款方式	询问客人付款方式	3	未询问，扣3分	
10	押金收取	押金数额正确、唱收正确、开具押金收据正确	4	每一处错误或遗漏，扣1分，扣完为止	
11	贵重物品保管	主动向客人介绍贵重物品保管服务	2	没有介绍，扣2分	
12	道别	礼貌地向客人道别，主动安排好行李员，通知相关部门	3	每一处遗漏，扣2分	
13	信息输入	将客人信息正确输入电脑	2	未输入，扣2分	
14	入住登记程序	按照正确的程序提供入住登记服务	5	出现一处程序错误，扣2分	
合计得分			50	合计扣分	

学习任务❷ 前厅收银服务

【想一想，做一做】

某日，一位酒店的常住客人到前台收银处支付最近一段时间的餐饮费用。当他看到打印出来的账单上面的总金额时，立刻脸色大变，不悦地说："你们真是乱收费，我不可能有这样高的消费金额！"收银员面带微笑地对客人说："对不起，您能帮我一起核对一下账单吗？"客人同意了，于是和收银员一起对账单进行核对。期间，收银员顺势对几笔大的账目金额作了提示，以唤起客人的回忆。等账单全部核对完毕，收银员礼貌地说："谢谢您帮我核对了账单，耽误您时间了！"此时客人已经明白自己错怪了酒店，连声说道："小姐，麻烦你了，真不好意思！"

想一想

1. 收银员是用什么方法使客人心服口服的？
2. 你认为作为前台收银员应该注意什么？
3. 从该案例中你学到了什么？

知识储备

前厅收银服务是一项十分繁杂的工作。收银员位于总台的收银处，每天负责核算和整理各业务部门送来的客人消费单据，为离店客人办理结账收款事宜，编制各种会计报表。从业务性质来说，收银处归属于酒店的财务部。但由于它在接待客人的第一线岗位，同时又受前厅部的指挥。所以，随着酒店业的不断发展，将总台收银划归前厅部管理的酒店越来越多。

2.1 前厅客账的处理

2.1.1 收银处工作职责

1. 客账控制：包括建账、记账、结账。
2. 办理住客的外币兑换业务。
3. 负责客人贵重物品的寄存和保管。

2.1.2 账户的建立

只要有宾客入住或使用酒店，前厅收银就要为宾客建立账户。账户是在宾客进入酒店后，记录宾客预付款和消费情况的账单。这种账单以一个支付主体为一个记账户头，称为账户。账户通常分为散客账户、团体账户、临时账户。会议账户一般归入团体账户。团体客人如有不愿接受综合服务费标准的限制，准备零点宴请用餐或其他消费时也要另立个人账户，但户头必须清楚、准确，切忌混乱不清，特别是姓名、房号必须与住宿登记表内容保持一致。账户要分类归档，以方便取用。临时账户通常指宾客使用酒店，如开会、场地租赁等，但不租用客房，为此而设立的账户。现在酒店的账户直接设置在电脑里。其账户的基本形式详见表3-9和表3-10。

表3-9 客人分户账单

<table>
<tr><td>房号</td><td></td><td>姓名</td><td></td><td>人数</td><td></td><td>房价</td><td></td></tr>
<tr><td>抵店日期</td><td colspan="2"></td><td>离店日期</td><td></td><td>结算方式</td><td></td></tr>
<tr><td>流水号</td><td>日期</td><td>时间</td><td>借方</td><td>贷方</td><td>余额</td><td>收银员</td></tr>
<tr><td></td><td></td><td></td><td></td><td></td><td></td><td></td></tr>
<tr><td></td><td></td><td></td><td></td><td></td><td></td><td></td></tr>
<tr><td></td><td></td><td></td><td></td><td></td><td></td><td></td></tr>
<tr><td></td><td></td><td></td><td></td><td></td><td></td><td></td></tr>
</table>

表3-10　团队客人结账单

团队名称						编号	
进店日期		离店日期		离店时间		预缴款项	
二次进店		二次离店		团队类别		付款方式	
接待单位					联系人		
内宾人数				外宾人数			
标准间							
单人间				大床房&套房			
其他				司陪房			
团队账目							

2.1.3　记账与转账

为宾客建立账户后，即开始记录宾客住店期间的一切费用。宾客的房租采取按天累计的方法每天结算一次，其他各项费用，如餐饮、洗衣、长途电话、传真、美容美发、书报等项目，除宾客愿在消费时以现金结算外，均可由宾客签字后由各有关部门将其转入前厅收银处，并记入宾客的账户。因此，记账要准确，宾客姓名、房号、费用项目和金额、消费时间等要清楚，并和宾客账户记录保持一致。

由于宾客在酒店逗留期较短，发生的费用项目多，又可能随时离店，故要求转账迅速。各业务部门必须按规定时间将宾客签字认可后的账单送到前厅收银处，以防跑账、漏账现象的发生。若采用计算机收银系统，宾客在店内的任何消费，只要收银员将账单转入收银机，计算机即可记下宾客当时的转账款项，这极大地提高了工作效率。

2.2　夜审及营业报表的制作

2.2.1　夜审

夜审工作就是核查前一个夜班所收到的账单，将房租登录在宾客账户上，并做好汇总和核查工作。夜审工作应有明确的截止时限，各个酒店会根据自身的因素来确定这个截止时限。旅游景区的观光、旅游酒店一般设置在午夜零点，大城市的商务类酒店则更多的设置在凌晨3:00到5:00，时限后的账务均计入新的一天的账务。

夜审员的具体工作步骤如下：

- 检查所有营业部门的账单是否都已转来；
- 检查所有单据是否都已登上账户；

- 按部门将单据分类，计算出各部门的收入总额；
- 检查所有现金表上的项目是否都已登记在账户上；
- 检查所有优惠是否都有签字批准，是否登记在账户上；
- 将当日房租登录在客户的账户上（一般计算机会自动登录）；
- 将每个账卡的借方和贷方金额分别相加，得出当日金额；
- 核查每个营业部门的借方栏总数是否与相应的销售收入一致；
- 将现金收入栏和代付栏总数与现金表相比较，以确认两数相符；
- 核查折让与回扣总数是否与有关单据上的总数相符；
- 将开账余额栏的总和与前一天结账时的余额总和相比较，核查是否相符。

在此基础上，夜审员还应负责编制报表，进行包括客房、餐饮和综合服务收入统计以及全店收入审核统计，并上报总经理及转送相关部门，作为掌握和调整经营管理的重要依据。

2.2.2 营业日报表的编制

营业日报表是全面反映酒店当日客房营业情况的业务报表，一般由前厅收银处夜审员负责编制，其中一份于次日凌晨送往酒店总经理办公室，以便酒店经理及时掌握营业总情况。另一份送交财务部门作为核对营业收入的依据。该表主要是从当日所出租的客房数量、所接待的宾客数以及应获得的客房营业收入这三方面，对酒店客房日销售状况进行归类和总结。其设计格式因酒店而异，编制方法和步骤主要有以下几个方面。

1. 统计出当日出租的客房数、在店宾客数及客房营业收入。
2. 统计出当日离店宾客及其用房数、当日抵店宾客及其用房数。

上述数据来源于离店宾客资料和抵店宾客名单，并据此汇总出当日出租的客房数和在店宾客数，其计算方法为：

当日出租客房数=昨日出租客房数-当日离店宾客用房数+当日抵店宾客用房数

3. 检查核对当天的客房营业收入。

核对客房营业收入的主要项目有核对散客的客房收入、核对团队的客房收入、核对当日房价变更的统计结果。

4. 计算出当日的客房出租率和实际平均房价。

为了更详尽地反映出具体的数据，有些酒店还要求分别统计出团队用房率，以及散客的平均房价，预订未到客所占的比率等。

此外，根据预订资料和客房状况资料，统计出第二天预订抵店客用房数和次日离店宾客退房数，以计算出第二天预订出租的客房数和第二天客房出租率。

2.3 结账服务

办理退房结账手续是宾客离店前所接受的最后一项服务，服务人员应给宾客留下良好的最后印象。因此，收银员应热情、礼貌、快捷而准确地提供结账服务。

2.3.1 散客结账服务流程

• 客人离店要求结账时，服务人员应主动迎接客人，表示问候。

• 问清客人姓名、房号，通过电脑与客人核对姓名，同时收回客房钥匙卡。

• 通知客房中心派服务员迅速检查客房，检查客房小酒吧耗用情况以及客房设施设备的使用情况。

• 核实退房时间是否符合酒店规定。

• 委婉地询问客人是否有最新消费，如长途电话费、洗衣费、餐费等，以免漏账，造成损失。

• 问明客人的付款方式，同时收回并核对押金收据。

• 打出客人消费账单，双手将账单呈送给客人，请其核对、确认并签字。将账单一联交给客人作为收据，另一联转送会计组。

• 按照客人的不同付款方式进行结账，注意唱收唱付。

• 向客人表示感谢，祝客人旅途愉快。

• 更新房间状态。

2.3.2 团体结账服务流程

• 团体退房前一天应提前做好准备，核对清楚，做好查房等准备工作。

• 与有自付项目的客人联系，建议提前结清自付款项，以免退房时等待时间过长。

• 退房时，核对团队名称、团号、房号，通知客房中心检查客房酒水的使用情况。

• 打印团队账单，请该团陪同确认签字，收取团队客房钥匙。

• 如出现账目上的争议，及时请主管或大堂副理协助解决。

• 任何情况下不得将团体客房价格透露给客人及非相关人员。

• 陪同无权私自将未经认可的账目转由旅行社支付。

• 与宾客道别。

2.4 外币兑换服务

酒店为方便宾客，受中国银行委托，根据国家外汇管理局公布的外汇牌价，代办外币兑换业务。目前，中国银行除收兑外汇现钞外，还办理旅行支票、信用卡等收兑业务。

2.4.1 外币现金

目前，国内酒店外币兑换处承兑的外币种类主要有美元、英镑、欧元、日元、瑞士法郎、澳大利亚元、加拿大元、新加坡元等。

外币现钞兑换的服务程序如下：

- 明确宾客的兑换要求；
- 清点查收宾客需兑换的外币及金额；
- 鉴别钞票真伪，并检查其是否属于现行可兑换的外币；
- 填制水单，查核当日现钞牌价，将外币名称、金额、兑换率及应兑金额填写在水单相应栏目内，准确进行换算，其具体内容详见表3-11；
- 请宾客在水单上签名；
- 检查复核；
- 确保无误后，将兑换的款额付给宾客。

表3-11 外币兑换水单

××　HOTEL

Foreign Exchange Voucher

外币兑换水单

Guest Name: Room No:　　　　Date:			
Currency Type 外币种类	Amount 金额	Exchange Rate 汇率	RMB 人民币

Guest Signature

Cashier Signature

Total 合计

2.4.2 旅行支票

旅行支票是一种有价证券、定额支票，亦称汇款凭证，通常由银行（或旅行社）为便利国内外旅游者而发行。旅游者在国外可按规定手续，向发行银行（或旅行社）的国内外分支机构、代理行或规定的兑换点，兑取现金或支付费用。

收兑旅行支票的服务程序如下：

- 明确宾客的兑换要求；

- 检查、核对其支票是否属可兑换之列，有无限制；
- 与宾客核对，清点数额；
- 请宾客出示有效证件，并进行复签，同时检查复签是否与初签相符；
- 查清当日牌价，填制水单，并扣除贴息，换算要准确；
- 请宾客在水单上签名；
- 检查复核无误后，将支付款额付给宾客。

2.4.3 信用卡

信用卡是由银行或信用卡公司提供的一种供宾客赊欠消费的信贷凭证，上面印有持卡者的姓名、号码、初签等。中国银行自1981年4月起，先后与一些代理行签订协议，代兑由它们发行的信用卡。目前，可兑换的信用卡主要有以下几种：

- 美国运通公司的运通卡（American Express Card）；
- 香港汇丰银行的东美卡（签证卡，Visa Card）和万事达卡（Master Card）；
- 香港麦加利银行的大来卡（Diner Club Card）；
- 日本JCB国际公司与三和银行的JCB卡（JCB Card）；
- 中国银行长城卡；
- 中国工商银行牡丹卡；
- 中国农业银行金穗卡；
- 中国建设银行龙卡；
- 中国交通银行太平洋卡；
- 中国招商银行信用卡。

2.5 贵重物品保管

贵重物品保险箱是酒店为住店客人免费提供临时存放贵重物品的一种专门设备。

2.5.1 保险箱启用程序

- 主动问候客人，明确客人的要求。
- 请客人出示房卡或钥匙，确认其为住店客人。
- 填写贵重物品寄存单，提醒阅读寄存单上的宾客须知，请客人签名确认，同时在电脑上查看房号、姓名与客人填写的是否一致。
- 取出保险盒，正面递给客人，同时回避一旁。
- 在寄存单上注明箱号、经手人、寄存时间。
- 客人放好物品后，把保险盒放入保险箱内，当着客人的面锁好保险箱，一把钥匙交给客人，另一把由收银员保管，同时，提醒客人妥善保管好钥匙，向客人道别。

- 在电脑上做好记录，并将寄存单存档。

2.5.2 中途开箱程序

- 请客人出示房卡及保险箱钥匙，找出寄存单，请其在背面签字。
- 确认客人寄存单背面签字与正面签字一致。
- 当着客人面用两把钥匙打开保险箱，请客人使用。
- 客人使用完毕，再当面锁好保险箱，一把钥匙还给客人，与客人道别。
- 在寄存单上注明开箱时间、经手人并存档。

2.5.3 退箱程序

- 核准钥匙及客人签名后，当面打开保险箱。
- 客人取出物品后，检查保险盒，以防有遗留物品，收回保险箱钥匙，锁上该箱。
- 向客人道别。
- 记录退箱时间、经手人，在电脑上删除记录，并将寄存单存档。

2.5.4 保险箱钥匙遗失的处理

为保证贵重物品保险箱的安全，每个保险箱客用钥匙通常只有一把，若客人不小心遗失，需强行打开锁门，酒店可要求客人给予经济赔偿，但必须有明文规定，此规定印在贵重物品寄存单上，应在客人启用保险箱时，向客人说明，以防止可能出现的纠纷。

当客人遗失保险箱钥匙，又要求开箱取物时：

- 请客人出示房卡及有效证件，在寄存单背面说明并签字；
- 办理有关赔偿手续；
- 通知大堂副理、保安部人员、工程部人员前来协助；
- 当着客人的面强行钻开门锁，请客人核对保险物品是否完整、有无遗漏；
- 做好记录，以备查核。

2.5.5 贵重物品寄存的注意事项

- 定期检查保险箱门锁是否完好。
- 可规定对客人贵重物品的最高赔偿限额，避免不必要的麻烦。
- 客人寄存物品时，收银员应注意回避。
- 需严格、认真核对客人签名。
- 必须请客人亲自存取，一般不能委托他人。
- 交接班时，应仔细核对保险箱的使用情况。

• 客人退箱后的寄存单应存放至少半年以上，以备查核。

实践要点

1. 客人账户的建立，账单的制作。

2. 办理退房结账手续的服务流程及注意要点：

（1）收回客房钥匙；

（2）通知楼层查房；

（3）询问是否有最新消费；

（4）更新房间状态。

3. 认识外币，正确填写水单。

4. 保险箱钥匙遗失的处理程序。

实战演练

1. 实战方法：

学生两人一组，分别担任前台收银员和客人角色，模拟完成为客人办理离店结账手续的规定程序。（100分）

2. 实战地点：教室。

3. 实战课时：1课时。

4. 实战要求：

（1）模拟前台离店结账手续，考核时间：3分钟。

（2）若出现下列情况之一，则终止考试，成绩记为零分：

① 服务程序出现三处以上错误（含三处）；

② 超过规定时间；

③ 没有收回押金收据；

④ 没有安排查房。

5. 评分标准

序号	考核内容	考核要点	配分	评分标准	扣分
1	仪容仪表	整洁得体，鞋袜洁净，纽扣齐全，化淡妆，不佩戴夸张的饰物	10	有一项不符合要求，扣2分	
2	仪态	行走、站姿正确，行为规范有礼	10	有一项不符合要求，扣2分	
3	主动迎宾	微笑问候，使用敬语	10	每一处不规范，扣3分	

（续）

序号	考核内容	考核要点	配分	评分标准	扣分
4	核对账目并确认	询问房号、收回房卡钥匙，通知楼层查房，询问有关情况、打印账单，请客人确认并签字	20	每一处不规范，扣5分	
5	付款结账	有礼貌地快速办好结账手续，唱收唱付	20	每一处错误，扣5分	
6	询问是否需要“返回预订”	主动征求客人意见，询问是否需要代为预订	10	每一处错误，扣3分	
7	道别	感谢客人光临，礼貌地向客人道别	10	每一处错误，扣3分	
8	结账服务	按照正确的程序向客人提供结账服务	10	出现一处程序错误，扣5分	
合计得分			100	合计扣分	

知识梳理

1. 前厅接待服务

（1）前厅接待员的岗位职责；（2）前厅接待的准备工作；（3）入住登记程序；（4）商务楼层日常服务流程。

2. 前厅收银服务

（1）前厅客账的处理；（2）夜审及营业日报表的制作；（3）离店结账服务程序；（4）外币兑换服务程序；（5）贵重物品保管服务程序。

主要概念

接待　分房　定价　收银　客账　记账　转账　结账　夜审　水单　入住登记　付款方式　商务楼层　营业报表　外币兑换　旅行支票　信用卡　贵重物品

练 习 题

1. 前厅接待员在为客人分房时哪些方面需要注意?

2. 简述无预订散客入住登记手续的办理程序。

3. 请介绍一下商务楼层的主要服务内容。

4. 如何妥善处理客人保险箱钥匙遗失事件?

5. 宾客入住酒店后，记录宾客预付款和消费情况的账单，称为____，它是以一个____为一个记账户头。

6. 订房核对工作一般分三次进行，其中最后一次为(   )。

A. 一月前　　B. 一周前　　C. 三天前　　D. 一天前

7. 下列不属于夜审的主要工作任务是(   )。

A. 查对、控制　　B. 反映收入　　C. 收入稽核　　D. 兑换水单

8. 根据我国《外汇管理暂行条例》的有关规定，经营外汇业务的专业银行为(   )。

A. 中国人民银行　　B. 国家投资银行　　C. 中国银行

项目4 前厅部日常服务

■ 学习目标

■ 知识目标

1. 熟悉礼宾服务的规程。

2. 了解总机服务内容及注意事项。

3. 了解问询及留言服务的有关规定。

4. 了解商务中心的服务项目。

5. 了解大堂副理的工作程序及岗位要求。

■ 技能目标

1. 能够熟练地按规范程序为散客提供入住行李服务。

2. 能够按照规范的程序做好叫醒服务。

3. 能够掌握留言及问询服务的方法，为客人提供满意的服务。

4. 能够行使大堂副理的职责，正确处理客人的投诉。

■ 案例目标

1. 让学生了解前厅日常服务的内容及重要性。

2. 掌握前厅各岗位的服务技巧，使学生感受到酒店“宾客第一，服务至上”的理念。

3. 掌握处理各种客人投诉或突发事件的方法。

■ 实训目标

1. 使学生以酒店的规范标准来严格要求自己。

2. 熟练掌握散客入住行李服务程序、总机服务程序、问询及留言服务程序、商务中心服务程序以及大堂副理处理客人投诉程序等。

3. 将课堂理论知识运用于实践，在各种模拟情景训练中掌握酒店服务的基本技能，为将来迅速适应前厅各岗位工作打下基础。

■ 教学建议

1. 本项目建议用时6个课时。

2. 建议先通过案例，让学生了解前厅日常服务工作的主要内容以及要求。

3. 通过课堂模拟情景的安排，让学生熟练掌握前厅日常服务的各项服务流程。

4. 教师将学生分组，分配不同角色，进行课堂实践训练。

5. 组织学生进行讨论，确定最佳的处理客人投诉的方法。

学习任务❶ 礼宾服务

【想一想，做一做】

某酒店礼宾部员工小王受一位宾客的委托，希望能够帮他在一只金手镯上刻上他太太的名字及当天的日期，并于当天晚上8点前刻好送给他太太作为生日礼物。小王一看，此时已是下午3点半，过了自己的下班时间，能否完成此项工作毫无把握，但他还是打电话查询，然后骑上自行车沿路寻找加工点，一个多小时后，终于找到了愿意接这个活的加工点。到晚上7点50分终于把刻好名字和日期的金手镯送到了客人手上。客人拿到手镯，连连表示感谢："这回你可是帮我大忙了，谢谢你！"

想一想

1. 在小王已经下班的情况下，为什么没有委婉地拒绝客人的要求？
2. 小王为客人提供的这种额外服务，将会起到一个什么作用？
3. 从该案例中你获得了什么样的启发？

知识储备

前厅部在承担推销酒店客房以及接待工作的同时，还负责为宾客提供各种综合性服务，其中十分重要的一项就是礼宾服务，即"委托代办服务"。其主要内容包括迎送服务、行李服务、邮政服务、订票服务、订车服务、旅游服务、其他代办服务等。礼宾部的全体员工是最先迎接和最后送走客人，向客人展示酒店优质服务的群体，他们的服务对宾客第一印象和最后印象的形成起着重要的作用。

1.1 金钥匙服务

1.1.1 金钥匙简介

"金钥匙"（Concierge）是一种"委托代办"的服务概念。"Concierge"一词最早起源于法国，指古代酒店的守门人，负责迎来送往和管理酒店的钥匙。随着现代酒店业的发展，已成为提供全方位"一条龙服务"的岗位，只要不违反道德和法律，任何事情Concierge都尽力办到，以满足客人的要求。1952年4

月25日，由法国人费迪南德·吉列特创立了国际酒店金钥匙组织（UICO），目前共有34个国家和地区参加，约有成员4500名。

金钥匙既指一种专业化的酒店服务，又指一个国际性的酒店服务专业组织，同时还是对具有国家金钥匙组织会员资格的前厅职员的称谓。目前，金钥匙已成为世界各国高星级酒店服务水准的形象代表，一个酒店拥有“金钥匙”就可以显示不同凡响的身份，就等于在国际酒店中获得一席之地。

1.1.2 金钥匙的标志

“金钥匙”通常身着燕尾服，上面别着两把交叉在一起的金光闪闪的十字形金钥匙，这是“国际酒店金钥匙组织联合会”会员的标志，它象征着“Concierge”就如同万能的“金钥匙”一般，可以为客人解决一切难题。“金钥匙”尽管不是无所不能，但一定要做到竭尽所能。这就是“金钥匙”的服务哲学。

1.1.3 金钥匙组织

“金钥匙组织”是指全球酒店中专门为客人提供金钥匙服务的职员，以个人身份加入的国际酒店专业服务民间组织。总部设在巴黎，每年在某个热点旅游城市召开一次全球性会员大会。1997年，中国酒店金钥匙组织被接纳为国际金钥匙组织的第31个成员国团体会员。

1.1.4 金钥匙的服务项目

酒店金钥匙提供的一条龙服务，是从客人入住酒店的那一刻起，围绕住店期间的一切需要而开展的，让客人自始至终都感受到一种无微不至的关怀与宾至如归的温馨感。金钥匙提倡的是个性化服务，他们几乎可以解决客人的一切问题。目前我国酒店中，金钥匙一般负责礼宾部的日常管理，除协调行李员、门童、机场代表等工作外，还开展以下的礼宾服务：

- 行李服务；
- 问询服务；
- 托运及快递服务；
- 通信服务；
- 旅游服务；
- 接送服务；
- 预订服务，包括订房服务、订餐服务、订车服务、订票服务、订花服务等；
- 寻人服务；
- 其他服务。

1.2 礼宾服务

1.2.1 店内迎送宾客服务

酒店内的迎送宾客服务主要由门童和行李员负责，协助客人上、下车，为客人提供拉门服务。

1. 迎接宾客

（1）客人抵店时，主动向客人点头致意，表示欢迎，并道声："欢迎光临"。如客人乘车抵达，应把车辆引导到适当的地方，车停稳后，替客人打开车门，然后热情地向客人致意并问候。

（2）准确、及时地为客人拉开酒店正门。

（3）住店客人进出酒店时，同样要热情地招呼致意，对重要客人和常客要努力记住客人的姓名，以示尊重。

（4）如遇雨天，应打伞为客人服务。请客人将其携带的雨伞锁在伞架上。

（5）团体客人到店前，先做好迎接的准备工作；团体大客车到达酒店时，维持好交通秩序，迎接客人下车。

2. 送别宾客

（1）客人离店时，主动为客人叫车，并把车引导到合适的位置。等车停稳后，拉开车门，请客人上车，护顶，并向客人道别，感谢客人的光临，预祝客人旅途愉快。然后，等客人坐稳后再关上车门。

（2）客人如果有行李，应协助行李员将行李装好，并请客人核实。

（3）当客人的汽车启动时，挥手向客人告别，目送客人，以示礼貌和诚意。

（4）送别团队客人时，应站在车门一侧，向客人点头致意，目送客人离店。

1.2.2 店外迎送宾客服务

店外迎送宾客主要由酒店代表负责。酒店在机场、车站、码头等地设点，派出代表为抵、离酒店的客人提供迎接和送行服务，并争取未预订客人入住本酒店。它不仅是酒店的一种配套服务，更是酒店开展市场营销活动的重要一环。其主要工作内容表现在以下几个方面。

1. 及时从预订处取得需要接站的客人名单，掌握客人到达航班或车次。

2. 在客人抵达的当天，根据预订的航班、车次或船次时间提前做好接站准备，写好接站告示牌，安排好车辆，提前半小时至一小时到站等候。

3. 到站后，注意客人所乘航班、车（船）次到站时间的变动，若有延误或取消，应及时准确通知酒店总台。

4. 接到客人时，主动迎接问好，表示欢迎，并向客人介绍自己的身份和任务。同时，帮助客人提拿行李，引领客人上车。

5. 及时通知酒店前台接待有关宾客抵店的信息，包括宾客姓名、所乘车号、离开机场时间、用房有无变化等。

6. 在行车途中，要提醒客人注意安全，并简要介绍酒店的服务项目和城市风貌。

7. 将客人接到酒店后，引领客人到总台办理入住手续，并询问客人是否需要离店送站服务。VIP客人到店后，请客户关系经理或大堂副理为客人办理入住登记手续。

8. 若没有接到VIP客人或指定要接的客人，应立即与酒店接待处取得联系，查找客人是否已乘车抵达酒店。返回酒店后，要立即与前台确认客人具体情况并弄清事实及原因，向主管汇报清楚，并在接站登记簿上和交班簿上写明。

9. 准确掌握VIP客人和其他需要送站客人的离店时间，以及所乘交通工具的航班车次和离站时间。主动安排好车辆，提前10分钟在酒店门口恭候客人。

10. 按时将客人送到机场、车站或码头，主动热情地向客人道别，并祝客人一路平安，使客人有亲切感、惜别感。

1.2.3 行李服务

行李服务是前厅部向客人提供的一项重要服务。由于散客和团队客人有许多不同的特点，其行李服务的规程也不相同。

1. 散客入住行李服务

（1）客人乘车抵达酒店时，行李员要主动上前迎接，向客人表示欢迎。

（2）引导客人进入前厅至总台。引领客人时，要走在客人的左前方，距离2~3步远。

（3）等候客人。引领客人到接待处后，应站在客人身后1.5米处，等候客人办理入住手续。

（4）引领客人至客房。等客人办完入住登记手续后，应主动上前从接待员手中领取房间钥匙，帮助客人提拿行李，并引领客人到房间。途中，热情主动地向客人介绍酒店的服务项目和设施。

（5）乘电梯。引领客人到达电梯口时，用一只手扶住电梯门，请客人先进入电梯；出梯时，请客人先出，然后继续引领客人到房间。

（6）敲门进房。到达房间门口，要先敲门，房内无反应再用钥匙开门。开门后，立即打开电源总开关，退至房门一侧，请客人先进房间。将行李放在行李架上。

（7）介绍房间设施及使用方法。简要介绍房内的主要设施及使用方法或其他应提醒客人注意的问题。

（8）退出房间。房间介绍完毕，征求客人是否还有吩咐，如无其他要求时，即向客人道别，并祝客人在本店住得愉快，然后迅速离开，面向客人将房门轻轻拉上。

（9）离开房间后迅速走员工通道返回礼宾部，填写散客入住行李搬运记录。

2. 散客离店行李服务

（1）遇到有客人携带行李离店时，应主动上前提供服务。

（2）当客人用电话通知礼宾部要求派人运送行李时，应有礼貌地问清房号、姓名、行李件数及搬运时间等，并详细记录，然后按时到达客人所在的楼层。

（3）进入房间前，要先按门铃，再敲门，并通报“行李员”。征得客人同意后才能进入房间，并与客人共同清点行李件数，检查行李有无破损，然后与客人道别，迅速提着行李离开房间。如果客人要求和行李一起离开，要提醒客人不要遗留物品在房间，离开时要轻轻关门。

（4）来到大堂后，要先到收银处确认客人是否已结账。客人结账时，要站在离客人身后1.5米处等候，等待客人结账完毕，将行李送到大门口。

（5）送客人离开酒店时，再次请客人清点行李件数后再装上汽车，并向客人道谢，祝客人旅途愉快。

（6）完成行李运送工作后，填写散客离店行李搬运记录。

3. 团队行李入店服务

（1）团队行李到达时，行李员应与行李押送员一起清点行李件数，检查行李的破损及上锁情况，并在该团的“团队行李记录表”中写上行李到店的时间、件数等，核对无误后，请押送员签名。如行李有破损、无上锁或异常情况，需在行李表及对方的行李交接单上注明。

（2）清点无误后，立即在每件行李上系上行李牌，如果该团行李不能及时分送，应在适当地点码放整齐，用行李网将该团所有行李罩在一起，妥善保管。

（3）在装运行李之前，再次清点检查一次。同时送两个以上团队行李时，应由多个行李员分头负责运送或分时间单独运送。

（4）行李送到楼层后，应将其放在门一侧，轻轻敲门三下，报称“行李员”。客人开门后，把行李送入房间内，等客人确认后，向客人道别，迅速离开房间。如果客人不在房间，应将行李先放进房间行李架上。

（5）行李分送完毕，及时填写团队行李进出店登记表。

4. 团队行李离店服务

（1）按接待单位所定的运送行李时间，带上该团队订单和已核对好的行李记录表，取行李车，上楼层取行李。

（2）上楼层后，按已核对的团队订单上的房号逐渐收取行李，并做好记录，收取行李还要辨明行李上所挂的标志是否一致。

（3）行李装车后，立即将行李拉到指定位置，整齐排好。与陪同（或领队）

核对件数是否相符，如无差错，请陪同在团队订单上和行李记录表上签名，行李员同时签名。

（4）行李离店前，应有人专门看管。团队接待单位来运送行李时，需认真核对要求运送的团队名称、人数等，无误后才将行李交给对方，并请来人在团队订单和行李记录表上签名。

（5）行李完成交接后，将团队订单和行李记录表交回礼宾部并存档。

1.2.3 行李存取服务

• 客人要求寄存行李时，应主动问好，礼貌服务。

• 请客人出示房卡，确认客人身份。原则上只为住店客人提供免费寄存服务。

• 礼貌地询问客人行李中是否有酒店不准寄存的物品。

• 问清行李件数、提取时间、姓名、房号等，检查行李的破损、上锁情况，填写一式两份的行李寄存卡，其中一份交给客人，作为取行李的凭证；另一份系在所寄存的行李上，同时做好行李暂存记录。

• 将行李放入行李房中时，分格整齐摆放。同一客人的行李要集中摆放，并用绳子穿在一起。

• 客人提取行李时，先请客人出示行李寄存凭证，然后与系在行李上的寄存卡核对，如果两部分完全吻合，当面点清行李件数，然后把行李交给客人，并请客人在行李暂存记录上签字。

• 若客人丢失寄存卡，一定要凭借足以证实客人身份的证件放行行李，并要求客人写出行李已取的证明。若不是客人本人来领取，一定要请他人出示证件，登记上证件号码，并要求写出行李已取的证明，否则不予放行。行李寄存卡所包括的内容详见表4-1。

表4-1 行李寄存卡

LUGGAGE CLAIM	No 002034
姓名 Name________________	
寄存日期 Date stored	房号 Room No.
提取日期 Date of claim	行李件数 No.of bags
经手人 Handled by	宾客签名 Guest signature

实践要点

1. 迎送宾客服务实践要点

（1）主动向客人点头致意，表示欢迎。

（2）准确、及时地为客人拉开酒店正门。

（3）对重要客人和常客要努力记住客人的姓名，以示尊重。

（4）向客人点头致意，目送客人离店。

2. 行李服务实践要点

（1）散客入住行李服务程序。

（2）散客离店行李服务程序。

（3）与客人当面核对行李件数，及时填写散客离店行李搬运记录。

3. 行李存取服务实践要点

（1）确认客人身份。

（2）清点行李，核对件数。

（3）填写行李寄存卡。

（4）提取行李的注意事项。

实战演练

1. 实战方法：

学生两人一组，分别担任行李员和客人角色，模拟完成散客入住行李服务程序。（100分）

2. 实战地点：教室。

3. 实战课时：1课时。

4. 实战要求：

（1）考核时间：5分钟。

（2）若出现下列情况之一，则终止考试，该组成绩记为零分：

① 因行李员失误导致客人不能及时进入客房；

② 行李服务程序出现三处以上的错误（含三处）；

③ 超过规定时间。

5. 评分标准

序号	考核内容	考核要点	配分	评分标准	扣分
1	仪容仪表	整洁得体，鞋袜洁净，纽扣齐全，化淡妆，不佩戴夸张的饰物	10	有一项不符合要求，扣2分	
2	仪态	行走、站姿正确，行为规范有礼	10	有一项不符合要求，扣2分	
3	主动迎宾	微笑、问候、清点行李	10	每遗漏一项，扣3分	
4	引领至总台	引领走在客人左前2~3步远，看管行李站在客人身后1.5米	10	每一处不规范，扣3分	
5	引领至客房	请客人先进出电梯介绍推销三种酒店服务	10	每一处动作不规范，扣2分；介绍推销不全面，扣3分	
6	进房	敲门两次，通报，开门，开启电源，请客人先进，放好行李、拉开窗帘	15	每一处错误，扣2分	
7	房间服务	向客人介绍房内设施及使用方法（第一次入住客人）	15	每有一处遗漏，扣2分	
8	道别	询问需求，礼貌道别，离开房间，做好记录	10	每出现一处错误，扣2分	
9	行李服务程序	按照正确的程序为客人提供行李服务	10	出现一处程序错误，扣5分	
合计得分			100	合计扣分	

学习任务② 总机服务

【想一想，做一做】

一日，某酒店总机服务员小李接到808房间田先生的电话，田先生要求第二天早上6:30叫醒他，他要在7:30赶到机场送一位朋友。小李做好了808房间的叫醒记录。第二天早上6:30，小李拨通了808房间的电话，可是一连打了三次，客人一直没有接起电话。于是小李赶快通知客房中心，值班服务员小董来到808门口，敲了好久的门才把客人叫醒。田先生一看已经是6:40了，怒气冲冲地开门质问小董为什么这么晚才叫醒他，他要洗漱、吃早餐、等出租车，时间根本就来不及了，耽误了送机，酒店要负责任。客人大声地抱怨着……

想一想

1. 本案例中延误叫醒的责任应该由谁承担?
2. 面对客人的抱怨和指责，小董该如何处理?
3. 你是怎样理解“客人总是对的”这一服务理念的?

知识储备

总机服务人员可以称为酒店中“看不见的接待员”。总台、餐厅及客房楼层的服务人员都是直接和客人面对面的接触，对客人的种种反应都可以观察得到，并能依此作出直接的应对反应。而在电话里为客人服务，看不到客人的表情及种种行为反应，仅能从其言语的速度、音量、语调等来判断，其困难及局限性则多出许多。因此，电话服务对操作人员来说，要求具备比较丰富的经验、纯熟的技巧，并应具有足够的耐心。

2.1 总机服务的基本要求和工作流程

2.1.1 总机服务的主要内容

酒店总机所提供的服务项目主要包括店内外电话接转服务、长途电话服务、店内传呼服务、代客留言与叫醒服务，以及遇有紧急情况时充当临时指挥中心等。所以总机业务范围所包括的内容如图4-1所示。

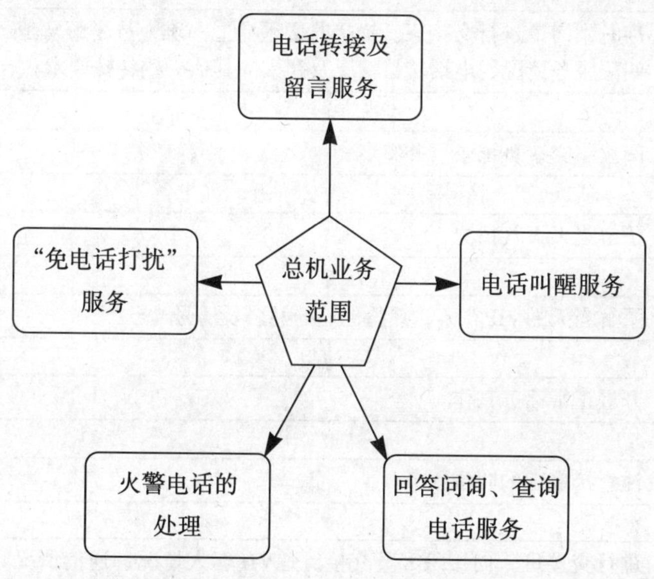

图4-1 总机业务范围示意图

2.1.2 总机服务的基本要求

• 话务员必须在铃响三声之内应答电话。

• 话务员应答电话时，必须礼貌、友善、愉快，且面带微笑。

• 接到电话时，首先用中英文熟练准确地自报家门，并自然亲切地使用问候语。

• 话务员遇到无法解答的问题时，要将电话转交领班、主管处理。

• 话务员与客人通话时，声音必须清晰、亲切、自然、甜美，音调适中，语速正常。

• 话务员应能够辨别主要管理人员的声音，接到他们的电话时，需给予恰当的尊称。

• 为客人提供电话转接服务时，若对方无人接听，铃响半分钟后（五声），必须向客人说明：“对不起，电话没有人接，请问您是否需要留言。”

• 为了能迅速、高效地转接电话，话务员必须熟悉本酒店的组织机构、各部门的职责范围、服务项目及电话号码，掌握最新的、正确的住客资料。

2.1.3 总机话务岗位工作流程

总机话务岗位工作的具体流程如图4-2所示。

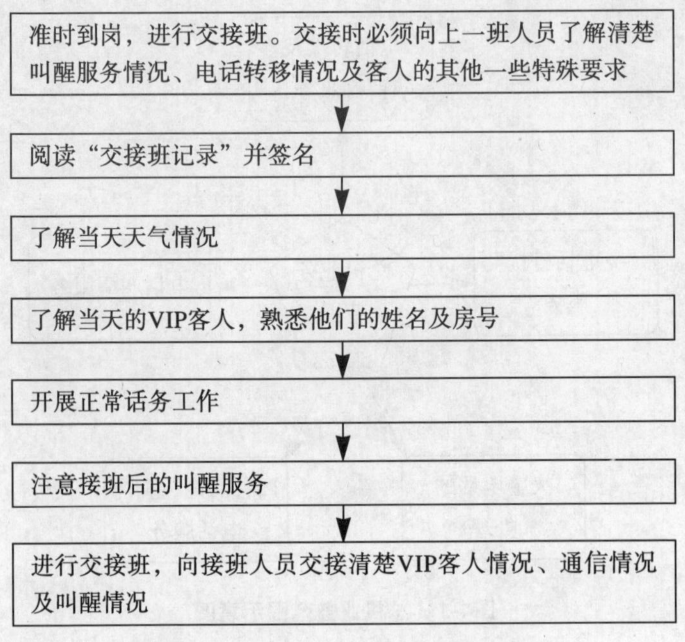

图4-2　总机话务岗位工作流程示意图

2.2　话务岗位具体操作要求

1. 电话转接及留言服务

（1）向来电话者热情问好，然后认真聆听客人讲话再转接，并说“请稍等”。

（2）在等候转接时，为客人播出悦耳的音乐。

（3）接转之后，如果对方无人接听，话务员应在铃响五声之后向客人说明：“对不起，电话没人接听，请问您是否需要留言？”若是需要留言，则将电话转至前厅问询处。若是给酒店管理人员的留言，则由话务员清楚地记录下来，通过寻呼或其他方式尽快将留言转达给相关人员。

2. 查询服务

（1）如果客人查询的是常用电话号码，话务员需以最快的速度对答。因此话务员平日应将那些常用的电话号码进行熟记、背诵。

（2）如果客人是查询非常用电话号码，话务员必须请客人稍等，保留线路，以最有效的方式为客人查询号码，在确认号码正确无误后，再及时通知客人。如果所查询的号码比较难查，一时查不出来，则应请客人留下电话号码，等查清后再主动与客人进行联系，将号码告诉客人。

（3）如果来电是查询客人房间的电话，话务员务必要注意为客人保密，应先接通，然后让客人直接与来电人通话。未经住客允许，不得擅自将房号告知查询者。

3. “免电话打扰”服务

（1）话务员要将所有提出免电话打扰服务要求的客人姓名、房号记录在交接本上，并注明接到此通知的时间。

（2）话务员将这些客人房间的电话号码通过话务台锁上，并要及时准确地把这一信息通知给所有的当班人员。

（3）客人取消了免打扰服务后，接到通知的话务员应立即通过话务台释放被锁住的电话号码，并在交接班本上注明取消的时间。

（4）在客人接受免打扰服务期间，若有人来电要求与客人通话联系，话务员应将客人不愿意被打扰的信息礼貌地告知来电者，并建议其留言或是等客人取消免打扰服务之后再进行联系。

4. 叫醒服务（人工叫醒和自动叫醒）

（1）将叫醒日期、房号、时间、话务员工号及收到申请的时间都清楚地记录在记录本上。并把信息输入电脑，检查是否正确。

（2）夜班的话务员把叫醒记录按时间顺序整理记录在交接班本上，注明相关信息并签字。

（3）当班的话务员务必在当日的最早叫醒时间之前先检查叫醒机是否工作正常，一旦发现问题，应及时通知相关部门进行处理。

（4）话务员务必在客人要求的时间准时叫醒客人，向客人亲切问好，并提醒其叫醒时间已到。

（5）在叫醒时，话务员一旦发现有异常情况，要及时通知有关部门，并准确记录在交接班本上。

5. 火警电话的处理

（1）接到火警报告电话，立即问清事情发生地点、时间及简单情况，问清报告者姓名、身份，并迅速做好记录。

（2）即刻通报酒店领导和有关部门，并根据现场指挥人员的指令，迅速与市内有关部门（如消防、安全等）紧急联系，并向其他话务员通报情况。

（3）严格执行现场指挥人员的指令。

（4）在未接到撤离指示前，不得善自离岗，保障线路通信的畅通。

（5）继续从事对客服务工作，并安抚客人，稳定情绪。

（6）完整记录紧急情况的电话处理细节，以备事后检查。

实践要点

1. 接听电话时的规范用语。

2. 对方无人接听时的规范用语。

3. 回答客人查询时的规范用语。

4. 应答电话时，必须礼貌、友善、愉快，且面带微笑。

5. 熟记常用的电话号码。

实战演练

1. 实战方法：

（1）学生两人一组，分别担任总机话务员和客人，进行电话规范用语的模拟训练；

（2）熟记本市主要酒店、餐馆、景点等的常用电话号码30个；

（3）以小组为单位，相互训练回答客人的各种咨询。

2. 实战地点：教室或实训室。

3. 实训课时：1课时。

学习任务③ 问询及留言服务

【想一想，做一做】

一日，有两位本地客人来到某家四星级酒店总台，询问客人唐××是否在此酒店入住，并希望尽快见到他。

总台接待员小李立即进行查询，确实有一位唐××的客人入住在本酒店，小李接通了唐先生的房间电话，但是一直没有人应答。小李便礼貌地告诉来访者，唐先生此刻不在房间，请两位在大堂休息处等候，或在总台留言，酒店会负责转告唐先生。

客人对小李的答复很不满意，一再声称他们与唐先生是多年好友，要小李告诉他们唐先生的房间号码。小李礼貌又耐心地向他们解释，酒店规定不便将住客的房号告诉他人，请他们谅解，同时建议他们在总台给唐先生留言，以便及时与唐先生取得联系。最后两位客人给唐先生留言后离开了酒店。

想一想

1. 住客的房间号码为什么不能告诉他人？

2. 小李除了坚持原则之外，还有哪些做法值得学习？

3. 你由此可得到什么启示？

住店客人来自各地，必然有很多情况需要向酒店了解，因此酒店的每一位员工都应随时回答客人的询问，协助解决客人的困难。在前台设有问询处就是为了方便客人、帮助客人，使酒店服务达到完美的境界。问询处的工作除了向客人提供问询、查询服务外，还要受理客人留言服务等。

3.1 问询服务

客人要询问的问题主要包括酒店内部信息和酒店外部信息。

3.1.1 有关店内信息的问询服务

有关酒店内部信息的问询通常主要涉及以下内容：

• 各类餐厅、酒吧、商场、商务中心所在的位置、营业时间等相关信息；

• 宴会、会议、展览会等举办场所及时间；

• 酒店提供的其他服务项目的营业时间及收费标准，如健身服务、娱乐服务、洗衣服务等。

问询员要做出使客人满意的答复，就必须熟悉本酒店的所有服务设施、服务项目和经营特色，以及酒店的各项有关政策，并积极、热心地向客人宣传和推销酒店产品。

3.1.2 有关店外信息的问询服务

客人对酒店外部信息的问询涉及面非常广，这就要求问询员有较广的知识面，并能掌握大量的信息。但是，即使是最优秀的问询员，也不可能把客人所问的所有问题立即回答出来。因此，问询处还必须准备大量的书面资料，并根据客人的需求和具体情况的变化，对资料不断地更新补充。问询处应准备的书面资料主要有：

• 国内、国际航空线的最新时刻表和票价，以及航空公司名称；

• 最新铁路时刻表、里程表和票价；

• 最新轮船时刻表、里程表和各级舱位的票价；

• 酒店所在地的市内交通情况（城市交通图）；

• 酒店所在地主要著名餐馆、商场、购物中心、展览馆、博物馆、影剧院的名称、地址和电话号码；

• 酒店所在地其他主要酒店的地址及电话号码；

• 全国、全省及本市的电话号码簿及邮政编码簿；

• 世界地图、中国地图、本省和本市地图；

• 介绍本地风景名胜点的宣传册。

在回答客人询问时，问询员要热情、主动、耐心，做到百问不厌。答复要肯定而准确，语言流畅，简明扼要。不能做出模棱两可的回答，更不可推托，不理睬客人或简单回答“不行”、“不知道”。对不能回答和超出业务范围的问题，应向客人表示歉意或迅速查阅有关资料，请示有关部门后回答。

3.2 查询服务

这里的查询是指非住店客人查找住店客人的有关情况，对此应在不触及客人隐私的范围内予以回答。

3.2.1 访客来店查询

查询住店客人情况的主要内容有：客人的房号、客人是否在酒店、有无他人来访问客人等。对这些查询，问询员应先问清来访者的姓名、与住店客人的关系等。然后打电话到被查询者的房间，经该客人允许后，才可以让来访者去找客人；如果住客不在房内，切不可将住客的房号及电话号码告诉来访者，也不可以让来访者到房间找人，以保证客人的隐私权，避免出现差错和纠纷。

如果查明客人已退房，除已退房客人有委托外，一般不可把客人离店后的去向和地址告诉来访者。

3.2.2 访客来电查询

接到店外打来的查询住店客人的电话时，问询员必须注意：

• 问清楚所要查询客人的姓名；

• 如果查到了客人的房号，应征求客人意见，客人同意后，才可将电话接到房间；

• 如果房间没有人接听电话，可建议来电话者留言或稍后再打电话来查询，不可将住客房号或电话告诉来电者。

3.2.3 信息保密的处理

有时入住客人由于某种原因，会要求酒店对其房号进行保密。问询员在未征得客人同意时，是不可泄露其房号或电话的。具体处理办法如下：

• 接受房号保密要求时，要问清客人的保密程度，如是绝对保密还是只接听某些电话或是否只接待某位客人的来访等；

• 准确记录需保密的房号、起止时间和特殊要求；

• 通知电话总机做好保密工作。例如来电话查询要保密的客人时，接线员应告诉来电话者该客人未住本店；

- 在电脑上设保密标记；
- 当有人来店访问要求保密的客人时，一般以客人没有入住为由予以拒绝；
- 当客人要求解除保密或改变保密程度时，要认真做好记录，取消或更改电脑上的标记，并通知总机。

3.3 留言服务

来拜访住客的来访者未见到住客，或者住客外出前未见到约定的来访者，都可以通过问询处的留言服务，及时帮助他们传递信息，保证客人活动的正常安排。

3.3.1 访客留言

"访客留言"是指来访客人给住店客人的留言。当被访的客人不在酒店时，问询员应主动建议来访者留言。如果客人愿意留言，将访客留言单（见表4-2）交给客人填写，然后由问询员阅读后签名。也可由客人口述，由问询员记录，客人阅读签字。访客留言单一式三联，填写好后的留言单第一联放在钥匙架上；第二联送往总机，由话务员开启客房电话机上的留言指示灯；第三联交行李员从客房门下送入客房。

表4-2 访客留言单

Date　　　　　　　　　　　　　　　　××××　HOTEL
日期________　　　　　　　　　　　　×××××大酒店

留言
MESSAGE
FORM：MR./MRS./MISS由：先生/太太/小姐
____
TELEPHONE　电话
____
MESSAGE　留言
____
____
____
____
GUEST NAME　客人姓名
____
RM NO.　房号　　　　　　　　　　　CLERK　职员
________　　　　　　　　　　　　　________

留言具有一定的时效性，因此留言服务的基本要求就是传递迅速、准确。

有的酒店规定问询员每隔一小时打电话到客房通知客人，这样可以保证客人在回房间一小时之内可以得到留言的内容。为了对客人负责，对不能确认是否住在本店的客人，或是已退房离店的客人，不能接受访客留言，除非离店客人有委托。

3.3.2 住客留言

"住客留言"是住店客人给来访客人的留言，希望来访者知道他的去向。住客可填写住客留言单（见表4-3），此单存放在问询架内，如客人来访，问询员可将留言的内容转告来访者。

表4-3 住客留言单

DATE________________

MR.MRS.MISS________________

ROOM NO.________________

何处找我

WHERE TO FIND ME

TO：MR.MRS.MISS________________

FROM____________AM/PM TO________AM/PM

I WTLL BE AT：

MESSAGE：________________________________

____

THANK YOU

CLERK____________

3.4 邮件的处理

3.4.1 客人信件的处理程序

对于客人的信件，应先进行分类，然后作相应的处理。

- 查找住店客人的信件。
- 查找预期抵店客人的信件。
- 查找要求提供邮件转寄服务的客人信件。
- 查找离店人信件。
- 最后剩下的信件属于暂时无法找到的收件人。

对客人邮件的处理，问询员一定要认真负责，当班时无法处理的，一定要做好交接记录，以免给客人造成不应有的损失和麻烦。

3.4.2 客人的汇款单、挂号信、传真、特快专递及包裹的处理程序

• 收到邮件后，先将邮件在“住客邮件递送登记表”上登记。

• 若是住店客人的邮件，应派行李员尽早送入客房。去客房前，问询员首先应通过电话与客人联系。若客人外出，则应通过留言的方法（送留言单或打开留言灯）通知客人，请客人在方便的时候与问询处联系。

• 将邮件交给客人时，要请客人在登记簿上签字。

实践要点

1. 掌握留言及问询服务的方法、标准及注意事项。

2. 熟悉酒店的服务设施、服务项目和经营特色，并要求具有较广的知识面。

3. 对于客人的询问不能做出模棱两可的回答，更不可推托或不理睬客人。

4. 如果住客不在房内，切不可将住客的房号及电话号码告诉来访者，也不可以让来访者直接到房间。

实战演练

1. 实战方法：

学生两人一组，分别担任前台问询员和客人角色，模拟完成访客电话留言程序。（100分）

2. 实战地点：教室。

3. 实战课时：1课时。

4. 实战要求：

（1）留言考核时间：4分钟。

（2）若出现下列情况之一，则终止考试，成绩记为零分：

① 服务程序出现两处错误；② 超过规定时间。

5. 评分标准

序号	考核内容	考核要点	配分	评分标准	扣分
1	仪容仪表	整洁得体，鞋袜洁净，纽扣齐全，化淡妆，不佩戴夸张的饰物	10	有一项不符合要求，扣2分	
2	仪态	行走、站姿正确，行为规范有礼	10	有一项不符合要求，扣2分	
3	接听电话	三声之内接听，规范语言应答	10	每一处不规范，扣3分	

（续）

序号	考核内容	考核要点	配分	评分标准	扣分
4	了解客人要求	主动询问，仔细聆听	15	每一处不规范，扣3分	
5	填写留言单	将客人留言正确填写到留言单上	10	每一处错误，扣3分	
6	复述核对确认	将留言单上的内容复述核对一遍	15	每一处错误，扣3分	
7	回答客人问题	耐心、准确地回答客人有关询问	20	每一处错误，扣3分	
8	道别	礼貌地向客人道别，等客人挂断电话后再挂断电话	10	每处错误，扣3分	
合计得分			100	合计扣分	

学习任务❹ 商务中心服务

【想一想，做一做】

某日上午10:00，一位客人怒气冲冲地直奔大堂副理值班处，向大堂副理小陈投诉："前天入住时，我在酒店商务中心订了一张今天上午9:30回北京的火车票，昨天服务员把票交给我时，我没有查验，可是今天我到了火车站，才发现你们给我订的是昨天上午9:30的车票。我要求赔偿，否则我要投诉！"听了客人的抱怨，小陈先代表酒店对给客人带来的麻烦表示歉意，并请客人到大堂吧休息片刻，然后找到商务中心前天当班的服务员询问，她记得那天的情景，但记不清客人订的是哪天的车票，而且也找不到订票的存根联了。

想一想

1. 此案例中商务中心服务员有哪些服务程序上的错误？
2. 如何妥善处理这位客人的投诉？
3. 事后酒店应采取什么措施来避免类似事件的发生？

知识储备

为满足商务客人的需要，现代酒店都设立了商务中心（Business center），它是商务客人常到之处，其服务的好与坏，会直接影响到客人的商务活动和酒店（特别是商务型酒店）客人的光临。

4.1 商务中心的设置及要求

4.1.1 商务中心的设置

商务中心一般设置在酒店大堂客人前往方便的地方，并有明显的指示标记牌，是前厅岗位的重要组成部分，是商务客人“办公室外的办公室”。其主要职能是为客人提供各种秘书性服务，为客人提供或传递各种信息。

4.1.2 商务中心的环境要求

商务中心的环境应该具有安静、隔音、优雅、舒适、干净的特点，并根据服务项目合理布局，设计周全。

4.1.3 商务中心服务人员的素质要求

商务中心工作的基本要求：热情礼貌、业务熟悉、耐心专注、服务快捷、严守秘密。同时还要求服务人员主动与酒店各部门、长住商务机构及客人协商配合，为客人提供满意的服务。

为做好商务中心的服务工作，商务中心服务人员必须具备以下素质：

• 气质高雅，有良好的精神面貌；

• 性格外向，机智灵活，沟通能力强；

• 工作耐心细致，诚实可靠，礼貌待人；

• 具有大专以上文化程度，知识渊博，有扎实的文化功底和专业素质；

• 英语听、说、笔译、口译熟练；

• 具有熟练的电脑操作和打字技术，熟练掌握商务中心各项服务程序和工作标准；

• 熟悉酒店设施、各项服务，了解当地旅游景点和娱乐等多方面的知识与信息。

此外，作为商务中心的票务员，还应与各航空公司、火车站等交通部门保持良好的关系，熟悉各种类型的票价和收费标准等。

4.2 商务中心的服务简介

商务中心应配备的设施设备及用品包括：大小面积不等的会议室、洽谈室、复印机、传真机、多功能打字机、程控直拨电话机、电脑、碎纸机、投影机及屏幕、录音机、录像机、电视机及其他办公用品，同时还应配备一定数量的办公桌椅与沙发，以及相关的查询资料如商务刊物、报纸、企业名录大全、电话号码本、邮政编码本、地图册、词典等。

商务中心的服务项目很多，主要有设备出租服务、传真服务、复印服务、打字服务、秘书服务、票务服务、翻译服务、名片印制、商业信息查询、长途电话、宽带上网等。

4.2.1 设备出租服务

酒店一般只向住店客人提供设备出租服务，而且只限在本酒店范围内使用。其服务程序有如下几个方面。

1. 了解客人要求，并填写清楚下列内容。

（1）使用时间、地点、客人姓名和房号。

（2）设备名称、规格和型号。

2. 要求客人签单或预付款项。

3. 通知有关部门派人对设备进行安装、试调。

4. 向客人道谢，并在交班本上做好记录。

4.2.2 传真接发服务

1. 传真发送

（1）主动、热情问候客人，确认传真发往的国家和地区。

（2）核对客人的传真稿件，查看发往国家或地区的传真号、页数及其他要求。

（3）确认无误后，将传真稿件放入传真机发送架内进行发送操作。

（4）发送完毕，与打印报告核对发送传真号是否一致。

（5）根据显示发传真时间计算费用，办理结账手续。

（6）向客人道别。按要求在“宾客发传真登记表”上登记。

2. 传真接收

（1）当接收到发来的传真后，首先应与总台确认收件人的姓名及房号，并核对份数、页数等。

（2）将核对过的传真分别装入信封内，在信封上注明收件人的姓名、房号、份数、页数，通知客人来取，或派行李员送到房间。记录通知时间与通知人。

（3）若收件人不在房间，必须及时通知问询处留言，留言单上注明请客人回来后通知商务中心，以便派行李员将传真或电传送到房间。

（4）在“宾客来传登记表”上登记，以备查用。

（5）按规定的价格计算费用，办理结账手续。

4.2.3 复印服务

1. 主动、热情地问候客人。

2. 接过客人的复印原件，问明客人要复印的数量和规格，并告知客人复印的价格。

3. 按操作要求进行复印。若要多张复印，或者需放大或缩小，应先印一张，查看复印效果，若无问题，才可连续复印。

4. 将原件退给客人并清点复印张数，按规定价格计算费用，办理结账手续。

5. 若客人要求对复印件进行装订，则应为客人装订好。

4.2.4 文字处理服务

1. 主动、热情地问候客人。

2. 接过客人的原稿文件，了解客人要求，浏览、查看，核对原稿有无不清楚的地方或字符。

3. 告知客人打字的收费标准。

4. 告知客人交件时间。

5. 打字完毕后认真核对一遍，并请客人亲自核对。

6. 将打印好的文件交给客人。按规定价格、页数、字数为客人开单收费。

7. 向客人道谢。

4.2.5 租用秘书服务

1. 了解客人的要求：需要什么秘书服务，要求什么时间服务，在什么地方服务，估计服务多长时间等。

2. 告诉客人收费标准。

3. 确认客人的姓名、房号、付款方式等。

4. 向客人道谢。

4.2.6 受理票务服务

1. 主动问候宾客。

2. 了解宾客订票要求。礼貌询问宾客的订票细节，包括航班、线路、日期、车次、座位选择及其他特殊要求等。

3. 通过电脑迅速查询票源情况。若宾客所订的航班、车次已无票源时，向宾客致歉，并作解释，同时主动征询宾客意见，是否延期或更改航班、车次等。

4. 办理订票手续。注意迅速、仔细检查登记单上的全部项目，礼貌地请客人出示有效证件、相关证明，并与登记单进行核对。

5. 出票与确认。礼貌地请客人支付所需费用，并仔细清点核收。

6. 向宾客致谢，目送宾客离去。

实践要点

1. 熟练的电脑操作和打字技术。

2. 受理票务服务时，应礼貌地询问宾客的订票细节，包括航班、线路、日期、车次、座位选择及其他特殊要求等。

3. 出票时必须请客人确认核对无误。

实战演练

1. 实战方法：

（1）学生两人一组，分别充当商务中心员工和客人，进行模拟商务中心接待程序训练；

（2）受理订票服务程序模拟训练；

（3）进行打字速度比赛。

2. 实战地点：教室或实训室。

3. 实训课时：1课时。

学习任务⑤ 大堂副理服务

【想一想，做一做】

在某酒店，一位客人在离店时把房内的一条浴巾带走了，查房的服务员发现后，及时告诉了大堂副理。根据酒店规定，一条浴巾需向客人索赔50元。大堂副理如何做才能既不得罪客人，又维护酒店的利益呢？

想一想

1. 你认为这位大堂副理有哪几种解决此事的方法？试着做一做。

2. 不同的处理方法会带来怎样不同的处理结果？

3. 请你理解一下“把‘对’让给顾客”这句话的含义。

知识储备

在高星级酒店的大堂通常都设有大堂副理的岗位，其主要职责是代表总经理沟通、协调与宾客的关系，负责处理宾客的投诉，同时对维护大堂正常的秩序和安全负有责任。因此大堂副理在酒店中扮演了一个特殊的角色，他既是酒店利益的代表，也是宾客权益的维护者，又是酒店和宾客之间沟通的桥梁。

5.1 大堂副理的素质要求

1. 有良好的外部形象，举止大方、风度优雅。
2. 个性开朗，有高超的人际沟通技巧。
3. 善于表达，语言得体。
4. 掌握一门以上的外语及所在地方言。
5. 熟悉客房、前厅工作，略懂餐饮、财务、工程知识。
6. 有高度的工作热情，待客彬彬有礼，不卑不亢。

5.2 大堂副理工作程序

5.2.1 准备工作

1. 仔细阅读交班本，了解上一班的工作状况及本班需要注意的事项。
2. 查看房态表，了解客情（VIP、团队）。
3. 了解当天值班总经理或值班经理的情况。
4. 检查对讲机、电脑等设备是否正常工作。

5.2.2 日常工作

1. 检查大堂区域及酒店外围的卫生和设备情况。
2. 检查大堂区域工作人员的仪容仪表、礼貌礼节情况。
3. 严格按程序做好VIP客人的接待工作。
4. 回答宾客的问询，向宾客提供必要的帮助。
5. 受理宾客对酒店各部门的投诉。
6. 维持大堂良好的秩序。
7. 协调处理酒店内各种突发事件。
8. 征求宾客意见，沟通酒店与宾客间的情感，维护酒店声誉。
9. 协助前厅部员工处理日常接待中出现的各种问题（超额预订、丢失保险箱钥匙、超信用限额、逃账等）。

5.2.3 交接工作

1. 完整、详细地记录值班期间发生的事情，填写交接班本。
2. 将重要事项与接班人员做必要的口头交代。

5.3 对客人投诉的处理

5.3.1 接到投诉

1. 认真倾听，准确了解每一个细节情况。
2. 保持目光接触，以示尊重。
3. 询问客人姓名和房号。
4. 做简短记录。

5.3.2 安抚客人

1. 向客人表示同情和歉意。
2. 无论事件性质如何都不得表现出对客人的不信任。
3. 使客人相信酒店会立即采取有效的措施，并会将结果立刻反馈给客人。

5.3.3 采取措施

1. 向有关部门转达客人的投诉。
2. 督促有关部门立刻解决问题。
3. 在处理过程中与相关部门随时保持联系，直至问题解决。
4. 如有必要和可能，立即对问题做出裁决。

5.3.4 回复客人

1. 亲自同客人联系，将处理结果告诉客人，并再次表示歉意。
2. 如有必要，向客人赠送礼品，以表示歉意。

5.3.5 记录过程

将处理投诉的全部过程记录在案。

实践要点

1. 大堂副理在处理投诉时一定要注意维护酒店及客人双方的利益。
2. 善于表达，语言得体，有较高的语言艺术。
3. 随时向客人表示同情和歉意。
4. 在处理过程中与相关部门随时保持联系，并将处理结果告知客人。

实战演练

1. 实战方法：

学生两人一组，分别充当大堂副理和客人，处理以下客人投诉：

（1）酒店规定晚上11:00是访客离店时间，当服务员打电话给访客请其离开时，常会引起客人不满，如何处理？

（2）总台发生重复卖房，引起客人投诉，怎么办？

（3）遇到酒店突然停电，怎么办？

（4）客人对酒店服务不满，要求房价打折，如何处理？

（5）客人投诉叫醒服务没有按时，怎么办？

（6）客人丢失了保险箱钥匙，怎么处理？

2. 实战地点：教室或实训室。

3. 实训课时：1课时。

知识梳理

1. 礼宾服务

（1）金钥匙服务理念；（2）店内外接送宾客服务程序；（3）行李服务程序。

2. 总机服务

（1）总机服务的范围和工作流程；（2）总机话务岗位的操作要求。

3. 问询及留言服务

（1）问询服务操作程序；（2）查询服务操作查询；（3）留言服务操作程序；（4）邮件服务操作程序。

4. 商务中心

（1）商务中心的环境要求；（2）商务中心员工的素质要求；（3）商务中心的服务要求。

5. 大堂副理

（1）大堂副理的素质要求；（2）大堂副理日常工作流程；（3）处理客人投诉的程序和技巧。

主要概念

金钥匙　委托代办　礼宾服务　护顶礼　门童　行李员　酒店代表　总机话务员　留言服务　叫醒服务　问询服务　免打扰服务　访客　邮件处理　商务中心　复印　传真　票务　大堂副理　投诉处理

练习题

1. 散客行李服务的程序是怎样的?

2. 住店客人要求房号保密，服务人员应如何处理?

3. 大堂副理的素质要求是什么?

4. 你认为处理客人投诉的要点有哪些?

5. 行李员接到要求上门搬运行李的电话后，应问清客人的__________、__________、__________、__________。

6. “金钥匙组织”总部设在_____，中国是该组织的第_____个会员国。

7. 酒店代表的工作内容不包括（　）。

A. 代表酒店出外联系业务　　B. 在机场接待团队客人

C. 在车站迎接预订客人　　D. 代表酒店送别客人

8. 商务中心收到传给住店客人的传真需要送至房间时，应立即通知（　）。

A. 客房部　　B. 酒店代表　　C. 礼宾部　　D. 大堂副理

项目5 前厅部销售服务

■ 学习目标

■ 知识目标

1. 了解前厅部销售的主要内容。
2. 了解酒店成功销售的基础。
3. 掌握前厅接待人员的销售技巧。
4. 熟悉报价的技巧和方式。

■ 技能目标

1. 能够认真观察分析客人心理，迎合客人需求。
2. 能够掌握一定的销售艺术与技巧，在接待过程中成功地将客房推销给客人。
3. 能够选择合理的报价技巧和方式，达到推销客房的目的。

■ 案例目标

1. 培养学生的销售意识。
2. 了解前厅销售的重要性。
3. 掌握一些良好的推销技巧，学会在适当的时机以适当的报价顺序、适当的报价技巧和方式进行推销。
4. 能从案例中体会到得体的语言对于达到成功销售的目的所起的作用。

■ 实训目标

1. 训练学生认真观察客人的表情，正确分析客人的心理活动。
2. 将前厅销售基础知识运用于实践，使学生能够用所学的销售方法、报价技巧和方式成功地将客房推销给客人。

■ 教学建议

1. 本项目建议用时4个课时。
2. 建议先通过案例，让学生了解前厅销售工作的主要内容以及应掌握的销售技巧。
3. 通过课堂模拟情景的安排，让学生掌握前厅销售的技巧以及报价的方法。
4. 教师将学生分组，分配不同角色，进行课堂训练。

学习任务1 前厅销售

【想一想，做一做】

坐落在杭州萧山机场出口处不远的天地酒店，是一家三星级酒店。一天，从北京飞往杭州的班机比预计抵达时间晚到了整整四个小时。因为下着滂沱大雨，有6位原计划入住杭州市内某四星级宾馆的客人，没有见到预订酒店的接待人员，只好来到了天地酒店大堂……

想一想

1. 对于这6位客人在大堂的出现，如果你是前厅部员工，你会做出何种反应？

2. 大堂副理立刻上前问候，介绍本酒店，希望能留下这6位客人。这种做法正确吗？

3. 此案例给酒店管理人员的启示有哪些？

知识储备

客房是酒店经营的主要商品，客房销售是前厅工作的首要任务。如果说客房部和餐饮部是酒店的生产部门，那总台就是酒店的销售部门。因此，前厅部员工特别是总台员工一定要掌握客房销售艺术与技巧，在接待过程中成功地将客房推销给客人。

1.1 前厅销售内容

1.1.1 销售酒店的地理位置

酒店所处位置是影响客人选择酒店的重要因素之一。例如，离机场、车站、旅游景点、商业中心的远近，周围的环境等。

1.1.2 销售酒店的设施及有形产品

酒店齐全的设施、过硬的有形产品是销售酒店产品的重要条件。例如，建筑规模、风格、不同种类的客房、别具特色的餐厅、美味可口的菜肴等。

1.1.3 销售酒店的形象

酒店形象是最具有影响力的活广告，其包括酒店历史、知名度、信誉、独特的经营作风等。前厅部员工不但应自觉维护酒店形象，还应充分利用良好的酒店形象，灵活地开展推销工作。

1.1.4 销售酒店的气氛

气氛是客人对酒店的一种感受。例如，古色古香的民族风格的建筑、不同格调的艺术品、传统服饰打扮、花卉布置等。

1.1.5 销售酒店的服务及无形产品

销售服务是销售酒店产品中最重要的部分。在对客服务中，人是最积极、最活跃的因素。为此要提高员工的服务意识、服务知识和服务技能等。

1.2 酒店成功销售的基础

1.2.1 熟悉本酒店的基本情况

酒店的基本情况包括：酒店所处的地理位置及交通情况；酒店的建筑、装饰、布置的风格与特点；酒店的等级与类型；酒店产品的价格与相关政策规定；酒店的服务设施与服务项目等，尤其是对酒店的主要产品——客房，要有全面的了解，即各类房间的面积、色调、朝向、功能、楼层、价格、特点、设施设备等。

1.2.2 了解竞争对手酒店的产品情况

在深入了解和掌握本酒店产品情况的基础上，还要“知彼知己”，因为客人面对的是一大批档次、价格、服务类似的酒店，要想在销售中取胜，就要了解竞争对手酒店的产品情况，通过比较，找出自己的特色和优势，并着重加以宣传，这会更容易引起客人的兴趣和注意。

1.2.3 认真观察分析客人心理，迎合客人需求

必须深入了解客人最需要的是什么、最关心的是什么、最感兴趣的是什么。把握好客人的购买目的和动机，帮助客人解决问题，满足其物质和心理需要。在客人受益的同时，酒店也能得到相应的回报。

1.2.4 具备良好的职业素养

宾客对酒店的了解是从前厅员工的仪表仪容和言谈举止开始的，因此前厅员工必须随时面带微笑，以礼貌的语言、优雅的举止、热情的态度接待好每一位客人，这也是成功销售的前提。

1.2.5 制定灵活的价格策略

价格是酒店参与市场竞争的主要手段之一，制定合理及灵活的价格政策是酒店在竞争中取胜的关键。常见的价格策略有以下几种。

1. 常客价

常客价即酒店向常客（Regular Guest）或长住客人（Long Staying Guest）提供的优惠房价。

2. 批量价

批量价即根据不同的消费量给予一定的优惠价格，主要是针对旅行社的团队客人而制定的折扣价格。其目的是与旅行社建立良好的、稳定的业务关系，确保酒店客源，提高客房利用率。

3. 季节价

季节价即根据不同时间的供求情况，实行不同的价格。在营业淡季，为了刺激需求、提高客房利用率，在标准价的基础上，将价格下浮一定的百分比；在营业旺季，为了最大程度地提高酒店的经济效益，将房价在标准价的基础上，上浮一定的百分比。

4. 机会价

机会价即利用重大节日和活动实行特殊价格，从而刺激市场需求，并增强酒店在市场上的影响力。

实践要点

1. 明确前厅销售的主要内容。
2. 掌握酒店的基本情况。
3. 了解酒店常见的价格策略。
4. 具备良好的职业素养。

实战演练

1. 实战方法：案例分析

某三星级酒店销售部的王小姐与A公司签订了给予其公司人员入住本酒店优惠价格的合同——双标房200元/间·天。同时，又与B公司签订了此合同——双标房250元/间·天。由于客户的不同，销售部对价格政策是绝对保密的。但事情也凑巧，A和B两家公司同一天在该酒店召开会议，而A公司的负责人和B公司的负责人又是学生，于是不同的双标房价格在两位老学生的闲聊中透露了出去。B公司的负责人在第二天理直气壮地找到了王小姐，“为什么A公司的合同价要比我们低”的提问使得王小姐很尴尬。

王小姐该如何处理此事呢?

2. 实战地点：教室或实训室。

3. 实训课时：0.5课时。

学习任务② 前厅销售技巧

【想一想，做一做】

某酒店是一家接待商务客人的酒店，管理很严格。一天晚上11时，进来了两位客人，恰好总台主管小王在值班，小王很礼貌地招呼客人，并热情地向客人介绍酒店的客房。听了小王的介绍，客人对酒店的客房非常满意，同时，他们告诉小王，由于他们是商务客人，公司对他们出差住房的报批价格有规定，希望能给予他们房价的七折优惠。但是酒店规定总服务台主管只能有房价八折的权限，况且部门经理早已下班回家了。小王想是否多销售两间客房对自己也没多大关系，还是非常礼貌地拒绝了两位客人的要求。最后两位客人不得不失望地离开了这家酒店。

想一想

1. 造成这两位客人离开的原因是什么？
2. 酒店从这件事情中应吸取什么教训？
3. 你以后遇到这种情况将如何处理？

知识储备

随着酒店业竞争的加剧，酒店越来越重视前厅部的销售工作。因为销售的成果不仅直接关系到客人对酒店的认识、接受、评价和是否再次光临，最终还会影响到酒店的社会形象和经济效益。因此，对于一名优秀的前台服务员而言，必须掌握销售的各项技巧，提高销售的效率和成果。

2.1 前厅接待人员的推销技巧

2.1.1 把握客人特点，推荐他所需要的产品

接待员应善于把握客人特点，针对客人的需要，推荐适当的产品。例如，对查询、问价的客人，要积极热情地接待，询问其旅行的目的，从中大致了解其住店的需求，并借机有的放矢地推销酒店的某类客房或某些服务项目。对犹豫不决的客人应设法理解客人的真正意图，多给予建议，尽量消除客人的疑虑，有针对性地为其进行客房的介绍，必要情况下，也可带客人参观几种不同类型

的客房。对消费能力有限的客人，接待人员不能有丝毫的怠慢和歧视，在推销过程中，应提供各类价格、状况不同的房间供其选择。

不同的客人有不同的特点，对酒店也有不同的要求。因此，总台接待员在接待客人时，要注意从客人的衣着打扮、言谈举止以及随行人数等方面把握客人的特点（年龄、性别、职业、国籍、旅游动机等），进而根据其需求特点和心理，做好有针对性的销售。

不同类型客人的主要特点表现在以下几个方面。

1. 商务客人

（1）房价不过于计较。

（2）客房安静，光线明亮，最好房内有所需的办公设备。

2. 旅游客人

（1）比较在乎房价。

（2）客房景色优美，干净卫生。

3. 年老、残疾客人

喜欢住靠近电梯和餐厅的房间。

4. 度蜜月夫妇

（1）客房安静，不受干扰，房间气氛温馨。

（2）有一张大床的双人房。

5. 知名人士、高薪阶层

喜欢档次比较高的套房。

总之，接待客人时要注意观察，通过其衣着打扮、言谈举止、年龄、性格来判断其身份，以便进行有针对性的服务。

2.1.2 销售时要突出客房产品的价值，而非价格

一些接待员一开口就对客人描述房价的优惠，或者当客人要求房价打折时只将注意力放在让客人信服房价已经低到极限，结果使焦点集中在价格上，陷入被动的局面。接待员应明白一点，即销售的是产品，而不是价格，所以，在客人要求降低价格时，接待员应将重点放在介绍产品上，让客人觉得物有所值，货真价实。正常情况下，等级越高、质量越好的房间，其价格也越高。因此在与客人洽谈具体价格的过程中，要根据客房的特点及客人自身的需要，在推销时对客房的使用价值加以描述。如“一间刚装修过的、宽敞的房间……”、“一间舒适、安静、能看到美丽海景的客房……”、“一间具民族特色、装饰豪华的客房……”等。这类形容词非常丰富，而且能够使客人更加容易接受。不能简单地说：“一间500元一晚的客房，您要不要？”当然，描述时应避免过分夸大、

错误地介绍客房的使用价值。要准确地描述客房，必须首先了解客房的特点，这是对总台员工的最基本要求之一。

2.1.3 要采用正面介绍引导客人

这里所说的“采用正面介绍”是指在推销客房过程中，接待人员要着重介绍各类型客房的特点和优势给客人带来的方便与好处，以及与众不同之处，而不要对其缺点进行比较，要善于将不利因素转化为有利因素。假如酒店目前只剩一间客房，客人无法选择，这时接待人员也应对客人说：“您的运气真好，现在正好还有一间不错的房间。”而不能直说：“这是最后一间空房了。”让客人觉得是在用别人剩下的东西。再比如，低楼层的客房比较嘈杂，但进出很方便；靠近游泳池的房间可能会有噪音干扰，但如果客人喜欢游泳，从房间到泳池就很便捷。

2.1.4 对犹豫不决的客人多提建议

客人犹豫不决时，是前厅服务员销售客房能否成功的关键。此时，前厅服务员要认真观察客人的表情，正确分析客人的心理活动，千方百计地去消除他们的疑虑，多提建议，不要轻易放过任何一个可能住店的客人。假如客人仍未明确表态，接待员可以技巧性地运用语言和行为来促使客人下决心进行购买，完成对客销售的“最后一击”。

技巧性的语言和行为包括以下三点。

1. 第三者意见技巧：当买卖双方各自坚持自己的看法而相持不下时，第三者的意见可以起到一定的裁决作用。“第三者”可以是另一位顾客、某一位旁观者或者是其他服务员，比如有人说：“我住过这种房间，确实不错”、“我非常喜欢这个房间”等。

2. 替客人下决心技巧：指在销售过程中，客人尚未最后表态同意购买，但也没有表示不同意时，为了防止意外（即客人反悔），服务员运用语言和行为来促使客人下决心购买的一种方法。例如，递上入住登记表说：“这样吧，您先登记一下……”、“要不您先住下，如果感到不满意，明天我们再给您换房”等。

3. 扳道岔技巧：指事先设计好两种可能性，且它们都可能达成交易。通过让客人自己选择，使其成为酒店的住客。比如，“张先生，您看是住套房好呢还是住标准房？”这时客人的思维往往被引导到套房与标准房之间的范围内，可能不会产生是否选择另外酒店的想法，因此，成交的概率可能会提高。

2.1.5 注重推销酒店的其他设施和服务

不是所有客人都十分清楚酒店的设施及服务项目，尤其是初次抵达的客人。所以在宣传推销客房产品的同时，不应忽视推销酒店的其他服务设施和服务项目，如餐饮、娱乐、商务等设施和服务，让客人感到酒店产品的综合性及完整性。因为客人住店，不仅仅是为了满足其休息的生理需要，往往还有其他方面的需求。如果接待人员的推销服务正好迎合了客人的需求，客人不仅乐于接受，还会对酒店、对接待人员细致与周到的服务表示感激。因此适时推销酒店相关的服务设施和项目，不仅是一种积极的销售技巧，还可以增加酒店的营业收入，改善与宾客的关系。

2.2 选择合理的报价技巧和方式

虽然价格不是销售的重点，但价格毕竟是大多数客人非常关心的内容。接待员在报价时，能否利用心理诱导的方法，运用一定的报价顺序和报价方式，使客人能够接受接待员的报价，达到推销客房的目的，是前厅服务人员在推销客房时必须掌握的销售技能。

2.2.1 报价的技巧

高码讨价法和由低到高法是两种有效的报价技巧。

1. 高码讨价法

高码讨价法是指在客房销售中向客人推荐合适其地位的最高价格的客房。如果客人不接受，再推荐价格低一档次的客房，这样由高到低、逐层介绍，直到客人做出满意的选择。这种方法适合于未经预订、直接抵店的客人。

从高到低报价，可以最大限度地提高客房的利润率和客房的经济效益。当然，这并不意味着接待每一位客人都要从“总统套间”报起。而是要求总台接待员在接待客人时，首先要确定一个客人可接受的价格范围（根据客人身份、来访目的等特点来判断），在这个范围内，从高到低报价。根据消费心理学，客人常常会接受你先推荐的房间，如客人嫌贵，可降一个档次，向客人推荐价格次高者，这样就可将客人所能接受的最高房价的客房销售给客人，从而提高酒店的经济效益。

2. 由低到高法

由低到高法也称利益引诱法，适合于已预订过的客人。

有些客人虽然已经作了预订，但预订的房间价格较为低廉，当这类客人来到酒店住宿登记时，前厅服务员便可使用利益诱导的方法对他们进行推销，即告诉客人，只要在原价格基础上稍微提高一些，便可得到更多的好处或优惠。比如，“您只要多付100元钱，就可以享受包价优惠，除房费以外，还包括早餐和午餐，以及洗衣服务”。这时，客人常常会接受服务员的建议。

2.2.2 报价的方式

1. 冲击式报价法

冲击式报价法是首先报出价格，再介绍客房的设施设备及其他服务项目等。

这种方法较适合于价位比较低廉的房间，销售对象是消费水平较低的客人。

2. 三明治式报价法

三明治式报价法是在介绍所提供的设施与服务项目中间报出房价，能起到减弱房价冲击的作用。例如，“我们目前特别推出的商务单间客房，房间里配有INTER网接口，房价是668元，且含有一份豪华早餐及一张商务俱乐部的入场券。”这种报价方式适合于中档次客房，可以针对消费水平高、有一定地位和声望的顾客。

3. 鱼尾式报价法

鱼尾式报价法是先介绍房间的优点及所提供的服务设施及项目，最后再报出价格。强调产品，减弱价格对客人的影响。这种方法比较适合于较高规格的客房，针对消费能力较高的客人。

总之，报价的顺序、技巧和方式都要根据不同客人的特点与需求，有针对性地宣传介绍，使客人对酒店产生信任感和归属感。

实践要点

1. 突出客房产品的价值而不是价格。
2. 把握客人的特点。
3. 坚持正面的介绍。
4. 高码讨价法和由低到高法。
5. 报价的方式。

实战演练

1. 实战方法：

学生两人一组，分别担任接待员和客人角色，模拟完成前厅客房销售的任务。（100分）

2. 实战地点：教室。

3. 实战课时：1课时。

4. 实战要求：

（1）模拟前厅客房销售考核时间：3分钟。

（2）若出现下列情况之一，则终止考试，成绩记为零分：

① 销售失败；

② 超过规定时间；

③ 提问后1分钟之内没有任何回答。

5. 评分标准

考核内容	考核要点	配分	评分标准	扣分
推销客房	根据客人的愿望和要求，正确使用报价方法； 主动将有关的宣传资料展示给客人，并准确介绍房间设施、设备、朝向等情况； 适时抓住成交机会	100	有一项不符合要求，扣5分	
合计得分		100	合计扣分	

本项目总结

知识梳理

1. 前厅销售基础知识

（1）前厅销售的主要内容；（2）酒店成功销售的基础。

2. 前厅销售技巧

（1）前厅接待人员的推销技巧；（2）选择合理的报价技巧和方式。

主要概念

前厅销售　有形产品　无形产品　酒店形象　酒店气氛　常客价　批量价　季节价　机会价　扳道岔技巧　高码讨价法　由低到高法　冲击式报价法　三明治式报价法　鱼尾式报价法

练 习 题

1. 为什么销售服务是销售酒店产品中最重要的部分？

2. 前厅接待人员应熟悉本酒店哪些基本情况和特点？

3. 为什么说良好的职业素养是成功销售的前提？

4. 如何促使犹豫不决的客人下决心购买酒店产品？

5. 在销售客房产品过程中，接待人员应强调的是客房的________，而不只是________。

6. 在销售过程中，任何一位第三者的意见都可以起到一定的促销作用。(　　)

A. 是　　B. 否

7. 在向客人介绍本酒店服务特色时，应避免涉及（　）。

A. 服务时间　　B. 服务特点　　C. 服务种类　　D. 其他酒店的优势

8. 某酒店现有三种房型，一种是价格为880元每晚的豪华套间；另一种是正在促销的特价单人间，价格是每晚380元；还有一种是每晚580元的标准双人间。请问对于这三种房型，接待员应分别采取哪一种报价方式？

项目6 前厅部的对客关系

■ 学习目标

■ 知识目标

1. 了解建立良好宾客关系的重要性。

2. 了解不同宾客心理及宾客类型对服务的不同要求。

3. 了解客人投诉的原因以及处理投诉的方法。

4. 掌握减少宾客投诉的具体措施。

5. 了解客史档案的作用、类型及内容。

6. 熟悉客史档案的管理。

■ 技能目标

1. 能够掌握与客人交流沟通的技巧。

2. 能够掌握投诉处理的技巧并能在实际问题中加以运用。

3. 能够根据投诉的不同原因为客人提供针对性的服务。

4. 能够充分了解客人的需求并建立客史档案。

■ 案例目标

1. 让学生了解与客人融洽交往、建立良好的宾客关系是前厅服务的重要内容。

2. 体会到正确处理好宾客的投诉对酒店的意义。

3. 领悟到与宾客沟通的一些技巧，能够设身处地去了解客人的需求，拉近客人与酒店之间的距离。

■ 实训目标

1. 能让学生掌握与客人交流沟通的技巧，懂得要使客人满意，除了良好的服务态度外，还必须猜透客人的心理，具有高超的服务艺术。

2. 通过在实训中处理一系列的客人投诉，使学生初步掌握处理投诉的程序及技巧，并且能够在具体的问题中熟练运用，培养和锻炼学生分析问题、处理问题和解决问题的能力。

■ 教学建议

1. 本项目建议用时4个课时。

2. 建议先通过案例，让学生了解建立良好宾客关系的重要性及处理客人投诉的一些技巧。

3. 通过课堂模拟情景的安排，让学生熟练掌握客人投诉的处理程序以及处理技巧。

4. 教师将学生分组，分配不同角色，进行课堂处理投诉的训练。

学习任务❶ 建立良好的宾客关系

【想一想，做一做】

中国一代表团访问新加坡，下榻“豪景酒店”。一天，代表团的成员们外出回来，发现桌上放有一张纸，上面写着：亲爱的贵宾，本酒店将于本月5日晚上10点起进行自来水管道维修工程，届时将停水8分钟。我们将尽量减少维修时间，对此造成的不便，谨此致歉。下面是经理的签名。果然，5日10时停水，10时零7分恢复供水。

想一想

1. 酒店与顾客是什么关系？
2. 此案例体现了“豪景酒店”怎样的顾客理念？
3. 试分析该酒店在维系宾客关系方面做了哪些实事？

前厅服务人员是面对客人的第一窗口，他们的一言一行将影响客人对酒店的第一印象，以及整个住店期间对酒店的评价，当然更是客人是否会再次选择入住本酒店的直接因素。因此，前厅服务人员除了在各项服务上应达到准确、高效的基本指标外，与客人的融洽交往、建立良好的宾客关系同样是服务的重要内容。目前，很多酒店已在致力于建立良好的宾客关系方面有了更多的感悟和切实的做法，例如，建立客史档案，更有针对性地提供服务；提供金钥匙服务，为前厅服务注入更为丰富的内涵；正确处理好宾客的投诉，化不利为有利；多与客人进行沟通，了解客人的需求、想法，甚至对酒店的意见和建议，拉近客人与酒店的距离等。前厅部的员工与客人的接触时间最长，所以前厅员工更应时刻注意客人情绪的变化，与客人建立良好的宾客关系。

1.1 宾客心理与服务要求

客源结构的日趋广泛，客人层次的日趋丰富，使前厅服务人员面对的客人更为复杂。因此，在与各种不同类型的客人打交道时，要从客人的本质特征上了解客人的需求，真正读懂我们的客人。

1.1.1 扮演领导角色的客人

这类客人进入酒店后，往往在行为上会表现出领导的某些特征。因此，在酒店服务中，我们必须像对待领导一样对待客人。

1. 尊重客人

客人的国籍、民族、性别、风俗习惯、经济状况、体型容貌、兴趣爱好等是其人格、权力和利益的表现，他们都要求受到尊重。因此，服务员要全面尊重客人，微笑着主动与客人打招呼，礼让客人。作为服务员应该牢记：对别人的尊重就是对自己的尊重。

2. 甘做一名“下属”

对于客人的吩咐，即便是百般挑剔，作为服务人员也不能当面顶撞，更不能不予理睬。始终记住这样一个信条：再忙也不能怠慢你的客人，忽视客人等于忽视自己的收入、忽视企业的利润。

3. 处事讲求策略

对于服务讲求细致，追求最佳效果。对客人的要求要高度重视，当然，也不能全都言听计从，因为毕竟在这里扮演领导角色的客人，也会有刚愎自用、主观臆断之时。对此，我们服务人员要明辨是非，对于客人的正当要求尽力满足，精心服务；对于客人的无理要求学会拒绝，但要用委婉或引导感化的方法，让客人自己意识到问题之所在，从而做出更好的决策，并使他感受到真正使用权利的快乐。

1.1.2 情绪化的客人

对于情绪化的客人，酒店工作人员必须懂得宽容和设身处地为客人着想，并提供更加人性化的服务。

1. 理解客人的需求

根据马斯洛的需求层次理论，人的需求可分为生理需求、安全需求、社交需求、尊重需求和自我实现需求。客人的文化与背景各不相同，因此，他们的需求也是贯穿于每个层次，具有多样性、多变性、突发性的特点。这就要求酒店工作人员既要掌握客人共性的、基本的需求，又要分析研究不同客人的个性和特殊需求；既要注意客人的静态需求，又要在服务过程中随时注意观察客人的动态需求；既要把握客人的显形需求，又要努力挖掘客人的隐形需求。只有充分预见和准确把握客人的需求，才有可能提供全面、到位的服务，才能使客人有好的情绪，避免出现服务业中的“100-1=0”的现象。

2. 理解客人的情绪

由于其行为举止不受各种职业规范制约，客人在住店期间会显得特别放松而比较情绪化。对此，酒店应充分予以理解，用优良的服务去感化客人，要努力去发现客人的喜好，培养客人良好的情绪，甚至做出必要的礼让和化解，以保持同客人的有效沟通，帮助客人渡过难关，克服某些“缺陷”。

1.1.3 追求享受的客人

酒店服务不是一种生活必需品，而是一种享受品。客人到酒店是来享受的，这是客人最基本的追求。客人要求的享受表现在多方面，服务的精致、服务的全面、服务的效率，甚至服务的独特性，这些都是他们所期望的。所以，酒店服务必须环环扣紧、步步到位，保证向客人提供舒适和舒心的服务。

1. 提供标准化的服务

凡是客人看到的必须是整洁美观的；凡是提供给客人使用的必须是安全卫生的；凡是酒店员工对待客人必须是亲切礼貌的。从而使客人在整洁美观的环境中感受到亲切礼貌的态度，享受到安全有效的服务。

2. 提供差异化的服务

针对不同客人的多样化和多变性的需求提供相应的服务，避免千篇一律的服务模式。

3. 提供超常化服务

给客人以出乎意料或从未体验过的服务。一般情况下，客人在消费前都会根据个人需求、过去的感受和酒店的宣传广告及传闻而产生一定的期望。客人在接受服务后会形成对服务的实在感受，并与预期值加以比较，当两者相当时，表现为满意；当实在的感受值大于期望值时，产生惊喜，从而达到真正的享受。当然，要让所有的客人都有喜出望外的体验是不太可能的，但让重要客人与常客有此感觉则是必要和可能的。

1.1.4 爱面子的客人

爱面子，喜欢听好话，这是人类的天性之一，也是大众中普遍存在的心理现象。作为酒店的客人，尤其如此。几乎所有的客人都喜欢表现自己，而且希望被特别关注，并给予特殊待遇。对此，酒店必须为客人创造良好的环境，为客人提供充分表现自己的机会，让客人在酒店多一分优越和自豪。

1. 创造良好的环境

酒店必须给客人营造一种高雅的环境气氛和浓厚的服务氛围，让他有一种“高贵之家”的感觉，以显示其身份和地位。为此，酒店必须努力做到设计合理、装修精致、布置典雅、店容整洁、秩序井然、服务亲切。

2. 关注客人

酒店员工必须对客人像对待自己的朋友一样关注，真正体现一种真诚的人文关怀精神，为每位客人献上一份特别的关爱，让他体会到“我是最重要”的感觉。

1.2 宾客类型及服务要求

酒店在了解和掌握客人心理的前提下，建立起良好的宾客关系，关键还要提供称客人之心、如客人之所愿的服务。前厅服务人员在同客人打交道时，应针对不同类型的客人采取不同的服务方式。那么不同类型的客人有哪些不同的服务要求呢?

1.2.1 公务型客人

公务型客人包括商人、开会者、常驻专家及具有公事目的的各种代表团。其对酒店的要求有以下几方面。

1. 设施豪华、舒适，服务规范、快捷。

2. 房间内隔音良好、光线充足，备有写字台和直拨电话。

3. 需要配备会客室和网络设备。

4. 能有完善的商务中心提供各项商务服务。

5. 能快速地办理预订客房业务及入住、离店手续。

6. 能提供叫醒服务、预订出租车、房内用餐、快速洗衣等服务。

7. 能有较完善的会议设施、宴请场所及康乐健身场地。

如果酒店不能全面地提供上述各项服务，则服务人员的好客、热情以及优质服务也不足以弥补。

1.2.2 旅游度假型客人

旅游度假型客人包括前来旅游、探亲、度假的散客及团体客人。其对酒店的要求有以下几个方面。

1. 希望居住面临优美景色的房间。

2. 住店期间能品尝当地的风味佳肴。

3. 能了解当地的风土人情，购买当地的土特产及纪念品。

4. 能提供介绍旅游景点的资料、各种交通工具时刻表。

5. 能为他们介绍娱乐场所的特点、当地餐馆的经营特色。

6. 能为他们解决行李搬运问题。

7. 能代订机票、车票和各种文娱活动票。

1.2.3 重要客人

酒店的重要客人一般都有非同一般的地位和身份，有着较大的社会影响力，或者是与酒店关系密切的各大公司、旅行社等企业的负责人与决策人。酒店在对其接待上要给予比较高的待遇，同时对于特殊客人的接待，除要由专人负责之外，还要注意客情保密。这些客人在酒店所受到的待遇对酒店今后的客源影响很大，贵宾接待服务工作的质量与酒店的声誉和经营有很大的关系。

1.2.4 常客

经常入住酒店的回头客称为常客。常客一般对酒店的情况较为了解，寻求归属感与尊重感是他们重复选择的关键。对于常客，酒店应该用姓名去称呼客人，主动联系客人，客人到来时，能及时说出客人对房间的喜好，并提供相应的服务，例如节日送上真诚的问候、主动提供预订服务、提供一些针对性的服务等，鼓励员工与之建立真诚的友谊。

实践要点

1. 不同心理的客人对服务的要求。
2. 不同类型的客人对服务的要求。
3. 善于察言观色，弄清客人的心理。
4. 讲究语言艺术，给足客人面子。

实战演练

1. 实战方法：

学生两人一组，分别充当前厅接待员和客人，根据下列情景要求完成接待任务：

（1）当你接待的是一位有领导特征的客人时；

（2）当你接待的是一位情绪化的客人时；

（3）当你接待的是一位特别追求享受的客人时。

2. 实战地点：教室或实训室。

3. 实训课时：1课时。

学习任务② 宾客投诉处理

【想一想，做一做】

某酒店，一位客人拿着磁卡钥匙怒气冲冲地找到大堂经理质问："我刚刚入住，磁卡钥匙在前台做了两遍，可还是打不开门，你们的设备怎么这么差劲。"于是大堂经理与客人一同来到楼层，看到客人只把磁卡插入门锁中，而没有拔出来转动门把，大堂经理明白了客人打不开门的原因。

想一想

1. 如果你是大堂经理，你怎么处理这位客人的投诉？
2. 处理客人投诉的时候要注意什么？
3. 本案例中酒店的服务有哪些地方还不到位？

知识储备

作为前厅部大堂经理或者是前厅部普通员工，经常会碰到一些投诉，如设施设备、员工态度、异常事件的发生等，都直接反映出客人对酒店的不满。由于酒店是一个复杂的整体运作系统，客人对服务的需求又是多种多样的，因此无论酒店经营得多么出色，设备设施多么先进完善，都不可能百分之百地让客人满意，客人的投诉是不可能完全避免的。酒店投诉管理的目的和宗旨在于减少客人的投诉，消除引起客人投诉的根源，把客人投诉造成的危害减少到最低程度，最终使客人对投诉的处理感到满意。

根据美国学者调查表明，每有一名通过口头或书面直接向公司提出投诉的顾客，就有约26名保持沉默的感到不满意的顾客。这26名顾客每个人都有可能会对另外10名亲朋好友造成消极影响，而这10名亲朋好友中，约有33%的人会有可能再把这种不满意信息传递给另外20人。也就是说，只要一名顾客对公司不满意，就会导致（26×10）+（10×33%×20），即326人的不满意，可见客人投诉的影响之深远，后果之严重。

2.1 投诉的概念和种类

2.1.1 投诉的概念

投诉是指宾客对酒店的设施设备、服务等产生不满时，以书面或口头形式向酒店提出的意见和建议。

2.1.2 投诉的种类

了解投诉的不同类型，对于处理和尽可能减少投诉的发生起着重要的作用。投诉的种类一般有以下几种。

1. 按投诉的方式

投诉可分为电话投诉、书面投诉和当面投诉三种。

2. 按投诉的途径

（1）直接向酒店投诉。这类客人认为，是酒店令自己不满，是酒店未能满足自己的要求和愿望，因此，直接向酒店投诉，希望能尽量挽回自己的损失。

（2）向旅行代理商投诉。选择这类投诉渠道的，往往是那些由旅行代理商（例如旅行社）介绍而来的客人，投诉内容往往与酒店服务态度、服务设施的齐全、配套情况及消费环境有关。在这些客人看来，与其向酒店投诉，不如向旅行代理商投诉，因为前者既费时又往往是徒劳的。

（3）向消费者协会一类的社会团体投诉。这类客人希望利用社会舆论向酒店施加压力，迫使酒店以积极的态度去解决当前的问题。

（4）向工商局、旅游局等有关政府部门投诉。

（5）运用诉讼方式起诉酒店。

站在维护酒店声誉的角度去看待客人的投诉方式，不难发现，客人直接向酒店投诉是对酒店声誉影响最小的一类，也是酒店应努力控制的一个方面。因而酒店设置了大堂副理这个岗位，为客人提供了固定的、方便的并能有效解决问题的投诉场所。从保证酒店长远利益的角度出发，酒店接受客人的投诉，能有效地控制有损酒店声誉的信息在社会上传播，防止给公众产生不良印象。客人直接向酒店投诉，不管其动机、原因如何，都给酒店提供了一个及时补救和保全酒店声誉的机会。

2.2 投诉的产生

其实将宾客对酒店的不满意进行汇总，不难发现相当部分的投诉是可以解决的。有些是由于酒店本身所引起的，有些则是由于客人方面的原因造成的，引起宾客投诉主要的因素有以下几个。

2.2.1 酒店方面的原因

1. 服务形象不佳引起投诉

此类投诉主要是由于服务人员服务意识不强、态度不佳、对客人不尊重或仪容仪表不整洁等引起的，如对客人态度冰冷、出言不逊等。

2. 服务技能不够娴熟引起投诉

此类投诉主要是由于服务人员服务技能不扎实、效率低下等引起的。例如，分房出差错，让客人久等；叫醒服务不准时；总机转接电话速度慢等。

3. 设备设施质量问题引起投诉

此类投诉主要由于酒店的消费环境、消费场所、设备设施等未能满足客人的要求而引起的。如设备质量差、酒店空调失灵、设施不配套、星级酒店未按要求达到相应标准等。

4. 管理不善引起投诉

此类投诉主要是由于酒店管理不善，制度不严密，各部门沟通不及时等引起的。例如，客房常有电话骚扰；客人财物丢失；重复排房等。

5. 其他方面的投诉

其他方面的投诉是指酒店其他部门的服务引起的投诉，例如，饭菜不合口味；客房内日常用品质量差；设施存在缺陷等。

总之，客人最敏感、投诉率最高的是设备质量、服务态度、产品质量和服务效率等。

2.2.2 客人方面的原因

1. 当客人对酒店的希望要求太高，认为酒店相关的服务及设施、项目没有达到应有的标准，不符合其要求，未能体现出“物有所值”，一旦出现与期望值相差太远时，都会产生失望感。

2. 客人的需求及价值观念不同，对事物的看法及衡量的标准不一致，对酒店宣传内容的理解上与酒店有分歧，导致其不同的看法和感受，从而产生某种误解。

3. 由于客人自身的敏感，对酒店工作过于挑剔。

4. 因客人本身心情不佳，或其他原因（包括恶劣天气引起的不便等因素）产生的不满在酒店内宣泄，或借题发挥，或故意挑衅寻事，导致对酒店的投诉。

2.3 正确认识客人的投诉

投诉是酒店管理者与宾客沟通的桥梁，对客人的投诉应有一个正确的认识。投诉是坏事也是好事，它可能使被投诉者感到不快，甚至受罚，对很多人来说，是一次挑战，但通过客人的投诉，能及时发现酒店服务和管理中存在的问题。

因此，酒店对客人的投诉应给予足够的重视。

2.3.1 宾客投诉的必然性和合理性

酒店向客人提供的是服务产品，作为一种公开销售的服务产品，客人有权对服务项目、服务设施和设备、服务态度、服务感情、服务程序、服务效率以及服务效果等产品质量进行评论。客人投诉不仅仅意味着客人的某些需求未能得到满足，同时又说明酒店的工作有漏洞，实际上，投诉也正是客人对酒店质量和管理质量的一种劣等评价。虽然投诉并不令人愉快，任何酒店、任何员工都不希望有宾客投诉自己的工作，这是人之常情。然而，即使是世界上最负盛名的酒店也会遇到客人的投诉。其原因如下。

第一，对酒店来说，无论所有的服务多么完善，都不可能达到完美的程度，所以客人的投诉是难以避免的。

第二，客人的要求具有多样性和特殊性，可谓是众口难调。

第三，酒店服务工作在运行中，难免有不尽人意的地方。

第四，现在客人的自我保护意识越来越强，他们清楚自己付出较高费用后应该享受的服务态度。

2.3.2 宾客投诉的双重性——积极因素和消极因素

1. 积极因素

客人来自四面八方，不乏有一些见多识广、阅历丰富的人。客人从自身的角度，对酒店的服务工作提出了宝贵的批评意见，有利于酒店不断改进和完善服务工作。所以，客人的投诉是酒店完善服务工作的一种信息来源，尤其是一些善意的投诉正是酒店所希望的。同时，通过投诉的处理，加强了酒店同客人之间的沟通，进一步了解了市场需求，提高了竞争力，有利于争取更多的客源。因此，对客人的投诉，酒店应将其视为是发现自身服务及营运管理的漏洞，改进和提高酒店服务质量的重要途径。

2. 消极因素

客人在服务环境或公众面前投诉，会影响酒店的声誉和形象，这是对酒店最不利的消极因素。对于酒店来说，争取和维持住客是一件很不容易的事，如果对客人投诉处理方式不当，客人因不满而离去，真正受损失的还是酒店。同时，有些客人并不轻易投诉，把不满留在心里，拒绝下次光顾，或向其亲友、同事发泄，影响了酒店对外的形象和声誉。

事实上，投诉产生后，引起客人投诉的原因并不重要，关键是酒店怎样看待客人的投诉，使用怎样的态度去面对，采取怎样的方法来解决客人的投诉。成功的酒店善于把投诉的消极面转化为积极面，通过处理投诉来促进自已不断提高工作质量，防止投诉再次发生。正确认识宾客的投诉是使宾客的投诉得到妥善处理，为酒店挽回声誉，使宾客满意而归的基础。所以，酒店对客人的投诉要采取积极、欢迎的态度。无论是客人出于何种原因进行投诉，酒店都要理解客人，绝不能与其争辩或不理不睬；要充分重视，设身处地为客人着想，及时调查、改善，真诚的帮助客人，尽可能的令客人满意。只有这样才能消除客人的怨恨及不满，重新赢得客人的好感及信任，改善客人对酒店的不良印象。

2.4 处理投诉的方法

2.4.1 处理投诉的原则

1. 真心诚意地帮助客人解决问题

客人投诉，说明酒店的管理及服务工作尚有漏洞，说明客人的某些需求尚未被重视。前厅服务人员应理解客人的心情，对客人的投诉持欢迎与感谢的态度，同情客人的处境，设身处地站在客人的立场上，并努力识别及满足他们的真正需求，真心诚意地帮助他们解决问题。只有这样，才能赢得客人的信任与好感，才能有助于问题的解决，对于酒店来说，一个对服务不满的客人不投诉比投诉更为可怕。

2. 客人投诉时要保持冷静，绝不与客人争辩

当客人投诉时，前厅服务人员要做到冷静应对，绝不与客人争论、辩解，不让客人难堪，顾及客人的面子。不管客人的抱怨或要求多么无理，留意我们的处理态度，千万别让客人感觉我们的酒店在指责他“无理取闹”；否则表面上看来服务人员似乎得胜了，但实际上却输了。因为，当客人被证明犯了错误时，他下次再也不会光临这家酒店了。

3. 维护酒店的声誉和利益

前厅人员在处理宾客投诉解答时，必须注意合乎逻辑，不推卸责任，更不可在真相未明之前，急于表态或贬低酒店及其他部门，也不能以损害酒店的利益来补偿客人不合理的要求。因为采取这种做法，实际上会使酒店各部门处于一个相互矛盾的地位，一方面，希望酒店某部门的过失能得到客人的谅解；另一方面却在指责酒店的另一个组成部分。其次，除了客人的物品遗失或损坏外，退款或减少收费不是解决问题的最有效方法。对于大部分客人的投诉，酒店是通过提供面对面的额外服务，以及对客人的关心、体谅、照顾来得到解决的。

4. 变被动接受投诉为主动问候征询

当客人提出投诉时，他已经在等候你的答复，这时作为酒店已处于被动接受状态，所以除了及时处理并提供处理结果之外，还要积极主动征询对处理结果的满意度，并做出适当的补偿。客人对酒店的不满意有时并不表现出来，也不进行投诉，所以作为前厅服务人员需要化被动为主动，主动寻找投诉，解除客人心中的症结。

2.4.2 投诉处理程序

各个酒店在具体处理投诉时规定各有不同，但综合起来，对处理投诉的程序有如下几个方面（如图6-1所示）。

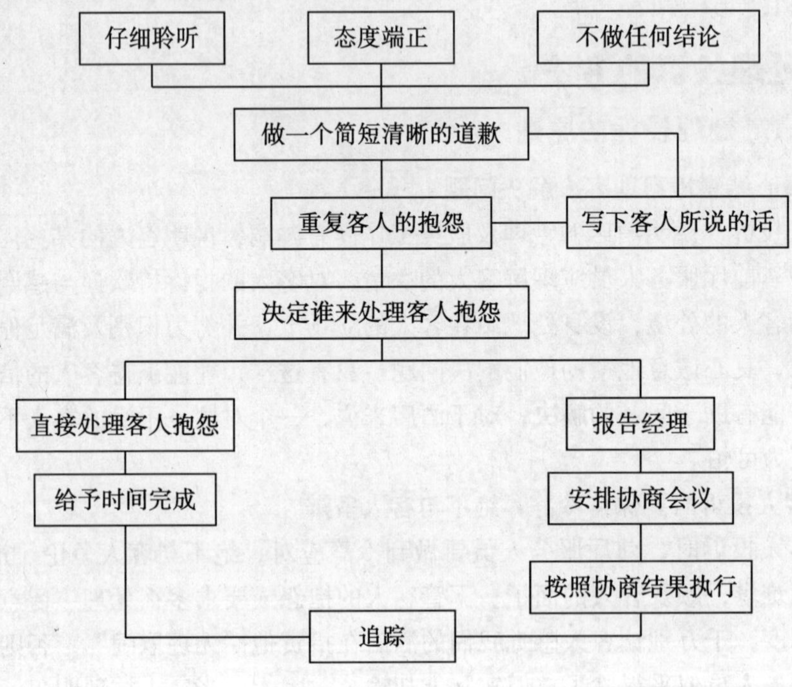

图6-1 处理客人投诉程序

1. 认真倾听

不管客人投诉之事是鸡毛蒜皮的小事，还是关乎酒店名誉的大事；不管客人是否情绪激昂，夸大了事态的严重性，在处理过程中，应认真倾听客人的投诉内容，努力给他营造一个心平气和的环境。要在倾听的过程中了解事实真相，如发生的时间、地点、经过、涉及人员等，表现出高度的礼节礼貌。在投诉时，客人总是“有理”的，要避免防御性与攻击性的对答，保持冷静，千万不可与客人争执，记住“客人永远是对的”。

2. 表示同情与理解

认同客人的感觉，站在客人的立场了解其感受，用言语去感化。比如，“这位先生（女士），我很理解你的心情，换了我可能会更气愤。”当然在事情未核实前，在语言或行动上都不要流露出是酒店的过错，否则可能使酒店被动，给酒店带来不必要的损失。当投诉客人情绪较为激动时，为不影响其他客人，要设法将客人请到合适的地方进行个别交谈。

3. 记录要点

在认真听取客人投诉的同时要仔细做好记录。这样不但能表现出酒店对客人的重视，使客人慢慢平静下来，而且也使自己能详尽了解事情的内容和经过，并为处理问题提供了信息来源。

4. 解决问题

（1）视情况随客人到出事地点查看并弄清事情原委后，做出正确判断，并与有关部门联系，对客人投诉的事情进行处理，如有可能，可提供几种解决的方式让客人选择。绝对不能对客人表示，由于权力所限，无能为力；也不能承诺客人你做不到或权限外的事。处理中应注意不转换目标，不推卸责任，亦不能怪罪客人。

（2）把解决问题需要的具体时间告诉客人，不可低估所需的时间，不要含糊其辞。

（3）对超过权限或解决不了的问题，应及时与上级或有关部门联系，以得到指令，不能无把握、无根据地向客人保证，妨碍事情进一步处理。

（4）处理过程中应将进展情况告诉客人，有时即使看来像做无用功，但会赢得客人的理解，知道你在尽力为他解决问题，尤其是因外部因素而引起的投诉。

（5）对一些无理取闹的客人，在处理中要做到不卑不亢，态度要好，举止要礼貌，并采取有效措施。处理不了时，通知上级或有关人员处理。

5. 检查落实

这是处理投诉最关键的一环，最好亲自去抓并落实，追踪投诉处理过程及客人对处理过程的反应。如果是别人帮忙解决的，也应主动联络客人询问对处理方式和结果是否满意。如果不落实，那么可能会引起客人的第二次投诉，使问题进一步复杂化。

6. 表示感谢

感谢客人让酒店知道自己的缺失，感谢他的宝贵意见，使酒店的接待工作更成熟，也希望他能不计前嫌地再度光临（较为慎重的酒店会寄上感谢函，感谢客人的指教）。

7. 记录存档

把整个处理投诉的过程加以汇总、总结，让每位前厅服务人员都能清楚了解如何处理客人投诉。更重要的是，完整建立资料库。这样做的好处：一能针对酒店的缺点日后做出进一步的改善，据此改进酒店的管理和服务；二能方便做好有效的事后追踪。

运用正确的程序处理宾客的投诉，有利于酒店与客人建立良好关系，及时了解酒店中出现的问题和不足之处，避免在接待过程中出现类似的过失，从而提高酒店的管理水平和服务质量。

2.4.3 减少宾客投诉的措施

酒店正确、妥善地处理投诉是搞好宾客关系的一个重要方面，但更重要的是采取措施，努力减少宾客的投诉。通常包括以下几个方面。

1. 研究宾客需求，找出宾客经常投诉的问题

前厅服务员应在总服务台、客房内放置宾客意见本，主动征求客人的意见；通过宾客投诉记录，掌握宾客经常投诉的问题；管理者还应该请直接对客服务的员工列出客人经常投诉的问题，因为多数客人在遇到麻烦时常会向一线服务人员反映，即提出非正式的投诉。发动员工找问题还有助于引起员工对所投诉问题的重视，并在工作中有意识地减少投诉事件的发生。

2. 制定服务差错记录制度，建立投诉档案

酒店制定服务差错记录制度，运用电脑建立投诉与差错信息体系，如有客史档案记录的，还应把投诉的时间、原因、过程、处理结果记录在有关客人的档案之内。当该客人下次住店时可加强防范，避免再次投诉。

投诉与差错信息体系可以按时间，或按客人的国籍（来源地），或按酒店部门，或按投诉的性质进行分类，然后予以分析，找出一定的规律，以利于采取预防性措施，减少投诉率。

3. 加强对员工的培训

前厅部可以根据所找出的投诉问题有针对性地进行培训。在培训中，前厅部管理人员应注重对典型案例的分析，通过分析使员工在今后的工作中加以避免。另外，管理者还应培训员工处理宾客投诉的技巧，避免更多、更严历的投诉。

4. 与员工工作考核相联系，制定员工奖惩制度

因员工操作水平不高、服务意识不强、应变能力较差、服务经验欠缺、耐心不足、委屈承受力不够等导致客人投诉占全部投诉的很大比例，酒店应对有关员工及领导人予以教育或惩罚。反之，对于在投诉处理中表现良好的员工，应该按规定奖励。例如，有些员工为酒店挽回声誉，减少酒店赔偿数额，使客人变不满意为满意，改善了与客户的关系，改变了新闻媒介对酒店的态度等，均应奖励。同时，更要奖励那些克己奉公，不计个人委屈，把客人满意视为最高目标，从而把潜在的投诉消灭在萌芽状态的员工。

5. 加强设备设施的维护保养

建立完善的管理制度，制订出具体的维修保养方案和计划，并切实执行。同时，提高维修人员的技术水平，保证维修质量，加强质量控制，实行定期检查制度。

2.4.4 处理投诉的注意事项

1. 耐心多一点

耐心倾听客人的抱怨，不要轻易打断客人的抱怨和牢骚，更不要批评客人，要鼓励客人倾诉下去。客人的怨气如同气球里的空气，当他把牢骚发完了，他们就没有怨气了。

2. 语言得体一点

客人对酒店不满，发泄时在言语方面可能会过激，如果和客人针锋相对，势必恶化彼此关系。在解决问题过程中，措辞要十分注意，要合情合理，得体大方。即使客人不对，也不要直接指出，尽量用婉转的语言和客人沟通。

3. 补偿多一点

顾客抱怨或投诉，很大程度是因为他们的利益受到了损失，因此，客人希望获得精神上的安慰和经济物质上的补偿。如更换配品、换房、赠送水果、道歉等。让客人心满意足是补偿的原则，但也不是大送特送，重要的是让客人感受到酒店的诚意。

4. 层次高一点

客人提出投诉后都希望自己的问题受到重视，处理该问题的人员层次高低会影响客人的情绪。如果高层次的领导能亲自为客人处理或打电话慰问，会化解客人的怨气和不满。

5. 办法多一点

除了给客人慰问、道歉和经济补偿外，可以邀请客人参观酒店、参加研讨会或给予其他荣誉称号等。

实践要点

1. 了解产生投诉的原因。
2. 运用正确的程序处理客人的投诉。
3. 客人投诉时要保持冷静，绝不与客人争辩。
4. 不能以损害酒店的利益来满足客人不合理的要求。
5. 要真心诚意地帮助客人解决问题。

实战演练

1.实战方法：

学生4~5人一组，根据下列情景要求处理客人的投诉，处理的结果各小组在课堂上进行汇报，评选出最佳处理方案：

（1）客人投诉房间的空调坏了，当晚难以修复，而酒店已无空房；

（2）客人投诉自己的房间里已有人入住了；

（3）客人投诉叫醒服务没有按时；

（4）客人投诉进房时，发现房间尚未打扫；

（5）客人投诉撞在酒店大门上，碰疼了头，刮破了丝袜。

2. 实战地点：教室或实训室。

3. 实训课时：1课时。

学习任务③ 客史档案管理

【想一想，做一做】

"您好，预订部。"

"我是×××，后天帮我订两间房……"

"好的。B区商务房两间，您的电话是××××××，对吗？"

"是呀，你怎么知道的？"

"因为您是第二次入住我们酒店。后天两间商务房住一天已帮您安排好，我们将为您保留至晚上6点，您有什么变化请提前与我们联系，我们将及时为您变更。"

客人连声说好。

那天，当客人踏入酒店大门时，从礼宾员到总台接待员，再到客房服务员，见到他都像见到了老朋友一样，第一句话都是"×先生，您好！"这一切都令他感到惊喜，也让他感到了真正的家的温暖。

想一想

1. 为什么每个服务员都能准确称呼客人？这一切都是因为有了什么？

2. 这样做有什么好处？

3. 你认为应该怎样才能为客人提供更加完善的个性化服务？

知识储备

客史档案是酒店为曾经光临过的客人建立的有关客人个人身份、住店次数、生活习惯、特殊要求等的详细记录。

酒店为经常光顾酒店的客人建立客人历史记录，将客人的具体生活习惯、喜欢什么颜色或何种食品、何种饮料，喜欢什么时间清理房间，对房间布置有何具体特殊要求等都详细记录储存在电脑中，一旦客人再次来访，可将所有信息资料调出来，通知有关部门提前做好客人的接待服务工作，使客人到了酒店如同回到家里一样的感觉。

3.1 客史档案的作用

客史档案是酒店档案的重要组成部分，它是在接待工作过程中形成的具有参考价值并按一定制度归档存查的专业档案，对酒店接待工作发挥着重要作用。

3.1.1 因人而异，提供有针对性的服务

通过建立客史档案，有助于酒店了解客人、掌握客人的需求特点以及个性特征，做到因人而异，从而更有效地为客人提供有针对性的“个性化”的服务。

3.1.2 有助于减少客人投诉，提高服务质量

客史档案的建立，是对客人高度重视的一种充分表现，能让客人真正体会到酒店对他的足够重视。另一方面客史档案中详细记载了客人的过往投诉内容，通过对投诉的总结、归纳，避免以后同样的投诉再次发生。

3.1.3 有助于研究客源市场的动态

客史档案中反映了客人的来源地和消费层等内容，这些重要的资料对于分析客源市场的动态，确定目标市场，制定相应的销售策略有重要的参考价值，并且对提高酒店管理水平，增强竞争能力，提高客房出租率和经济效益都具有重要的作用。

3.1.4 有利于建立良好的宾客关系，争取更多的回头客

研究表明，争取一名新客人的成本是留住一位老客户成本的5倍。正因为如此，许多酒店都十分重视培养自己的忠诚客人。而客史档案的建立对于处理

宾客关系、培养忠实客人起着非常重要的作用。

3.2 客史档案的类型与内容

3.2.1 客人个人档案

客人的个人档案主要包括以下内容。

1. 客人的个人情况

客人的个人情况包括客人的姓名、国籍、地址、电话号码、单位名称、职务、出生日期、婚姻情况、性别、同行人数等。收集这些资料有助于了解目标市场的基本情况。

2. 客人的消费情况

客人的消费情况包括客人租用客房种类、支付的房价、折扣、每天费用支出的数额、付款方式（现金、信用卡和账号），所接受的服务种类、接待访客次数以及酒店从每位客人那里获得的营业收入。从中可以了解客人的真实消费水平及信用程度，还可获得客人对服务的接受程度和喜好等方面的信息，减少客人对酒店的投诉情况。

3. 客人的入住情况

客人的入住情况包括客人来店住宿的季节和月份、住宿时间、订房方式及预订渠道等，这些资料给酒店提供了拓宽客源市场、改进宣传方式和提高客房销售率的平台。

4. 客人的特殊信息

客人的特殊信息包括客人的旅行目的、个人爱好、生活习惯、宗教信仰和禁忌、客人需要的额外服务、提出的意见和建议、特殊情况（生日、结婚纪念日等）等，这些资料最能体现客人的真实性和内在的需要，也是从中反映酒店服务质量的关键环节。

5. 客人的投诉资料

客人的投诉资料包括客人的投诉原因、投诉处理情况及满意程度等。对酒店来说，应该高度重视客人的投诉资料，从而以提升自己的服务水平。

3.2.2 宴会客史档案

宴会客史档案记录宴会、酒会、招待会举办者的姓名、地址及电话号码；每次宴会的详细情况，包括宴会日期、类别、出席人数、收费标准、宴会地点、宴会需要的额外服务、出席者的评估等。出于办好宴会的目的出发，酒店在实际操作中，不仅应该职责明确，部门间也必须协调运作。

3.2.3 团队客史档案

团队客史档案包括团队基本情况、组织单位基本情况和团队组织负责人基本情况三个方面。其中，团队的基本情况包括团队名称、来店次数、累计人数、平均留店时间、人均消费水平、具体要求（对会务、用餐、娱乐、客房等几个方面的具体要求）、优惠价格、是否为协议单位等；组织单位的基本情况包括单位名称、地址、电话号码、单位简介、单位负责人等；负责人的情况和零散客人的情况基本相同。

3.3 客史档案的建立

3.3.1 资料来源

1. 总服务台

通过预订单、入住登记单、退房账单以及客人的名片和交谈中获取相关信息。

2. 大堂副理

通过与客人的交流，获得他们对酒店服务的意见和评价；接受客人的投诉，分析并记录投诉产生的原因、处理经过及客人对处理结果的满意度等。

3. 客房、餐饮、娱乐等服务部门

通过全体员工与客人在平时的交流中获取宝贵的资料并做好记录。

4. 其他渠道

酒店有关部门在媒体方面收集到对酒店的相关信息。

3.3.2 建立方法

客史档案的建立可以采用以下方法。

1. 档案卡

这是建立客史档案中最常见的方法。客史档案卡（详见表6-1）是按字母顺序排列的卡片，在档案卡中不同的颜色代表不同的内容，如客人的喜好、消费能力等，档案人员可根据卡片的颜色立即判断客人的重要性，而无须查看每张卡片。

2. 电脑

使用计算机管理系统的酒店，计算机系统中专门有客史档案菜单，不仅能方便地随时调用资料，也能随时更改、修正和补充，使客人资料更准确。

表6-1　客史档案卡

（正面）

姓名：	性别：	国籍：
出生日期与地点：		出生地点：
身份证号码：□□□□□□□□□□□□□□□□□□		
护照号码：□□□□□□□□□□□□□□□□□□		
护照签发日期与地点：		
职业：		职务：
家庭地址：		电话：
工作单位：		单位电话：
单位地址：		
电子邮箱：		传真号码：
其他：		

（反面）

住店序号	房号	抵店日期	离店日期	房租	付款方式	享受折扣	预订方式	信用程度	账号	习俗爱好	消费累积	投诉内容及处理	备注

3.4　客史档案的管理

酒店的客史档案管理工作一般隶属于前厅部承担，而客史信息的收集工作要依赖于全酒店的各个服务部门。所以，做好这项工作必须依靠前厅部员工的努力，同时还有赖于酒店其他部门的大力支持和密切配合。客史档案的管理工作主要有以下几方面内容。

3.4.1　分类管理

除了对客人本身的资料分门别类地予以整理外，还要对客人做出类群的划分，根据客人的来源地、信誉度、消费能力、满意度等进行分类，这是客史档案有效运行的基础和保证。

3.4.2 有效运行

建立客史档案的目的，就是为了使其在整个酒店的有效运行中发挥作用，不断提高经营管理水平和服务质量。客史档案的归档工作程序是：先由各收集区域将信息传递给各部门文员，汇总、整理，传递给客史档案管理中心，由中心统一建立酒店内部电脑信息查询台供各部门随时查阅。对于初次入住的客人，当即建立客人的档案，并及时传递给各部门；对入住的常客，则需调用以往的记录，提供针对性服务。

3.4.3 定期整理

为了充分发挥客史档案的作用，酒店应每年系统地对客史档案进行1~2次的检查和整理。制定完善的反馈及更新机制，注重信息的及时性与准确性，重视日常检查，及时加添客人的信息或者去除无用的信息。对久未住店的客人档案予以清理前，最好给客人寄一份“召回书”，以唤起客人对曾住过的酒店的美好回忆，做最后一次促销努力。

3.4.4 细节管理

在客史档案的管理业务中，应当注意一些细节管理问题。如保证客史档案的连续性；可通过不同的色彩来鉴别客人的身份；要彻底删除过期的档案，以保护客人的私人秘密等。时时处处与客人打好交道，建立良好的宾客关系。

此外，随着电脑的普及，我们的客史档案应贯彻电脑化操作，所以要求前厅部员工必须能熟练操作电脑，提高接待水平。总之，客史信息的收集、过滤、整合、储存和使用是酒店优质服务的重要武器，信息就是力量，客史信息残缺不全，不能充分有效利用，这都意味着对客服务的落后。

实践要点

1. 客史档案主要包括的内容。
2. 客史档案卡建立的方法。
3. 客人信息的全面收集。
4. 通过不同的色彩来鉴别客人的身份。

实战演练

1. 实战方法：

（1）学生4~5人一组，根据所学知识，设计客史档案卡；

（2）每组模拟收集和整理4~5位客人的相关信息，填制到档案卡上，注意颜色的区别；

（3）以小组为单位，展示各自建立好的客史档案卡，评选优胜者。

2. 实战地点：教室或实训室。

3. 实训课时：1课时。

本项目总结

知识梳理

1. 建立良好的宾客关系

（1）宾客心理与服务要求；（2）宾客类型与服务要求。

2. 宾客投诉处理

（1）投诉的概念与种类；（2）投诉的产生；（3）正确认识客人的投诉；（4）处理投诉的方法。

3. 客史档案管理

（1）客史档案的作用；（2）客史档案的类型与内容；（3）客史档案的建立；（4）客史档案的管理。

主要概念

宾客关系　公务型客人　旅游度假型客人　VIP客人　常客　回头客　客史档案　个性化服务　客源市场　档案卡　投诉

练 习 题

1. 试述与客人沟通的技巧。

2. 酒店方面引起客人投诉的原因有哪些?

3. 客史档案的资料主要来源有哪些渠道?

4. 你认为为客人进行生日祝福可以有哪些形式?

5. 根据客人的____、____、____、____等进行分类，这是客史档案有效运行的基础和保证。

6. 按投诉的方式，可分为______投诉、______投诉和______投诉三种类型。

7. 下列有关客史档案作用的表述不恰当的是（　）。

A. 可以有针对性地开展服务　　B. 为市场营销收集和提供资料

C. 表明各类客房的租用情况　　D. 可以建立良好的宾客关系

8. 客史档案的内容不包括（　）。

A. 民族　　B. 单位　　C. 收入　　D. 住店时间

项目 7 客房产品设计

学习目标

知识目标

1. 了解客房部在酒店中的功能与地位。
2. 掌握客房部的组织结构与业务特点。
3. 熟悉客房类型。
4. 了解客房的美化与装饰。
5. 了解客房员工的基本素质要求。

技能目标

1. 能够说出客房部的任务。
2. 会根据实际情况设置客房部的组织机构。
3. 能够初步设计客房部的岗位及职责。
4. 能区分客房类型。
5. 会评价客房的美化装饰。

案例目标

1. 创设工作情境与问题，加深学生对客房部的感性认识。
2. 理论联系实际，提高学生的专业认同感。

实训目标

引导学生深入酒店客房部观察与了解，在完成实训作业这一任务的活动中，培养学生的社会活动能力、合作能力以及报告的撰写能力，促进学生对专业的认同感。

教学建议

1. 本项目建议用时7个课时。
2. 建议以案例分析、视频观看的教学方法，拓展学生知识面。
3. 带领学生参观酒店客房部，组织酒店客房员工座谈，培养学生对客房的认知。

学习任务❶ 认识客房部

【想一想，做一做】

客房是酒店销售的主要产品。从世界范围酒店经营情况的统计资料看，客房营业收入约占全酒店营业收入的平均比例为56.3%。而餐饮营业收入所占比例为34.6%，电话费收入占2%，其他经营收入占7.1%。我国酒店的客房营业收入占全酒店营业收入的平均比例为43.66%，餐饮营业收入所占比例为37.17%。商品营业收入所占比例为6.7%，其他经营收入所占比例为12.47%。从成本费用来看，客房部的成本与费用仅占客房营业收入的26.9%，而餐饮部的成本与费用要占本部门营业额的74.3%。

想一想

1. 上面的数据资料说明了什么问题？
2. 为什么酒店客房部的成本费用相比餐饮部来讲要低得多？

1.1 客房部的地位与作用

酒店是旅客到达旅行目的地后寻求的地方。对酒店而言，客房是其必不可少的基本设施，是酒店的主体部分，是酒店经营的最主要产品。客房部又称房务部或管家部（Houskeeping），负责管理酒店有关客房事务。客房部在酒店的地位是由其特殊功能所决定的。

1.1.1 客房部的功能

1. 生产客房商品

客房是酒店出售的最重要的商品。完整的客房商品包含房间、设备设施、用品和客房综合服务。客房属高级消费品，因此，布置要高雅美观，设施设备要完备、舒适、耐用，日用品方便安全，服务项目全面周到，客人财务和人身安全有保障。总之，要为客人提供清洁、美观、舒适、安全的暂住空间。

2. 为酒店创造清洁优雅的环境

客房部除了客房的事务以外，还负责酒店所有公共区域的清洁卫生工作，包括大堂卫生、所有的大理石地面保洁、电梯、所有玻璃、所有的灯具、铜具、地毯、沙发、庭院绿化、卫生间等。

3. 为各部门提供洁净美观的棉织品

客房部设有布件房和洗衣房，负责酒店各部门的布件（如窗帘、沙发套等）和员工制服的选购、洗涤、保管发放、缝补熨烫等，为全酒店的对客服务提供保障。

1.1.2 客房部在酒店中的地位

1. 客房是酒店存在的基础

酒店是向旅客提供生活需要的综合服务设施，它必须能向旅客提供住宿服务，而要住宿必须有客房，从这个意义上来说，有客房便能成为酒店，所以说客房是酒店存在的基础。

2. 客房是酒店组成的主体

按客房和餐位的一般比例，在酒店建筑面积中，客房占70%~80%；酒店的固定资产绝大部分是客房，酒店经营活动所必需的各种物资设备和物料用品，亦大部分在客房，所以说客房是酒店的主要组成部分。

3. 客房收入是酒店经济收入的主要来源

酒店的经济收入主要来源于三部分，即客房收入、饮食收入和综合服务设施收入。其中，客房收入是酒店收入的主要来源，而且客房收入较其他部门收入稳定。客房收入一般占酒店总收入的50%左右。从利润来分析，因客房经营成本比饮食部、商场部等都小，所以其利润是酒店利润的主要来源。

4. 客房部服务质量是酒店服务质量的重要标志

客房是客人在酒店中逗留时间最长的地方，客人对客房更有“家”的感觉。因此，客房的卫生是否清洁，服务人员的服务态度是否热情、周到，服务项目是否周全丰富等，对客人有着直接影响，是客人衡量“价”与“值”是否相符的主要依据，所以客房服务质量是衡量整个酒店服务质量、维护酒店声誉的重要标志，也是酒店等级水平的重要标志。

5. 客房是带动酒店一切经济活动的枢纽

客人住进客房，要到前台办手续、交房租；要到饮食部用餐、宴请；要到商务中心进行商务活动，还要健身、购物、娱乐，因而客房服务带动了酒店的各种综合服务设施的发展。酒店作为一种现代化食宿购物场所，只有在客房入住率高的情况下，酒店的一切设施才能发挥作用，酒店的一切组织机构才能运转，并最终带动整个酒店的经营管理。

6. 客房部的管理直接影响到全酒店的运行和管理

客房部的工作内容涉及整个酒店的方方面面，为其他各个部门正常运转提供了良好的环境和物质条件。另外，客房部员工数量占据整个酒店员工总数量的比例很大，其管理水平直接影响到酒店员工队伍整体素质的提高和服务质量的改善。

1.1.3 客房部的业务管理特点

现代酒店市场竞争越来越激烈，客人对客房商品的要求也越来越高，为了提高市场占有份额，酒店经营者开始越来越重视客房部的工作。了解客房的业务特点是提高客房部工作的前提。

1. 随机性

从管辖的范围来看，客房部所涉及的工作内容繁多，工作空间广泛，在日常管理过程中具有很大的随机性。

从客房的服务对象来看，他们是来自世界各地的千差万别的客人，心态各异、需求各异，要使他们在住店的短暂的时间内保持满意困难相当大。

2. 复杂性

客房部的工作涉及内容复杂，除了要保持客房的清洁安全外，还要对整个酒店的环境卫生、装饰绿化、设备使用保养、布件制服的洗涤与保管，物资设备的更新，成本费用的控制等，这都比酒店其他部门繁杂，因此管理起来也相当复杂。

3. 不易控制性

客房部大多数工作人员的工作环境具有相对的独立性，不利于管理人员的督察；客房物资用品皆为日常生活用品，如果管理不善，极易流失。

4. 私密性

在客房区域内，应保持相对安静的环境，不要大声喧哗，使顾客有一个安静的休息场所。另外，客房是顾客的临时私人场所，在他住宿期间，工作人员应充分尊重顾客的私密空间，减少对顾客的干扰。

1.1.4 客房部的任务

1. 搞好清洁卫生工作，为客人提供舒适的住宿环境

客房部负责酒店所有客房及公共区域的清洁卫生工作，清洁卫生是保证客房服务质量和体现客房价值的重要组成部分。酒店的良好气氛，舒适、美观、清洁的住宿环境，都要靠客房部员工的辛勤劳动来实现。所以，搞好清洁卫生，提供舒适的住宿环境，是客房部工作的首要任务。客房部必须通过制定和落实清洁卫生操作规程、检查制度来切实保证清洁卫生质量。

2. 做好宾客接待工作，提供周到的客房服务

客房部还要做好宾客的接待服务工作。它包括从迎接客人到送别客人这样一个完整的服务过程。宾客在客房逗留的时间最长，除了休息以外，还需要酒店提供其他各种服务，如洗衣服务、饮料服务、访客接待、擦鞋服务等。做好宾客接待工作，提供热情、礼貌、周到的客房服务，使客人在住宿期间的各种需求得到满足，既体现了客房产品的价值，又直接关系到酒店的声誉。

3. 维护和保养客房及设备

客房部在日常清洁卫生和接待服务的过程中，还担负着维护和保养客房及公共区域设备设施的任务，使之常用常新，处于良好的使用状况；并与工程设备部门密切合作，保持设备设施的完好率，提高它们的使用效率，为客人构筑一个舒适的住宿环境。

4. 控制客房的物料消耗

客房的物料消耗在客房经营的变动成本中占有较大的比重。客房部要根据预测的客房出租率编制预算，并制定有关的管理制度，落实责任。在满足客人使用、保证服务质量的前提下，控制物品消耗，减少浪费，努力降低成本，减少支出。

5. 负责客衣服务以及酒店员工制服和布件用品的洗涤及保管

客房部设有布件房和洗衣房，负责酒店布件和员工制服的洗涤、保管和发放，为全酒店的对客服务提供保障；同时，为住店客人提供洗烫服务，作为一个服务项目，也是酒店的经济来源之一。

1.2 客房部组织机构的设置

1.2.1 客房部组织机构设置的原则

根据客房管理的工作任务，客房部组织机构的建立及岗位的设置应遵循如下原则。

1. 从实际出发的原则

客房部在机构设置时，不应生搬硬套其他酒店的经验，各酒店的功能、规模各异，需要的机构层次也存在差别，所以要从实际出发，针对本酒店的需要，设置岗位数。

2. 精简高效原则

客房部在机构设置时要防止机构臃肿和人浮于事的现象，特别应该注意“因事设人”，而不能“因人设事”或“因人设岗”。若为了照顾一些特殊人员，专门为他们设置了一些岗位，这样会导致经营管理过程中出现意想不到的障碍。

另一方面还要注意机构精简并不意味着机构的过分简化，以致出现职能空缺的现象。客房部的机构设置要求部门内部沟通渠道畅通，逐级分层负责，权责分明，能充分发挥各级人员的积极主动性及聪明才智，提高工作效率，产生较高的工作效能。

3. 分工明确原则

应明确各机构及岗位的职责和任务，以便各司其职。切实做到人人有事做、事事有人管。

1.2.2 客房部组织机构及岗位设置

客房部的组织机构设置应遵循一定的原则，考虑到酒店规模、档次、业务范围、经营管理方式不同而有所区别。虽然组织机构设置的原则是相同的，但是组织机构的具体形式应因酒店而异。

1. 客房部组织机构设置

（1）大中型酒店客房部组织机构设置，如图7-1所示。

（2）小型酒店客房部组织机构设置，如图7-2所示。

2. 客房部的岗位设置

客房部分工复杂、人员繁多，因此，合理的岗位设置是客房部进行有效管理的前提条件。下面以大中型酒店客房部组织机构设置为例说明。

（1）经理办公室

客房部设经理、经理助理各一名，另有秘书一名，早晚两班工作文员若干名。他们主要负责客房部的日常性事务及与其他部门联络、协调等事宜。

（2）客房楼层服务组

设主管一名，早、中、晚班领班若干名，负责所有住客楼层的客房、楼道、电梯口的清洁卫生和接待服务工作。大型酒店往往分设卫生班、台班和服务班。

（3）公共区域服务组

设主管一名，早、中、晚领班各一名，负责酒店除厨房外的所有公共区域的清洁卫生。

（4）布件房

布件房设主管、领班各一名，另有缝补工、布件及制服服务员若干名。布件房的工作人员主要负责酒店的布件和员工制服的收发、送洗、缝补和保管工作。

（5）客房服务中心

设主管一名，值班员若干。下设早、中、晚三个班次。客房服务中心的工作人员主要负责处理客房部信息，包括向客人提供服务信息和内部工作信息的传递；调节对客服务；控制员工出勤；管理工作钥匙；处理客人失物和遗留物品等。

（6）洗衣房

通常设主管一名，早、中领班若干名，下设客衣组、湿洗组、干洗组、熨衣组。洗衣房主要负责洗涤客衣和酒店所有布件与员工制服。

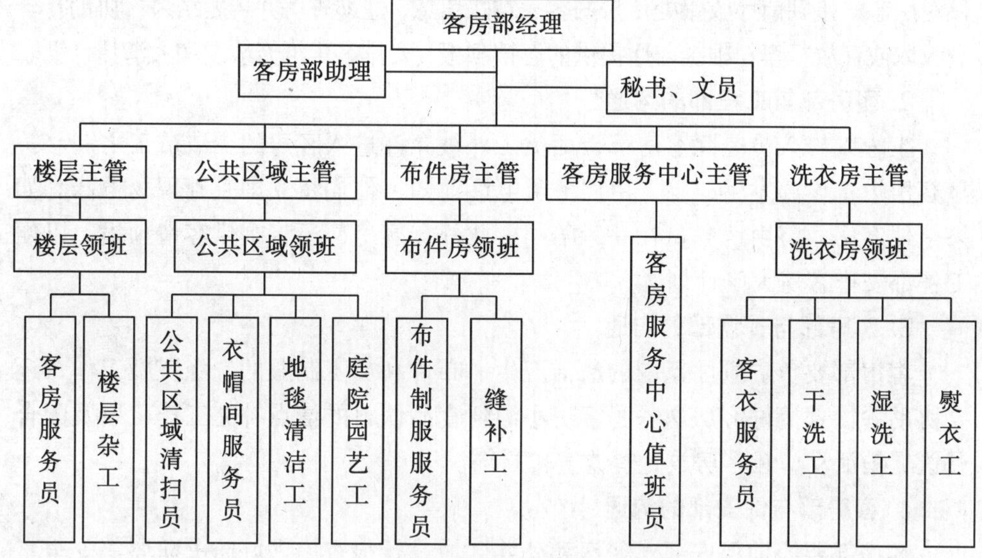

图7-1　大中型酒店客房部组织机构图

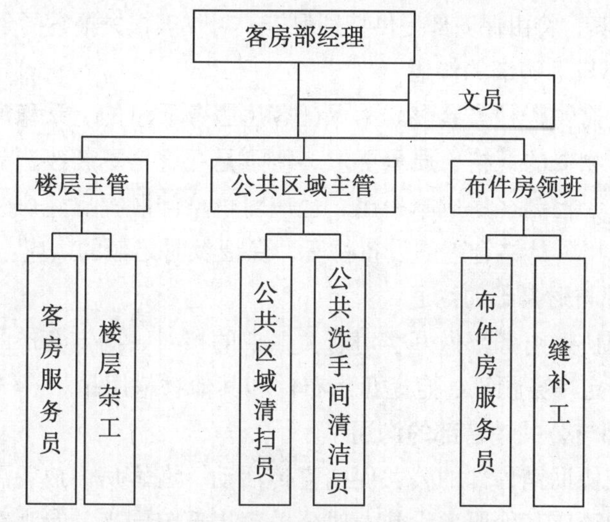

图7-2　小型酒店客房部组织机构图

1.3　客房部与其他部门的沟通

客房是酒店向客人提供的最重要的产品，但如果没有酒店其他部门的配合支持，将无法保证客房商品达到客人满意的质量。因此，客房部必须与酒店各有关部门保持密切的沟通联系，使房务工作得以顺畅进行。

1. 客房部与前厅部的沟通

客房部与前厅的联系最为密切，很多酒店的前厅部与客房部是合二为一的。客房部每天需要随时从前厅部获取客人的入住信息，以便做好楼层接待服务；定时核对房态；接到前厅收银处传来的客人结账信息，立即查房并告之结果；协助行李员收取或存放行李；根据前厅提供的客情预报，安排客房维修改造和大清洁计划。

2. 客房部与工程部的沟通

工程维修人员是除客房部楼面员工外被允许进入客房的少数员工之一。一旦客房设备设施发生故障，由房务员电话通知，他们将立即赶赴现场抢修。如果是住客房，将由房务员在一旁陪同。此外，客房部还将提供客情预报，以便工程部安排客房大修计划。

3. 客房部与餐饮部的沟通

客房部要负责餐厅范围的清洁卫生、布件和员工制服的洗涤熨烫工作，还要协助餐饮部搞好客房送餐、客房小酒吧食品饮料的清点补充工作，以及配合餐饮促销活动，在客房放置餐饮宣传材料。

4. 客房部与保安部的沟通

客房部要协助保安部对客房和公共区域进行检查，做好防火防盗等安全工作；提供可疑住客和访客的情况，并在必要时协助公安局的工作人员打开客房门；对重要外宾，将由保安部提供特别保卫；对住客报失报案要会同保安部处理。

5. 客房部与采购部的沟通

客房部所需物资种类繁多。为保证客房服务质量的上乘稳定，应向采购部提供所需设备物资的规格、质量要求，特别是在客房更新改造前提出切合实际的采购建议；为控制客房成本费用，也应对价格问题提出建议。采购部应按要求采购美观适用、价格合理的设备物资，保证及时足额的供应。

6. 客房部与财务部的沟通

客房部要协助财务部做好客房有关账单的核对、固定资产的清点；在财务部的协助下制定房务预算、定期盘点布件和其他物料用品。

7. 客房部与公关销售部的沟通

客房部应协助销售部的公关促销宣传活动，在客房内放置酒店宣传卡，宣传推销客房和酒店其他服务设施；对公关销售部陪同来的参观客房的客人，客房部要积极配合给予方便并热情介绍房间内设施。

8. 客房部与人力资源部的沟通

客房部员工较多，接待旺季还将雇佣临时工，为保证客房服务质量应协调人力资源部做好客房部员工的招聘、使用与培训工作。

总之，为了做好对客人的各项服务工作，客房部与其他部门进行沟通与协调是非常重要的，而要做好协调工作，客房部与其他部门员工之间的互谅互让也是十分必要的。为此，客房部的员工应该多了解其他部门的工作，多理解对方，多支持对方。要明白客房部与其他部门之间是合作的关系，而非竞争关系。

实战演练

名称	编制酒店组织机构图
时间	2学时
要求	根据组织机构编制的原则，绘制一份酒店客房部组织机构图，并且对每个岗位制定岗位职责
准备	400间客房的四星级商务酒店客房部；400间两星级的城市型酒店客房部；400间五星级度假型酒店客房部
方法	小组合作完成

学习任务② 客房类型与设备用品

【想一想，做一做】

杭州某国际酒店刚刚装修完毕的新客房给人带来了耳目一新的感觉。房间的主色调呈乳白色，地毯为淡青色，配以灯光、空间的整体专业设计，使整个房间显得格外宽敞、明亮、简洁、柔美。每间房的门框上都安装了隔音条，防止外界噪声传入，从细微处真正做到为宾客着想，体现了现代客房的设计和布局。另外，卫生间的变动也很大，侧面墙壁由实墙变成了隐约朦胧的玻璃砖块墙，一改以往卫生间开门见恭桶的弊病，恭桶位置被移到了侧面，更重要的是，浴缸墙面安装了大幅的防水雾镜子，前卫而又朦胧，且很好地延伸了卫生间的空间，给人以无限的遐想；玄关处全身镜旁安装了干身器，可供宾客沐浴后悠闲地坐着干发爽肤，打破了干身器只有装在卫生间内的观念；体重秤也从卫生间内移到了全身镜前，宾客不必像以往需从洗脸台台板下拉出来，使用后还得推回去的麻烦，他只需往上一站即可，同时也方便了清扫员的清扫，避免了卫生间各种水迹、污迹的粘染，人性化的布置既方便了宾客，又保护了设施，更是一种新观念的拓展。装修后的新客房吸引了无数的商务客人。

想一想

1. 客房设计的理念是什么？
2. 客房设计对酒店的重要作用是什么？
3. 哪些因素是客房设计的关键与重点？

知识储备

2.1 客房类型与配置

客房是酒店建筑设施的主体，也是酒店的核心产品，是客人的“家外之家”。客房为客人提供住宿功能。随着市场需求的变化，酒店提供客房的种类也日趋多样化。

2.1.1 客房类型

客房的分类方法很多，常见的客房分类主要有三种不同的方法。

1. 按床的种类与数量分类

可以划分为单人床间、大床间、双床间、三人床间、套房。

（1）单人间

单人间（Single Room）配备一张单人床，适用于商务旅行的单身客人居住。

（2）双人床间

双人床间（Double Room）配备一张双人床，这种客房较适合夫妇旅行者居住，也适合商务旅行者单人居住。

（3）双床间

双床间（Twin Room）配备两张单人床。这类客房在酒店中占极大部分，也称为酒店的“标准间”，较受团体、会议客人的欢迎。也有在双床间配置两张双人床的，以显示较高的客房规格和独特的经营方式。

（4）三人床间

三人床间（Triple Room）配备三张单人床。一般在经济型酒店里配备这样的房间，此类客房较适合经济层次的客人使用。

（5）套房

由两间或两间以上的客房构成的“客房出租单元”，称为套房。根据其使用功能和室内装饰标准又可细分为下列几种。

■ 普通套房

普通套房（Junior Suite）一般为两套间。一间为卧室，配有一张大床，并与卫生间相连；另一间为起居室，设有盥洗室，内有坐便器与洗面盆。

■ 商务套房

商务套房（Business Suite）是专为从事商务活动的客人而设计布置的。一间为起居与办公室，另一间为卧室。

■ 双层套房

双层套房（Duplex Suite）又称立体套间，其布置为起居室在下，卧室在上，两者用室内楼梯连接。

■ 连接套房

连接套房（Connecting Suite）又称组合套间，是一种根据经营需要专门设计的房间形式，为两间相连的客房，用隔音性能好、均安装门锁的两扇门连接，并都配有卫生间。需要时，既可以作为两间独立的单间客房出租，也可作为套间出租，灵活性较大。

■ 豪华套房

豪华套房（Deluxe Suite）的特点在于重视客房的装饰布置、房间氛围及用品配备，以呈现豪华气派。该套间可以为两套间布置，也可以为三套间布置。三套间中除起居室、卧室外，还有一间餐室或会议室兼书房，卧室中配备大号双人床。

■ 总统套房

总统套房（Presidential Suite）又称特大套间，一般由五间以上的房间组成，包括男主人房、女主人房、会议室、书房、餐室、起居室、随从房等。装饰布置极为讲究，造价昂贵，通常在豪华酒店才设置此类套间。

2. 按客房位置分类

（1）外景房

外景房（Outside Room）指窗户朝向大海、湖泊、公园或景区景点的客房。

（2）内景房

内景房（Inside Room）指窗户朝向酒店内的房间。

（3）角房

角房（Corner Room）指位于走廊过道尽头的客房。角房因形状比较特殊，装饰无法循规蹈矩而比较不受喜欢。但因其打破了标准间的呆板，反而受到某些客人的青睐。

2.1.2 客房类型配置的原则

客房的类型很多，但在一个酒店中占据绝大多数地位的客房称为重点客房，销售时，这些客房出租率的高低在很大程度上影响着整个酒店的客房出租率。那么，到底以什么类型的客房作为酒店的重点客房呢；在酒店的建设筹备之初，酒店就应该考虑这个问题。

一般来讲，酒店的客房类型配置时应该重点注意以下两大原则。

1. 以功能需要为原则

酒店自身类型的定位决定了酒店的功能，如旅游酒店、商务酒店等，对不同功能的酒店客房的使用功能也有很大的差别。在配置酒店客房的功能时，应以酒店整体的功能为首要原则，从顾客的需要出发，有针对性地设计酒店客房的类型。

2. 优化资源配置的原则

在考虑了前面的以功能需要为首要原则以后，还应考虑市场的竞争状况，即同类客房在同一地区供求是否饱和，避免资源的浪费。另外，在设置时避免追求高档次的客房而造成不必要的浪费，如五星级酒店常设有数间总统套房，一般酒店则没必要设置。

2.2 客房功能布局与设备

2.2.1 客房功能布局的原则

客房运行成本低，收益回报丰厚，是酒店利润的重要“产地”。相应地，它也应成为酒店设计中最具有挑战的环节之一。“客房是客人在异乡的家”，这不仅仅是一句销售用语，也很准确地定义了客房的功能设计原则。这里应该是一个私密的、放松的、舒适的，浓缩了休息、私人办公、娱乐、商务会谈等诸多使用要求的功能性空间。所以客房设计布置应综合考虑安全、健康、舒适和效率的原则。

1. 安全性

安全性是健康、舒适、效率的前提。酒店客房的安全主要表现为防火、治安和保持客房的私密性等方面。

2. 健康性

酒店设计布局的另一条原则就是考虑健康性原则。健康越来越被现代消费者所追求，目前流行的绿色酒店的创建，在很大程度上也是以考虑顾客的健康为前提。在酒店里可能影响人体健康的因素有很多，如噪音、照明、空气质量等。所以，建造新型酒店首先要选择在环境良好的地区，并有合理的总体布局，通过选用合适的材料达到保护人类健康的目的。

3. 舒适感

顾客对酒店客房舒适感的要求各不相同，酒店业对此也没有一个完整的客观定性。因此需要以国际客人的习惯进行设计和评价，尽量满足大部分目标顾客群的要求。

4. 效率

效率问题实质上是设计和经营的经济效益问题。客房设计效率包括空间使用效率、实物使用效率两个方面。在客房设计时，可以通过对于公共面积和客房空间的有效分割及对客房设备用品的合理选用来达到较高的效率。

2.2.2 客房的功能布局与主要设备

酒店客房的设备和用品是客房商品质量的重要组成部分，也是客房服务的物质凭借。客房设备用品的舒适和完好程度，直接影响到酒店的服务质量和声誉。因此，客房管理的任务之一，就是向住客提供保养完好并符合相应客房等级的设备用品，以便从物质上保证满足客人的需求，实现优质服务，使客人感到物有所值。

从功能上看，客房一般具备睡眠、盥洗、储存、办公、起居五个功能，因此，在空间布局上，也就相应地划分为五个基本区域，即睡眠区、盥洗区、储存区、办公区、起居区。

1. 睡眠区

睡眠区是客房的最基础组成部分，从高档次房间到经济型客房都必须有这个区域的存在。这个区域的主要设备是床和床头柜。床的数量与规格不仅影响其他功能区域的大小与构成，还体现了客房的等级与规格。床的尺寸越大，客房等级越高，酒店等级也就越高；反之亦然。床的质量直接影响客人的睡眠质量（见表7-1）。

表7-1 床的种类与尺寸 单位：米

类型	长度	宽度
单人床（Single Bed）	2	1.35
双人床（Double Bed）	2	1.5
大号双人床（Queen-size Bed）	2	1.8
特大号双人床（King-size Bed）	2	2
折叠床（Folding Bed）	2	0.7
婴儿床（Baby Bed）	—	

床头柜也称控制面板，柜上装有电视、音响、空调、顶灯和DND灯等设备的开关，下面隔板上摆放一次性拖鞋和擦鞋纸。

2. 盥洗区

盥洗空间是指客房的卫生间。卫生间空间独立，风、水、电系统交错复杂，设备多，面积小。主要设备有浴缸、恭桶与洗脸台三件卫生设备。由于客人的要求不同，酒店的档次不同，所以浴缸的配备要视具体情况来定。一般经济酒店也有不设浴缸而采用淋浴的。但对于高档次酒店，浴缸的选择应该从所面临的主要客源市场的要求来定。

恭桶是盥洗区另一重要设备，大小、空间摆放都要从卫生间的大小和使用人的生活习惯等方面进行综合考虑。云石台面与面盆是卫生间造型设计的重点，同时要注意面盆上方配的化妆镜、石英灯照明及镜面两侧或单侧的壁灯照明，因为现代的云石台是很多女士化妆的区域，所以宽大的设计以及良好的照明是满足她们需要的最重要方面。

3. 储存区

储存区的主要设备是柜子，包括衣柜（附小酒吧台）和行李柜。

衣柜一般设在客房小走道侧面。柜门设计有拉门和移门两种，现代酒店为了增加客房面积，一般使用移门衣柜。柜内可垂直墙面挂放衣服，也设有折叠衣服安放区。为方便衣服的存放，柜内设有小型照明灯，由柜门的开合自动控制。柜底放有鞋盒，客人可将要擦的鞋放在鞋盒里面。

在衣柜靠近行李柜的方向，设有小酒吧台，吧台上有免费赠送的即时咖啡或茶叶包。吧台下有迷你冰箱，冰箱内放有饮料和小食品。按国家行业标准，三星级以上酒店客房必须配备小型冰箱，以满足客人对酒水饮料的需求。

行李柜是搁放客人行李的地方，所以一般比较矮小，在柜面上固定有金属条，以防行李的滑落。

4. 办公区

标准客房的办公区在床的对面，以写字台为主。写字台面比较长，一侧可放置电视机。写字台也可兼做化妆台，所以在写字台上方的墙面上安装有大镜子。写字台面上有文件夹，里面有一些简单的办公用品，如纸、笔、信封等，也有酒店服务设施的一些介绍。

5. 起居区

酒店等级不同，客房等级不同的最大差别存在于起居休息空间的不同。标准客房的起居区一般在窗前，由沙发（或扶手椅）、小餐桌（或茶几）组成。套房一般设有独立的起居空间，沙发的数量增加，方便客人会客之用。客房的一般布局，参见图7-3。

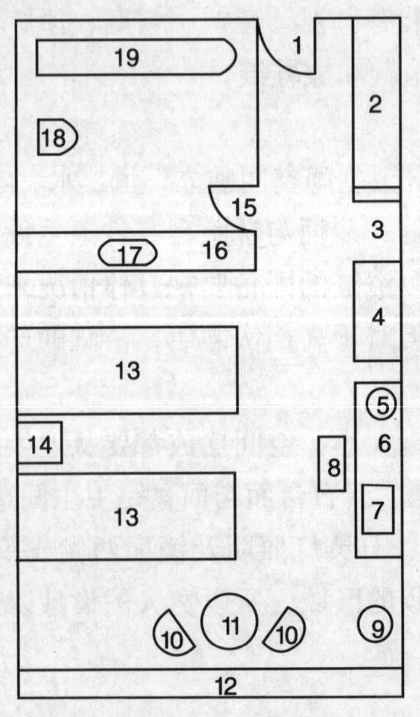

注：1. 客房门
2. 衣橱
3. 小酒吧与小冰柜
4. 行李架
5. 台灯
6. 写字台
7. 电视机
8. 座椅
9. 落地灯
10. 休闲椅
11. 小圆桌
12. 双层窗帘
13. 单人床
14. 床头控制柜与电话机
15. 卫生间门
16. 洗面台
17. 面盆
18. 恭桶
19. 浴缸与淋浴器

图7-3　饭店标准客房设施布局图

2.3 特殊客房设施配置

旅游酒店客人的多元化需求使酒店除拥有各种基本房间类型以外，还必须配置各种特殊房间或楼层。而现代酒店各种特殊房型的出现，正是满足了客人的特殊要求，是酒店客房产品适应市场需求的体现。

2.3.1 行政楼层

行政楼层又可称为商务楼层，简称EFL（Executive Floor），其特点是：以最优良的商务设施和最优质的服务为商务客人高效率地投入紧张的工作提供一切方便。行政楼层主要提供以下服务或设施。

1. 入住服务

入住行政楼层的商务客人不必在酒店总台办理入住手续，而是可以直接乘专用电梯到EFL，那里专门设接待处为客人办理各类手续。从而大大提高商务客人入住的工作效率，节省客人的宝贵时间。

2. 房间设施

行政楼层房间设施配备齐全，除了一般楼层所具有的基本设施外，考虑到商务客人的特殊性，房内还配有传真机、打印机、两条以上的电话线、Internet接口、电话语音留言、电视点播系统、电视电脑系统等特殊设施。

另外，行政楼层的客房一般以套房为主。除卧室外，还有一间可作为办公室的小房间。高档次的客房里还有其他的会议厅或者会客厅等房间。

3. 日常服务

在行政楼层，通常会设有小型咖啡厅，上午为客人开西式自助早餐，下午为客人提供下午茶服务；楼层里还设有阅览室，提供各类报刊、杂志等，对有需要的客人还提供文秘服务。

2.3.2 女士客房

所谓女士客房是根据女士的心理和生理、审美观等专门为女士设计的客房。这有别于传统的客房，主要体现在使用者的性别限制上。

女士客房产生的原因有很多，但最主要的是女士在现代社会中的地位越来越高，而且经济地位也开始独立，导致价值观念有所转变，甚至有的女性从家庭角色中解脱出来，成了现代人类社会活动的重要组成部分。

传统客房的设计是从大众化角度考虑的，尤其是作为酒店的主要住宿者男性考虑的。所以突破传统的思想，建设完全满足女性宾客要求的女士客房，就必须充分考虑女士的审美观、爱好等多方面因素。

在为女士客房提供服务时应注意以下几点：一是要让女性客人像所有宾客

一样受到尊敬，酒店提供的服务和设施不能使她们感到仿佛是在接受一些特别的恩惠；二是应该考虑到大多数女性客人不愿以弱者的姿态出现在公众面前；三是在房内设施用品的配置上一定要注意“男女有别”，如卧室内的报刊杂志、卫生间的洗漱用品等；最后一点是女士对安全方面要求特别苛刻。比如不愿意住在远离电梯的角房、不愿意住在周围是男性住客的房间等。

2.3.3 无烟楼层

专供非吸烟宾客入住，并为宾客提供严格的无烟环境的客房。无烟楼层的客房不仅是指房间里没有烟灰缸，楼层有明显的无烟标志，而且还包括进入该楼层的工作人员和其他宾客均是非吸烟者；或者对于吸烟的房客而言，其在进入该楼层或房间时被礼貌地劝阻吸烟，因为非吸烟人士对烟味的敏感程度是非常高的。

无烟客房的出现虽然仅指非吸烟这一点，但其在尊重宾客的生活习惯、倡导健康的生活观念方面的作用却是不可小看的。

2.3.4 残疾人客房

残疾人旅游住宿问题已经不是一个酒店的待客问题，在我国的《旅游涉外酒店星级评定及划分》规则中，对残疾人的设施要求也作了基本的规定。

1. 电梯

电梯的设置与安装应该更多的方便残疾人的使用。如宜安装横排按钮，高度不宜超过1.5米；在正对电梯进门的壁上安装较大的镜子；使用报声器等。

2. 客房

出入无障碍，门的宽度不宜小于0.9米；门上不同的高度分别安装窥视器；床的两侧应该有扶手，但不宜过长；窗帘安有电动装置或遥控装置。房内各电器按钮或插座不得高于1.2米；如果没有特殊残疾人楼层的酒店，对于残疾人客房位置的选择不宜离电梯出口太远。

3. 卫生间

卫生间门的要求和客房一样，出入一样无障碍；门与厕位间的距离不小于1.05米，云石台高度在0.7米左右且下面不宜有任何障碍物，坐便器和浴缸两侧装有扶手，且扶手能承受100千克左右的拉力或压力等。

在酒店的发展过程中，酒店管理者越来越重视客人的需要，应该说市场上有多少客房类型的需求，酒店就有多少类型的特殊客房。这是现代酒店在经营过程中走个性化服务的一个重要手段，也是市场发展的必然规律。

2.4 客房的美化装饰

客房的美化装饰是客房商品价值在原有设施设备上的提升，是客房管理的重要工作之一。客房的美化装饰就是合理运用组合多种设备、光线、色彩和艺术陈设品，在有限的空间里实现功能、气氛、格调和美感的高度统一，创造出适应客人生理和心理需求的良好居住环境。

2.4.1 客房的光线

光是创造室内视觉效果的必要条件，为了进一步创造良好的客房室内视觉效果，展现室内空间，增加客房室内环境的舒适感，必须对酒店客房的照明进行设计。

1. 灯光

（1）照度要求：一般照明取50~100勒克斯，客房的照度低些，以体现静谧、休息甚至懒散的特点；但局部照明，比如梳妆镜前的照明，床头阅读照明等应该提供足够的照度，这些区域可取300勒克斯的照度值；最被忽略的是办公桌的书写照明，目前还很少有酒店提供书写台灯（通常是用装饰性台灯代替）给客人。

（2）光源要求：色温即光源。光源分炽光、荧光。在卧室需要暖色调，一般用炽光在3500开尔文（K）以下，在洗手间需要高色温，以显清洁和爽净，一般用荧光在3500开尔文（K）以上的光源。

（3）显色性要求：显色性即灯光的色彩。显色性指数（Ra）要大于90。较好的显色性，能使客人增加自信，感觉舒适良好。

2. 照明方式

照明一般有整体照明、局部照明和混合照明三种方式。

常用客房照明方式一般是将整体照明与局部照明相结合。灯具一般选用台灯、床头灯、落地灯、投射灯等。现代客房对两种照明方式结合的要求越来越高，客人不再希望靠一盏灯（主体照明）把室内照得亮堂堂，而是根据室内空间使用要求，在沙发旁、床边、写字台旁大量使用台灯、壁灯、落地灯、筒灯(局部照明)，利用射灯对画、花、工艺品进行重点照明，使室内明暗层次丰富，产生多重空间效果。这样的灯饰布置效果，既满足使用要求，又能渲染神秘、含蓄、宁静、高雅的气氛。客房灯光设计效果如图7-4所示。

图7-4　客房灯光设计效果图（1）

图7-4　客房灯光设计效果图（2）

2.4.2 客房的色彩

在人们的视觉感知过程中，色彩是比形体更令人注意的现象，它能够影响人的情绪，营造某种氛围和情调。因此，在客人停留时间较长的客房内如何创造生动而协调的色彩效果，是客房管理者必须研究的一个重要问题。

1. 色彩的选择

客房美化装饰给人舒适的感觉主要来源于色彩的选择。客房内色彩的构成因素繁多，一般有家具、纺织品、墙壁、地面、顶棚等。为了平衡室内错综复杂的色彩关系和总体协调，可以从同类色、邻近色、对比色及有彩色系和无彩色系的协调配置方式上寻求其组合规律。

（1）家具色彩。家具色彩是客房色彩环境中的主色调。浅色家具体现了鲜明的时代风格，已蔚然成风，越来越为人们所欢迎。偏冷色彩、深色家具显示了华贵自然、古朴凝重、端庄大方的特点。家具色彩力求单纯，最好选择一色，或者两色，既强调本身造型的整体感，又易和室内色彩环境相协调。

（2）纺织品色彩。床罩、沙发罩、窗帘等纺织品的色彩也是客房内色彩环境中重要的组成部分，一般采取明度、纯度较高的鲜艳色，以此渲染室内明丽、活泼和情感的气氛。在与家具等物的色彩配置时，可以采用色相协调。也可以采用相距较远的邻近色作对比，起到点缀装饰的作用，获得绚丽悦目的效果。纺织品的色彩选择还应考虑到环境、季节及光线等因素。

（3）墙壁、地面、屋顶色彩。这些色彩通常充当室内的背景色、基调色，以衬托家具等物的主色调。墙壁、屋顶的色彩一般采用一两个或几个淡的彩色，有益于表现室内色彩环境的主从关系、隐显关系及空间整体感、协调感、深远感、体积感和浮雕感。

2. 色彩的对比

两种颜色并列相映的效果之间所能看出的明显不同就是对比。在装饰客房时，色彩对比的运用主要有以下三方面。

（1）色相对比。色相对比就是未经掺和的原色，以最强烈的明亮度来表示的。这种色彩运用的特点就是表现鲜明突出，色彩能够相互作用和相互影响。在实际运用中，如果让某种色相起主要作用，少量其他色相作为辅助，那么就会得到非常有趣的效果，着重使用一种色彩会提高它的表现性。

（2）明暗对比。白昼与黑夜、光明与黑暗，这种规律在人类生活和自然界中具有普遍意义。黑色与白色是最强烈的明暗对比，他们的效果是对立的，在它们之间有着灰色和彩色的领域。如具有白色沙发、墙面和天棚的客房，配上暗色的茶几、门扇、黑白相间的貂皮与黑白相间的挂画，构成明暗对比十分强烈的明快爽朗的环境气氛。

（3）冷暖色对比。很多试验证明，人们对冷暖的主观感觉前后者相差很大。人们在和谐的色彩搭配空间中，感觉舒适度和消除疲劳等方面也有很大的区别。如人们在蓝绿色的房间里工作，15℃时就感觉到寒冷，而在橙红色房间里工作的人们，11~12℃时才感到寒冷。

在客房设计时，根据客房的不同功能空间，设计不同的颜色，尽量给客人创造温馨舒适的空间。

2.4.3 客房艺术品陈设

客房艺术品的点缀不仅能够增加客房的美感，还能从视觉效果上增加客房的整体空间感。客房艺术品陈设主要是以摆设品和挂件为主。

1. 摆设品

客房的摆设品主要分两类，一类是能够显现出客房档次和风格的艺术品摆件，如精美的雕刻等；另一类是能够突出客房生机，改善客房环境的摆件，最常见的是植物盆景。对于艺术品摆件，在装饰设计时，要与客房的整体风格相适应。这里的相适应包括中西风格相适应，古今风格相适应。

而植物盆景不仅要选择造型优美的，而且还要能够净化室内空气，对人体安全无害的，如佛肚竹、南洋衫、印度橡皮树等。还有在盆景选择时，切记应该选择无花的盆景，因为有花的盆景可能会使一些客人产生过敏，那么效果往往会适得其反。

2. 挂件

室内装饰艺术品有挂画、小型手工艺品等。挂画最好选用原创的国画或油画，不管水平高低，总比电脑打印的装饰画值得一挂，而从侧面体现酒店管理者的品味。小型的手工艺品也是如此。

实战演练

名称	对客房美化装饰评价
时间	1学时
要求	根据客房美化装饰的基本原理，从客房色彩、光线与艺术品的角度，评价某客房的装饰效果，并提出自己的设计观点
准备	准备不同特色的客房3到5间
方法	小组合作完成

学习任务③ 客房部员工的素质要求

【想一想，做一做】

服务员小龚第一天上班，就被分在酒店主楼12层做值台。她刚经过三个月的岗位培训，对做好这项工作充满信心，自我感觉良好。一个上午的接待工作的确也颇为顺手。

午后，入住酒店的两位客人走了进来，小龚立刻迎上前去，微笑着说："先生，您好！"她看过客人的住宿证，然后接过他们的行李，一边说："欢迎入住本酒店，请跟我来。"一边领他们走进客房，并给他们沏了两杯茶放在茶几上，说道："先生，请用茶。"接着她又用手示意，一一介绍客房设备设施："这是床头控制柜，这是空调开关……"这时，其中一位客人用粤语打断她的话，说："知道了。"但小龚仍然继续说："这是电冰箱，桌上文件夹内有'入住须知'和'电话指南'……"未等她说完，另一位客人又掏出钱包抽出一张面值10元的人民币不耐烦地给她。霎时，小龚愣住了，一片好意被拒绝甚至误解，使她感到既沮丧又委屈，她涨红着脸对客人说："对不起，先生，我们不收小费，谢谢您！如果没有别的事，那我就告退了。"说完便退出房间回到服务台。

此刻，小龚心里乱极了，她实在想不通：自己按服务规程给客人耐心介绍客房设备设施，为什么会不受客人欢迎呢？

想一想

1. 你如何评价小龚的服务工作？
2. 怎样看待服务规程的灵活运用？
3. 客房服务员应具有怎样的观察力？

知识储备

3.1 思想素质

现代旅游涉外酒店市场竞争激烈，客人对客房商品要求越来越高。在这种背景下，酒店行业对员工的素质提出了更高要求。

1. 品质好，诚实上进，具有较高的自觉性

客房部的许多工作是由服务员独立完成的，如果员工思想不健康，追求物欲，贪图享受，经受不住考验，是不可能做好客房服务工作的。比如，在清扫客房时，客人一般都不在房间，这就要求员工具有高度的自觉性。

2. 具有良好的组织纪律观念，自觉遵守酒店的各项规章制度

员工应自觉按照酒店的有关规定，不打私人电话，不与同伴闲谈，不翻阅客人的书报、信件、文件等材料；不翻客人使用的抽屉、衣柜；不能出于好奇心试穿客人的衣物、鞋帽等；不可在客人房间看电视、听广播；不可品尝客人的食物等。

3. 热爱本职工作，责任心强，踏实勤快，能与同事合作

客房部的服务工作与酒店其他部门的工作有所不同，相对而言，客房部的工作劳动强度大，与客人直接打交道的时候少，这就需要客房部员工有勤勤恳恳、踏踏实实和吃苦耐劳的精神。在日常工作中，客房部员工的心态要平和，以高度的责任感做好自己的本职工作。同时客房服务员要以各自的努力与同事一起共同营造一个和睦相处、分工明确、配合默契、心情愉快的工作环境。

4. 动手能力强，身体素质好，工作效率高

客房部的工作相对来说比较繁重复杂，体力消耗大；同时，入住的客人希望自己所住的房间舒适、整洁、安全。为了满足客人对客房的要求，客房部员工必须有吃苦和敬业的精神，动作敏捷、精力充沛、工作效率高，只有这样才能提高客人的满意度，保障酒店的正常运转。

3.2 业务素质

1. 掌握客房服务的各项规程，熟悉酒店的服务设施和服务项目、营业时间，了解安全保卫工作常识，掌握各种清洁保养知识，了解与客房服务相关的其他知识，如礼貌礼节知识、服务心理学知识、旅游知识等。

2. 客房服务人员应具有较强的语言表达能力，善于与客人沟通。客房服务人员至少应能用一门以上外语（其中一种是英语）为客人提供服务。同时，还应有一定的文化知识和社会知识以及良好的服务技能技巧,能处理一般的突发事件，并具有一定的应变能力和观察能力；能独立完成工作，具有较强的服务意识。

3.3 基本礼仪

酒店的客房是宾客的临时之家，是客人逗留时间最长的地方，也是客人主要的休息场所。客房服务员在服务中务必讲究礼仪，为客人提供一个温馨、舒适、幽静、安全的居住环境。客房服务员的基本礼仪包括礼节、礼貌、仪表服饰等内容。

实战演练

名称	自我测评
时间	1学时
要求	根据客房员工素质要求，分析自己的素质特征，并提出自己的职业生涯规划
准备	酒店员工职业适应力测评表
方法	学生独立完成

本项目总结

知识梳理

通过本项目的学习，我们对客房部有了较为深入的了解，并学习了以下知识：(1) 什么是客房部，它在酒店中的功能、地位与作用，客房部的业务特点与组织机构设置；(2) 客房有哪些基本类型，客房的美化装饰设计要求；(3) 了解客房部员工的基本素质。

主要概念

客房部　组织机构　客房类型　特殊客房　客房部员工素质

练习题

1. 请谈谈你对客房部的认识。

2. 为什么说客房部是酒店的主体，是酒店经济收入的主要来源？

3. 客房部的主要工作任务是什么？

4. 比较大中型酒店与小型酒店组织机构设置的区别？为什么酒店的组织机构没有统一的模式？

5. 客房的类型有哪几种不同的分类方法？其特点和主要服务对象是哪些顾客？

6. 商务型酒店应如何配置客房类型？

7. 酒店为什么要设总统套房？

8. 分析自己的性格特点，对照客房员工的素质要求，看看自己哪些方面可保持，哪些方面需要改进提高。

技能训练

【训练内容】

请你调研一家酒店的客房部，找出以下数据，看看谁找的数据是最新的：开业时间，酒店档次，地理位置，客房间数，客房部有哪几个岗位？在日常运行中与哪些部门沟通最为密切，与哪些部门常发生矛盾以及如何处理这些矛盾。

【训练目标】

引导学生深入酒店客房部观察与了解，在完成实训作业这一任务的活动中，培养学生的社会活动能力，合作能力以及报告的撰写能力，促进学生对专业的认同感。

【操作步骤】

1. 将班级每5~6位学生分成一组，每组确定1人负责。

2. 每个小组在老师的指导下，明确任务，制订工作计划与实施方法，分配任务。

3. 学生按计划展开调查，并将调查情况详细记录。

4. 对调查的资料进行整理分析。

5. 写出分析报告。

6. 各组在班级进行交流、讨论，展示成果。

【成果形式】

撰写《对酒店客房部认知的分析报告》。

【任务考核】

工作任务	评价方式		评价标准	分值
考察客房部	个人自评	20%	评价学生完成任务过程中的四个要素：计划制订；采取的方法；执行情况；任务完成效果，同时考察学生的表达力、自主解决问题能力等	100
	小组互评	40%		
	教师评价	40%		

项目8 客房清洁卫生与管理

■ 学习目标

■ 知识目标

1. 掌握客房清洁卫生的内容及要求。

2. 掌握客房常规清洁卫生的技能。

3. 熟悉客房计划卫生的作用及内容。

4. 了解公共区域清洁工作的特点及内容。

5. 掌握清洁卫生质量控制的方法。

■ 技能目标

1. 能够独立完成客房日常清洁卫生程序并达到相应标准。

2. 熟练包床技能，会使用不同类型的清洁剂。

3. 初步掌握客房部清洁卫生的管理方法。

4. 实训成绩达到客房中级工技能。

■ 案例目标

1. 创设工作情境与问题，加深学生对客房部清洁卫生的感性认识。

2. 初步掌握客房清洁卫生技能与管理方法。

■ 实训目标

1. 使学生熟练掌握酒店客房部的清洁卫生业务。

2. 掌握客房清洁卫生的操作标准与技能以及清洁卫生的基本控制方法，促进学生岗位工作技能的提高。

■ 教学建议

1. 木项目建议用时12个课时。

2. 建议采用教、学、做、验为一体的教学方法，校内实训室与校外实训基地交替授课。

3. 因为可能涉及校企两个授课场地，所以需要制定详细可行的授课方案，包括授课地点、课时、指导教师、训练内容、考核要求、学生分组等，以避免发生混乱而达不到教学目标。

学习任务❶ 客房常规清洁卫生

【想一想，做一做】

一天中午，住在2972房间的客人从外面回到酒店，进到客房内，发现客房的卫生还没有打扫。客人有些不满意地找到了本楼的服务员说："我都出去半天了，怎么还没有给我的房间打扫卫生？"服务员对客人说："您出去的时候没有将'请即打扫'的牌子挂在门外。"客人说："看来倒是我的责任了。那么现在就打扫卫生吧，过一会儿我还要休息。"于是，服务员马上为2972房间打扫卫生。

第二天早晨，客人从房间出去时，把"请即打扫"的牌子挂在了门外的把手上。中午客人回来后，客房卫生仍然没有打扫。这位客人又找到这名服务员说："昨天中午我回来的时候我的房间没有打扫，你说是因为我出去的时候没有把'请即打扫'的牌子挂上，今天我出去时把牌子挂上了，我现在回来了，还是没打扫。这又是什么原因呢？"这名服务员又用其他的理由解释，说一名服务员一天要清扫十几间房，得一间一间地清扫，由于比较忙，没注意到挂了"请即打扫"的牌子……客人问："你工作忙，跟我有什么关系，挂'请即打扫'的牌子还有什么意义？"服务员还要向客人解释客人却转身向电梯走去，下楼找大堂经理投诉。

想一想

1. 该员工什么地方做得不妥？
2. 出现这类问题可能的原因有哪些？
3. 你有防止类似事件发生的办法吗？

知识储备

客房是客人在酒店逗留时间最长的地方，也是客人在酒店真正拥有的私人空间。客人每天在盥洗、休息等消费过程中，与客房内的各种设施用品有充分的接触，所以客房内的清洁卫生既是客人住房安全的要求之一，也是客人衡量酒店质量的重要指标。因此，客房日常清洁服务与质量控制是客房部管理工作永恒的主题。

客房清洁是客房服务员每日的主要工作内容，而要使清洁工作达到高效率且高质量，客房日常清洁操作规范是很重要的关键因素。客房服务员一定要按照客房清洁流程步骤切实执行，以达到酒店的标准，如此才能提供高品质的服务。

1.1 客房常规清洁卫生的概要

1.1.1 客房常规卫生的主要内容

客房常规卫生是客房服务员每天必须完成的例行卫生工作，它通常包括以下几个方面的内容。

1. 房间物品整理

服务员要按酒店规定和统一要求，整理和铺设客人使用过的床铺，整理客人放乱的物品、用具以及整理客人使用过的酒店衣物（一般不整理客人放置的私人用品和衣物）。

2. 打扫除尘

打扫除尘包括地毯吸尘，擦拭门、窗、桌柜、灯罩、电视机等各种家具设备，倒掉烟灰缸中的烟灰及纸篓里的垃圾。

3. 更换及补充用品

服务员应按要求更换客房内的床单、枕套、面巾、浴巾、地巾等棉织品，并按要求铺床，补充文具用品、一次性消耗品等供应品。

4. 擦洗卫生间

擦洗卫生间包括擦洗脸台、水龙头、浴缸、恭桶等卫生洁具，擦洗四周瓷砖及地面，以及擦亮各种金属挂杆。

5. 检查设备

检查设备包括检查水龙头、抽水马桶等设备能否正常工作，检查灯具、电视机、音响设备、电话机、电吹风等电器设备是否正常，检查家具、用品等是否有损坏。

1.1.2 客房常规卫生的准备工作

1. 签领客房钥匙

客房服务员在清扫房间之前，就听取领班的指令，然后到客房中心或服务台签领客房钥匙和“客房清洁服务员每日报表”，每位客房服务员需明确自己的工作楼层、客房号、当日客情、房态以及特殊任务或特殊要求。下班时再到客房中心或服务台签还所领钥匙。

2. 了解房态

开始工作前，应了解房间状态，以决定清扫房间的顺序，防止服务人员随便敲门，惊动宾客。在酒店里，需要清洁整理的客房可以分成如下几种状态。

（1）住客房（Occupied，简写OCC），表示客人正在住用的房间，住客房有以下几种状态。

• 请勿打扰房（Don't Disturb，简写DND），表示该客房的客人因睡眠或其他原因而不愿服务人员打扰。

• 请速打扫房（Make Up Room，简写MUR），表示该客房住客因会客或其他原因需要服务员立即打扫的房间。

• 外宿房（Sleep-out Room，简写S/O），表示该客房已被租用，但住客昨夜未归。为了防止发生逃账等意外情况，服务员应立即及时通知总台。

• 无行李房（No Baggage，简写N/B），表示该客房的住客无行李。服务员应及时通知总台。

• 贵宾房（Very Important Person，简写VIP），表示该客房住的是重要客人。

• 长住房（Long Staying Person，简写LSP），表示长期由客人包租的客房，又称“长包房”。

• 加床（Extra Bed，简写E/B），表示该客房有加床。

（2）走客房（Check Out，简写C/O），走客房有以下几种状态。

• 准备退房（Expected Departure，简写E/D），表示该客房住客应在当天中午12:00以前退房，但现在还未退房的房间。这种客房应在客人退房前先进行简单的整理，等客人退房后再做彻底的清扫。

• 未清扫房（Vacant Dirty，简写VD），表示该房住客已结账并离开客房，但还未经过清扫，服务员可以按规定进房整理。

• 已清扫房（Vacant Clean，简写VC），表示该客房已清扫完毕，可以重新出租，亦称“OK”房。

（3）空房（Vacant，简写V），表示昨日暂时无人租用的已清扫房间。

（4）维修房（Out of Order，简写OOO），表示该客房因设施设备发生故障，暂不能出租，亦称“待修房”。

3. 决定清扫房间的顺序

服务员在了解了自己所要打扫的房间状态后，应根据开房的急缓先后、客人情况或总服务台及领班的特别交代，决定当天的房间清扫顺序。客房一般的清扫顺序如下。

（1）挂有“Make Up Room”的房间或客人口头上提出要求打扫的房间。

（2）总服务台或领班指示打扫的房间。

（3）VIP房间。

（4）走客房。

（5）普通住客房。

（6）空房。

房间清扫顺序的排列，其用意在于立即满足客人的特殊要求，又以加速客房出租周转为优先考虑的因素。因此，在旺季，也可先打扫走客房，使客房能尽快重新出租。

4. 准备工作车和吸尘器

客房工作车又称房务工作车。它是客房清扫员整理、清扫房间的主要用具。客房工作车的准备工作，应该在每天下班前做好，第二天进房清扫前，再做一次检查，看看所准备的物品是否齐全、够用，以免影响工作效率。

吸尘器是用来清洁地毯、地面、床底下面灰尘的工具，是客房清扫不可缺少的清洁工具。它的准备工作主要是检查电线是否绕好、是否漏电及是否好用。

5. 整理仪表仪容

客房服务员在做客房清扫前，应检查自己的服装、工作牌、头发、饰物、鞋等是否符合要求，精神是否饱满。

1.1.3 搞好客房常规卫生工作应考虑的几个因素

1. 进房次数

一般来说，进房次数较多表示服务规格较高，但必须注意，这样一来各方面的成本都将上升。所以，确定进房的次数要作全盘考虑，尤其是酒店的档次、客源对象和营业成本应作为主要考虑因素。当然，不应局限于规定了几次进房，一旦客人需要整理客房，我们都应该满足他们的要求。

2. 操作标准

操作标准一般在各项工作程序中予以说明。不少酒店将有关操作要领拍成照片并张贴出来以供参照，这确实是一种好办法。

3. 清扫操作的基本方法

清扫操作一般为先上后下、先里后外、先铺后抹、干湿分开（先湿后干）、先卧室再卫生间，环形整理，注意墙边角。

4. 布置的规格

各种类型的客房应配备哪些客用品、数量多少及如何摆放，都应有图文说明，以确保布置的规格一致和标准统一。通常，这些布置讲究美观、实用与简洁；否则，员工难以操作并容易出差错。

5. 客房整洁状况

客房整洁包含两方面的内容，即生化标准和视觉标准。前者往往由卫生防疫人员来做定期或临时抽样测试与检验，后者却要由酒店自己来把握。客人与员工、员工与员工的视觉标准都不尽一致。要掌握好这一标准，唯有多了解客人的要求，从中总结出规律性的东西。为了达到标准而又不致造成人力的浪费或时间的紧张，客房部往往在日常整理客房的基础上拟订了一个周期清洁计划，即“计划卫生”。将所有客房中平时不易做到或做得不彻底的项目全部清理一遍。

6. 清扫客房的速度和定额

虽然员工的操作有快有慢，但熟练者的平均速度（按一般标准房计算）应达到：走客房30~40分钟，住客房15~20分钟，空房与夜床服务约5分钟。不过，在实际工作中常常会有例外，所以计划工作定额时还要考虑到一些相关的因素，如工作职责的要求、客房整洁的标准、每层楼的客房数、工作区域状况、住店客人特点、员工熟练程度、工作器具配备等。

1.2 客房清洁技能

不同类型的客房在具体清洁内容上会有区别，而客房的清洁服务程序是基本一致的，具体程序如下。

1.2.1 住客房的清洁程序

1. 停放工作车

工作车应挡住房门1/3靠墙停放，这样既便于观察工作车上的物品，又不使住客房的客人出入房间遇到障碍。

2. 敲门进入房间

敲门前要先观察门上是否挂有“请勿打扰”（Don’t Disturb）牌或门上有双锁标志（锁中露出红色标志等），避免打扰客人。敲门要先轻轻敲三下，然后报称“客房服务员”，待客人允许后方可启门进入。如果三四秒钟后客房内没有回答，再轻敲三下并报名。重复三次仍没有回答时，可用钥匙慢慢把门打开。

进房时，无论客人是否在房间，都不得将门关严。如果客人在房间，要立即礼貌地向客人讲明身份，征询是否能进房清扫。如进房后发现客人在卫生间，或正在睡觉，或正在更衣，应立即道歉，退出房间，并关好房门。需注意：敲门时不得从门缝或门视镜向内窥视，不得耳贴房门倾听。

3. 房内整理

拉开窗帘，开窗通风（不能开窗的要开大空调通风量），关闭客房内的电器和照明灯。

4. 清理垃圾杂物

（1）将房间和卫生间的垃圾、烟灰缸的烟头、纸篓废弃物等收集倒入工具车的垃圾袋内，注意烟头是否熄灭。

（2）将用过的烟缸、杯子放入卫生间准备刷洗或放回工作车准备调换。

（3）不经客人同意，不得擅自将客人的剩余食品、饮料、自带用品等撤出房间。尤其是女性化妆品，即使是用完的空瓶、空盒也不得扔掉。

（4）客房内可能有保留价值的东西不可随意丢掉。

5. 铺床

详细内容参见1.2.2。

6. 抹尘

（1）抹尘遵循先上后下、先里后外、先湿后干的原则，做到不留死角。

（2）抹的过程中将移动物品按规定放回原位，并默记待补充的物品。

（3）每抹一件家具、设备，都要留意检查是否有损坏，一经发现要及时记录。

7. 清洗卫生间

详细内容参见1.2.3。

8. 补充客用物品

补充房间和卫生间内的必备用品，按规定的位置摆放好。

9. 吸尘

吸尘由里往外吸，注意行李架、写字台底、床头柜底等边角的吸尘。发现有移动的家具顺手挪回原位。

10. 填写《客房服务员清洁报表》

在客房清洁工作结束时，服务员应环顾一下房间、卫生间是否干净，家具、用具是否摆放整齐，必备用品是否放好，清洁用品是否遗留在房间等。同时填写好“客房服务员清洁报表”（详见表8-1），退出房间，关好房门。若客人在房间，要礼貌向客人表示谢意，然后退出房间，轻轻将房门关上。

表8-1 客房服务员清洁表

楼层： ____年____月____日

房号	人数	房间状态	进房时间	离房时间	撤换物品								添置物品								客人遗留物品	报修情况
					床单	枕套	被套	面巾	大浴巾	小浴巾	脚垫巾	方巾	垃圾袋	茶叶	笔	拖鞋	火柴	信封	…	人		
合计																						
备注																						

清洁员______

1.2.2 铺床步骤及要求

1. 西式铺床

（1）站在床尾将床慢慢拉出离床头板30~50厘米。对正床垫，并注意床垫四边所标明的月份字样，按期翻转床垫，使其受力均匀平衡。

（2）将床上用过的布单层层揭下，将枕套撤去。撤床单和枕套时要抖动几次，确认里面无小件衣物或其他物品。将毛毯、床罩等稍加折叠放在适当的位置。

（3）铺第一条床单（垫单）。首先是抖单。站在床头、床尾或床的一侧的中间位置，抖开床单，将毛边向下抛盖在床上。其次是定位。抖单同时看准方向和距离，底单中线左右居中，有折皱的卷边要稍加整理。最后是包角。底单四角包好床垫，角要包得平直，床单要铺得紧绷平整，掀起床垫尾部将床单打入夹缝，按对称手法将床的两侧包成四个45°角。

（4）铺第二条床单，注意反面向上，中线居中，床单头部与床头对齐。

（5）铺毛毯，毛毯上端距床头25~30厘米盖于第二条床单上，中线对齐，商标朝外在床尾下方。将盖单上端长出部分沿毛毯边沿往下翻折作被头，两侧下垂部分的毛毯和盖单一起掖入床垫下面，将床尾两个角包成信封角。

（6）套枕套，拆松枕芯，套上枕套，整理成形，放置于床的正中，单人床将枕袋口反向于床头柜，两个枕头重叠摆放。双人床枕套口方向相对。枕头压毛毯5~6厘米，离床头约5~10厘米。

（7）盖床罩，将折叠好的床罩放好打开，床尾及两边定位，两边均等，床尾部分距地面5厘米。站在床头位置将床罩置于枕头上边，将多余部分分别均匀填入上下枕头夹缝中。整理加工，使其美观。

（8）将床身缓缓推回原位置，最后将做完的床查看一次，整理定型。

西式铺床优点是挺括美观，但包角过紧，客人常常感到不方便和不舒适。许多酒店对传统的西式铺床进行了改进。

2. 中式铺床

（1）铺好第一条床单之后，不再使用第二条床单，而以套好被罩的丝棉被或中空棉被取代毛毯，被子长度应超出床垫长度20~30厘米，宽度多出20~40厘米，这种方法不仅使铺床速度加快，而且可使客人入睡时较为舒适。

（2）对于酒店现有毛毯未到淘汰年限的情况，可采取在铺上毛毯后床两侧自然下垂，床尾毛毯和第二条床单齐床尾向上反折的做法，同样整齐美观，方便客人就寝。但这对床单和毛毯的尺寸有一定的要求，即不能出现第二条床单和毛毯拖地的现象，以距地面约10厘米为宜。

1.2.3 清洗卫生间步骤

卫生间是否清洁美观，是否达到卫生标准，直接关系到客人的身体健康，所以卫生间清洗工作是客房清洁服务的重点。

（1）洗刷烟缸、漱口杯（漱口杯也可调换）。

（2）将清洁剂环形倒入恭桶先浸泡。

（3）清洗浴缸。先将浴缸的活塞关闭，放一些热水和清洁剂在里面；然后用浴缸刷把浴缸周围伸手可触及的墙壁、皂托、金属巾架、浴帘杆、浴缸内外刷洗一遍；将浴帘放入浴缸清洗；将活塞打开，用沐浴喷头放水冲洗；用抹布擦干并擦亮所有的金属镀件；将浴帘擦干并将其下摆放入浴缸内。

（4）刷洗恭桶。用恭桶刷刷洗恭桶盖、垫圈、内壁及下水口；放水冲洗，注意用恭桶刷搅动；用抹布将恭桶上的水箱、恭桶盖、垫圈、恭桶外侧及底座彻底擦干。

（5）清洁镜面。可用卫生间内废弃的卷筒纸将镜面上的水迹、皂迹擦干净，并随手检查镜子上方的照明灯。

（6）清洗面台。清洁面盆、台面，先用清洁剂擦洗面盆及金属镀件，然后放水冲洗，用抹布将面台上、面盆内的水迹擦干。

（7）清洁卫生间地面。用专用抹布按从里到外的顺序将地面擦干；地漏处尤其要仔细擦净，擦至门口时要先转身将房门和门上的挂衣钩擦干净（注意换用抹布，为避免发生混淆，可采用彩色标记相区别，如图8-1所示），然后再擦门口的地面。

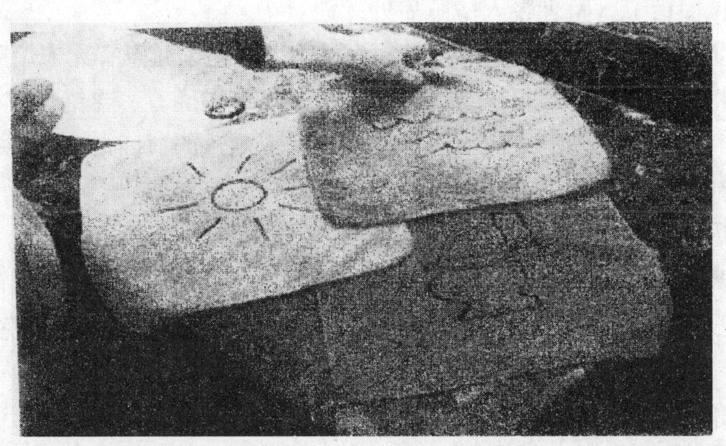

图8-1　客房服务员在清洁抽水马桶与擦干物品中所使用的不同抹布

另外，还需擦亮金属镀件和毛巾架，补充卫生间客用品；环视整个卫生间，带好清洁桶及工具，关灯，将卫生间门虚掩。整个卫生间的清洁应达到无水迹、无皂迹、无异味、无毛发的“四无”标准。

1.2.4 空房清洁整理

空房是客人走后，经过清扫尚未出租的房间。空房的清洁整理，主要是擦净家具、设备，并检查房间用品是否齐备。空房的整理虽然较为简单，但也必须适当整理。

（1）仔细检查房间有无异常情况。特别是检查房内所有电器设备，确保其良好状态。

（2）用干湿适宜的抹布擦拭家具、门窗上的灰尘，并检查家具的牢固程度。

（3）卫生间的马桶等需放水排异味，卫生间的各水笼头放水1分钟，直到水清为止，以保证水质洁净。

（4）卫生间“四巾”因长时间干燥失去柔软性，需在客人入住前更换新的。

1.2.5 住客房小整理及夜床服务

1. 小整理服务

小整理服务是在住客外出后，客房服务员对其房间进行简单的整理。作用是让客房经常处于干净整洁的状态，使客人回房时有一种清新舒适的感觉。小整理服务是酒店优质服务的一个方面，各酒店应根据自己的经营理念和房价层次，分别提供该项服务。一般至少在VIP房进行这项服务。

（1）敲门进房同1.2.1的进入房间要求。

（2）在门口挂上“正在清扫”的牌子。

（3）拉回窗帘，整理客人午睡后的床铺。

（4）清理桌面、烟缸、纸篓内和地面的垃圾杂物，注意有无未熄灭的烟头。

（5）将客人文件、书报、杂志稍加整理，但不得翻看、弄错位置。

（6）简单清洗整理卫生间，必要时更换客人用过的“四巾”、杯具等。

（7）补充房间茶叶等必备用品。

（8）尽量不要触动客人的物品，更不要触摸客人的贵重商品。

2. 夜床服务

夜床服务是对住客房进行晚间寝前整理，又称“做夜床”或“晚间服务”。夜床服务是一种高雅而亲切的服务，其作用主要是方便客人休息，整理干净使客人感到舒适，表示对客人的欢迎和礼遇规格。

夜床服务通常在晚上6:00以后开始，因为这时客人大多外出用餐而不在房内，既可避免打扰客人，又方便服务员工作。夜床服务的基本程序如下。

（1）敲门进入房间，敲门时报称“客房服务员”。如客人在房内，先礼貌询问客人是否要做夜床，征得同意后方可进入。客人不需做夜床，要向客人表示歉意，并道晚安。若房内无人，则可启门进入房间。

（2）调换用过的茶具。

（3）清点小酒吧内耗用的酒水，补充酒水，并及时报账。

（4）清倒垃圾和烟缸，并注意垃圾内有无贵重物品及未熄灭的烟头。

（5）将散放在床上的客衣整齐，如衣橱内配有浴袍，应将浴袍取出摊放在床尾，在有床头柜的一侧或沙发前放好拖鞋。

（6）清洁房内家具，用抹布擦去浮灰和污渍，并使散乱的家具复位。

（7）按房内住客数开夜床。其步骤是：掀开床罩，折好，放在规定的位置。将毛毯连同第二条床单的一角折向床垫中央，成45°角或斜拉成30°角；开夜床时，如房内只有1张床，住1位客人，则开靠床头柜一侧。在毛毯折角上放晚安卡或早餐券；如是VIP客人的房间，还应放鲜花、水果等。

（8）整理卫生间。冲洗恭桶，擦洗脸盆、客人用过的浴缸；将浴帘拉至浴缸的一半，下摆放入浴缸内，并把脚垫巾铺在靠浴缸的地面上；必要时撤换VIP房间用过的毛巾、杯具等；用抹布擦净地面，将浴室门虚掩。

（9）补充房间茶叶及其他用品。

（10）拉上房内厚窗帘，开启床头灯和通道灯，为客人创造一个温馨的入睡环境。

（11）环视房间和卫生间，看是否有纰漏，退出房间将门关好。若客人在房间，要向客人道："打扰了，晚安！"并将门轻轻关好。

（12）填写晚间服务记录。

1.3 客房清洁卫生质量控制

1.3.1 客房清洁卫生质量的标准

1. 视觉标准

视觉标准指客人和员工、管理者凭借视觉或嗅觉能感受到的标准（如灰尘、污迹、异味等），但由于个体的感受不同，标准只是停留在表面。

（1）眼看到的地方无污迹。

（2）手摸到的地方无灰尘。

（3）设备用品无病毒。

（4）空气清新，无异味。

2. 生化标准

生化标准是由专业防疫人员进行专业仪器采样与检测的标准，包含的内容有洗涤消毒标准、空气卫生质量标准、微小气候质量标准、采光照明质量标准及其环境噪声允许值标准等。生化标准是客房清洁卫生质量更深层次的衡量标准。

客房管理者和清洁卫生工作人员应熟悉本店卫生操作程序与标准，不断对照改进，体现服务质量和管理水平，力求做到“十无”：

（1）天花板墙角无蜘蛛网；

（2）地毯（地面）干净无杂物；

（3）楼面整洁无害虫（老鼠、蚊子、苍蝇、蟑螂、臭虫、蚂蚁等）；

（4）玻璃、灯具明亮无积尘；

（5）布件洁白无破烂；

（6）茶具、杯具消毒无痕迹；

（7）铜器、银器光亮无锈污；

（8）家具设备整洁无残缺；

（9）墙纸干净无污迹；

（10）卫生间清洁无异味。

1.3.2 客房清洁质量控制的方法

客房清洁卫生管理的特点是管理空间广、工作人员分散，不易集中控制。而客人对客房卫生又非常重视，要求高，因此，严格客房清洁卫生的质量控制对于提高客房产品形象，满足客人需要具有重要意义。

1. 强化员工卫生质量意识

为提高客房清洁卫生质量，首先要求参与清洁的服务人员有良好的卫生意识。为此必须做好岗前及岗位培训，让员工树立起卫生第一、规范操作、自检自查的岗位责任感。同时，要求客房管理人员及服务人员注意个人卫生，从自身做起，既完善自身形象，又加强卫生意识和卫生习惯。其次，不断提高客房员工对涉外星级酒店卫生标准的认识，严格与自己日常的卫生标准相区别，与国际卫生标准接轨，以免将一些国际旅游者正常的卫生要求视为“洁癖”。

2. 制定清洁卫生质量控制标准

（1）操作标准

（2）质量标准

（3）时效标准

一定的服务规程、操作程序是确保客房清洁卫生的基础，也是对客房清洁员工作进行考核、监督的依据。不同酒店的客房清洁规程和程序会略有不同，但均符合“方便客人、方便操作、方便管理”的原则，都为提高质量服务。

3. 严格逐级检查制度

客房的逐级检查制度主要是指对客房的清洁卫生质量实行服务员自查、领班全面检查和管理人员抽查的逐级检查制度。这是确保客房清洁质量的有效方法。

（1）服务员自查。服务员每整理完一间客房，应对客房的清洁卫生状况、物品的布置和设备的完好等做自我检查。这在服务员客房清扫程序中要予以规定。通过自查，可以加强员工的工作责任心和服务质量意识，提高客房的合格率，同时也可能减轻领班的查房工作量。

（2）领班全面检查。服务员整理好客房并自查完毕，由楼层领班对所负责区域内的每间客房进行全面检查，并保证质量合格。领班查房是服务员自查之后的第一道关，往往也是最后一道关，是客房清洁卫生质量控制的关键。因为领班负责OK房的报告，总台据此就可以将该客房向客人出租。所以领班的责任重大，必须由工作责任心强，业务熟练的员工来担任。一般情况下，楼层领班应是专职负责楼层客房的检查和协调工作，以加强领班的监督职能，防止检查流于形式。

通常，领班每天检查房间的数量为100%，即对其所负责的全部房间进行普查，并填写“楼层客房每日检查表”。但有的酒店领班负责的工作区域较大，工作量较重，每天至少应检查90%以上的房间，一般可以对住客房或优秀员工所负责的房间进行抽查。

领班查房时如发现问题，要及时记录并加以解决。对不合格的项目，应开出做房返工单，令服务员返工，直到达到质量标准。对于业务尚不熟练的服务员，领班查房时要给予帮助和指导，这种检查实际就是一种岗位培训。客房检查报告详见表8-2。

表8-2 客房检查报告示例

房号：

房型：　　　　　　　　　　　　　　　　　　　　检查日期：

状况：□优　□合格　□不合格

	卧室	状况		浴室	状况
1	门、锁、链		18	门	
2	灯、开关、电源插座		19	灯、开关、电源插座	
3	天花板		20	墙	
4	木制品		21	天花板	
5	窗帘与金属构件		22	镜子	
6	窗		23	浴缸、扶手杆	
7	空调调节装置		24	沐浴喷头	
8	电话机		25	浴室地垫	
9	床头板		26	梳妆台	

（续）

	卧室	状况		浴室	状况
10	床单、床罩、床垫		27	固定装置、水龙头	
11	梳妆台、床头柜		28	抽水马桶	
12	台灯、灯罩、灯泡		29	毛巾	
13	椅子、沙发		30	卫生纸、脸巾纸	
14	地毯		31	肥皂	
15	图片与镜子		32	便利品	
16	除尘情况		33	排气口	
17	壁橱				
其他					

早班领班________早班清洁________

中班领班________中班清洁________

（3）管理人员抽查。管理人员抽查主要指主管抽查和经理抽查。在设置主管职位的酒店中，主管主要是客房清洁卫生任务的主要指挥者，加强服务现场的督导和检查，是其主要职责之一。主管抽查客房的数量一般为领班查房数的10%以上。主管检查的重点是每间VIP房，抽查长住房、OK房、住客房和计划卫生的大清扫房。还要检查维修房，促使其尽快投入使用。主管查房也是对领班的一种监督和考查。

客房部经理每天要拿出一定时间到楼层巡视，抽查客房的清洁卫生质量，特别要注意对VIP房的检查。通过巡视抽查掌握员工的工作状况，了解客人的意见，不断改进管理方法。同时，客房部经理还要定期协同其他有关部门经理对客房的设施进行检查，确保客房部正常运转。另外，酒店总经理也要定期或不定期地亲自抽查客房，或派值班经理代表自己进行抽查，以控制客房的服务质量。

（4）设置“宾客意见表”。客房卫生质量的好坏，最终取决于客人的满意程度。所以搞好客房清洁卫生管理工作，要发挥客人的监督作用，重视客人的意见和反映，有针对性地改进工作。设置“宾客意见表”是较好的一种方法。意见表设计应简单易填，形式要轻松，摆放要显眼。现在许多酒店将它设计成“致总经理密函”，内有酒店总经理真诚、热情的欢迎、意见请求、祝福致辞，并附一份简单而较为具体的“宾客意见表”。客人好像在和朋友交流一般轻松自然地道出了各自宝贵的意见。

实战演练

名称	住客房清洁
时间	2学时
要求	按操作规范进行操作，同时要根据情况灵活处理。
准备	四星级标准客房一间，按四星级酒店客房配置的有关数量准备客房用品、清洁车、客房服务员工作表单
方法	场景示范与实训操作
要点	注意清洁过程中顾客物品的安全

学习任务2 客房计划清洁

【想一想，做一做】

凌晨01:30左右，某酒店客房部按照事先布置的工作任务在31层清洁过道地毯。这时，3108房间客人从熟睡中被机器的嘈杂声吵醒，不满地从房间中出来说："这么晚了，还让不让人睡？"服务员小高不知所措，支支吾吾地答道："这是工作安排……"说完继续清洗。客人回房后随即打电话给值班经理和客房服务中心表示不满。过了5分钟，小高才根据值班经理的指示停止了清洗工作。次日早晨客人带着遗憾离开了酒店。

想一想

1. 试分析客人为什么会离开？
2. 制订清洁保养计划，应注意哪些事项？
3. 如何做到用机器清洁不影响顾客？

知识储备

2.1 客房计划卫生及其作用

客房服务员每天清洁整理工作的工作量一般都比较大。一个服务员平均每天的工作量是12~14间，旺季会更多，所以对客房的某些部位，如通风口、天花板、门窗玻璃、窗帘、床罩等，不可能每天清洁（有些项目也没有必要每天清洁，如地毯）。为了保证清洁卫生的质量标准，使客人不仅对客房容易接触部位的卫生感到满意，而且对其他每处卫生都能放心，同时又不致造成酒店人力资源的浪费和紧张，客房部应有计划地对一些特殊项目进行周期性清洁保养。

客房计划卫生是指在搞好客房日常清洁工作的基础上，拟订一个周期性清洁计划，采取定期循环的方式，对清洁卫生的死角或容易忽视的部位，及家具设备进行彻底的清扫和维护保养，以进一步保证客房的清洁保养质量，维持客房设施设备的良好状态。

2.2 客房计划卫生内容

客房计划卫生保养的内容主要有家具除尘、家具打蜡、地毯清洗、纱窗床罩等的清洗、通风口清洁、金属器具的擦拭等。针对不同的项目，应按不同的周期进行清洁保养。下表8-3是某酒店楼层计划卫生项目及清洁周期安排。

表8-3 楼层计划卫生项目及清洁周期安排

每天	3天	5天
1. 清洁地毯、墙纸污迹 2. 清洁水箱，扫灯罩灰尘 3.（空房）放水	1. 地漏喷药（长住逢五） 2. 用玻璃清洁剂清洁阳台和卫生间镜子 3. 用鸡毛掸清洁壁画	1. 清洁卫生间抽风机（味）机罩 2. 清洁（水洗）吸尘机真空器保护罩 3. 职工卫生间虹吸水箱、磨洗地面
10天	15天	20天
1. 空房马桶虹吸水箱 2. 清洁走廊出风口 3. 清洁卫生间抽风主机网	1. 清洁热水器、洗杯机 2. 冰箱除霜 3. 酒精球清洁电话 4. 清洁空调出风口、百叶窗	1. 清洁房间回风过滤 2. 用擦铜水擦铜家具、烟灰筒、房间指示牌
25天	30天	一季度
1. 清洁制冰机 2. 清洁阳台地板和阳台内侧喷塑面 3. 墙纸吸尘、遮光帘吸尘	1. 翻床垫 2. 抹拭消防水龙带和喷水枪及胶管	1. 干洗地毯、沙发、床头板 2. 干（湿）洗毛毯 3. 吸尘机加油（保养班负责完成）
半年	一年	
清洁窗纱、灯罩、床罩Δ保护Δ	1. 清洁遮光布Δ 2. 红木家具打蜡 3. 湿洗地毯（第2、3项由保养班负责完成）	注：有Δ的项目由财产主管具体计划，组织财管班完成，注意与楼层主管在实际工作中协调

2.3 客房计划卫生的贯彻与落实

1. 由客房领导根据酒店实际需要，制订计划卫生的范围与内容。

2. 培训员工。

3. 将计划表张贴在各工作室，让每天工作的员工知晓。

4. 领班每天将计划卫生内容落实在每日员工工作表内，做到每日有任务每日有落实。

5. 每日领班查房时，检查计划卫生的落实情况。

实战演练

名称	中式铺床
时间	2学时
要求	三线对齐、四角相同、床面紧绷、枕线分明、床面均匀下垂直；训练结束后，学生应在3分钟内完成铺床
准备	西式床一张、棉床垫一条、床单两条、枕袋两条、枕芯两个、薄棉被一条、装饰带一个
方法	先按4人一组由老师进行示范，然后每人分别进行实际操作
要点	注意一次抖单定位，四边下垂均等，床面平整

学习任务③ 公共区域清洁卫生与质量控制

【想一想，做一做】

通常酒店都规定吸尘器每周必须大清洁1~2次，以提高吸尘器的使用效率与使用寿命。一天，某酒店19层服务员做吸尘器大清洁，他取下机身和尘袋清洗，看到吸尘器机头很脏，便拿到水龙头下冲洗，结果机头洗干净了，但吸尘器再也不能动弹了，影响了客房日常工作的顺利完成。

想一想

1. 发生损坏机器的事情，是谁之过？为什么？
2. 吸尘器机头应该如何清洗？
3. 为什么要注意清洁机器的使用与保养？

知识储备

3.1 公共区域清洁卫生的特点与主要内容

客房部除了要搞好客房卫生外，还要负责所有公共区域的清洁卫生，一般由客房部下设的公共区域组完成。所谓公共区域是宾客和酒店员工共同享有的活动区域，包括室内和室外、客用部分和员工使用部分。公共区域范围广大，不仅涉及住店客人，还涉及用餐、开会、购物、参观游览等非住店客人，而且还是所有员工工作环境的重要组成部分。所以做好公共区域的清洁卫生工作意义重大。

3.1.1 公共区域清洁卫生的特点

1. 人员流量大，清洁工作不太方便

公共区域的人员流量非常大，客人活动频繁，这给该区域的清洁保养工作带来了不便和困难。为了便于清洁和减少对来往人员的干扰，公共区域的清洁工作尽量安排在人员活动较少的时间段进行，特别是客用的区域，大量的清洁工作被安排在夜班完成。

2. 涉及范围广，造成影响大

公共区域清洁卫生的范围涉及酒店的每一个角落，既包括外围的外墙、花园、前后大门、通道等，也包括室内的大厅、休息室、餐厅、娱乐场所、公共洗手间、电梯、行政办公室、员工休息室、更衣室、餐厅、员工公寓，以及所有的下水道、排水排污管道和垃圾房等。公共区域的清洁卫生状况被每一位经过和进入酒店的客人及非客人所感知和传扬，对树立酒店形象有较大的影响。

3. 项目繁杂，专业、技术性强

公共区域清洁卫生工作不仅涉及面很广，而且在不同的地点、针对不同的清洁对象，有不同的清洁标准和清洁方法，使用不同的清洁剂，所以其清洁卫生项目繁杂琐碎。如地面、墙面、天花板、门窗、灯具清洁，公共卫生间的清扫，绿化布置、除虫防害等。各类清洁工作具有各自的专业性和技术性，对工作人员提出了较高的要求。

3.1.2 公共区域清洁卫生的主要内容

公共区域卫生涉及酒店前台和后台、室内和室外的广泛区域，主要的几项清洁卫生工作包括以下内容。

1. 大堂的清洁

大堂是酒店客人来往最多的地方，是酒店的门面，会给客人留下作用重大的第一印象。因此，大堂的清洁卫生工作尤为重要。

2. 地面清洁

在客人活动频繁的白天，酒店清洁人员需不断地对大厅的大理石地面进行推尘工作。遇到雨雪天，要在门中放上存伞架，并在大门内外铺上踏垫和小地毯，同时在入口处不停地擦洗地面的泥尘和水迹。每天夜间12点以后打薄蜡一次，并用磨光机磨光，使之光亮如镜。大厅内有地毯处每天要吸尘3~4次，每周清洗一次。

大堂地面清洁要仔细，不能有任何遗漏点。拖擦过程中应及时取下清洁工具上的灰尘杂物。操作过程应尽量避开客人或客人聚集区。打蜡或水迹未干区应有标示牌，以防客人滑倒。

3. 门庭清洁

白天酒店的清洁人员对玻璃门窗、门框、指示牌等的浮尘、指印和污渍进行擦抹，尤其是大门的玻璃应始终保持一尘不染。夜间酒店的清洁人员对门口的标牌、墙面、门窗及台阶进行全面清洁、擦洗，对大门口的庭院进行清扫、冲洗等。

4. 家具的清洁

白天酒店清洁人员要勤擦拭休息区的桌椅、服务区的柜台及一些展示性的家具，确保干净无灰尘。及时倾倒并擦净立式烟筒，更换烟灰缸。更换烟灰缸时，应先将干净的烟缸盖在脏的上面一起撤下，然后将干净烟缸放上，以免烟灰飘扬洒落。随时注意茶几、台面上的纸屑杂物，一经发现，及时清理。

5. 扶梯、电梯清洁

大堂扶梯、电梯的清洁保养多在夜间进行，白天只做简单清洁维护。主要清洁工作是擦亮扶梯扶手、挡杆玻璃护挡，清洁轿厢，更换清洗地毯，使扶梯、电梯内外、上下、四周均无灰尘、无指印、无污迹。

6. 不锈钢、铜器清洁上光

不锈钢、铜器等金属装饰物为酒店大厅增添了不少光彩，这些器件每天都要清洁，否则会失去光泽或粘上污迹。擦洗这些器件时注意要使用专门的清洁剂，若用其他的清洁剂会造成对器件的严重损坏。

7. 公共洗手间的清洁服务

公共洗手间是客人最挑剔的地方之一，因此酒店必须保证公共洗手间的清洁卫生、设备完好、用品齐全。为不影响客人使用洗手间，该工作常在夜间进行。

8. 餐厅、酒吧、宴会厅的清洁

餐厅、酒吧和宴会厅是客人的饮食场所，卫生要求较高。清洁工作主要是在餐厅营业结束后，做好对地毯的清洁。此外，餐厅、酒吧、宴会厅或其他饮食场所，常会有苍蝇等害虫出现，应随时或定期喷洒杀虫剂，防止蚊蝇等害虫孳生。

9. 后台区域的清洁卫生

员工食堂、浴室、更衣室、服务通道、员工公寓、娱乐室的卫生状况对员工的思想和精神以及对酒店的服务质量有重要的影响。

10. 绿化布置及清洁养护

绿化布置能给宾客耳目一新、心旷神怡的美好感受。所以酒店在店外的绿化规划和店内的绿化布置上都应有所开拓。当然，掌握一般的绿化程序是基础。

3.2 公共卫生区域清洁卫生质量控制

公共区域清洁卫生具有涉及面广，工作项目繁琐，人员变动较大等特点，为保证其工作质量，提高工作效率，必须实行相应的控制措施。

3.2.1 划片包干，责任落实到人

由于公共区域卫生工作面积大，工作地点分散，不易集中监督管理；且各类卫生项目的清洁方法和要求不同，很难统一检查评比标准。所以不仅要求每个服务人员具有较高的质量意识和工作自觉性，同时也要做到分类管理，定岗、定人、定责任。可将服务员划分成若干个小组，如楼道组、花园组等。注意做到无遗漏、不交叉。

3.2.2 制订计划卫生制度

为了保证卫生质量、控制成本和合理调配人力、物力，酒店必须对公共区域某些大的清洁保养工作采用计划卫生管理的方法，制订计划卫生制度。如墙面、高处玻璃、各种灯具、地毯洗涤、地面打蜡等，不能每天清扫，需要像客房计划卫生一样，制订一份详细、切实可行的计划，循环清洁维护。清扫项目、间隔时间、人员安排等要在计划中落实，在正常情况下按计划执行。对交通密度大和卫生不易控制的公共场所的卫生工作，必要时应统一调配人力，进行定期突击，以确保整个酒店的清新环境。

3.2.3 加强现场管理

公共区域管理人员要加强现场巡视，要让问题解决在可能发生或正在发生时，因为一旦清洁卫生遗漏、失误或欠缺已成事实，首先感知的往往是公众。所以公共区域各类清洁项目应有清楚的检查标准和检查制度，以及制作相应的记录表格。管理人员要对清洁卫生状况进行密切监督，定期或不定期地检查和抽查，才能保证公共卫生的质量，才能维护公共区域的形象。

实战演练

名称	不锈钢和铜器的清洁保养
时间	1学时
要求	掌握不锈钢和铜器清洁保养的要点及步骤，做到： （1）操作方法正确、动作熟练 （2）铜器要擦拭得发光、发亮 （3）擦拭一件铜器必须在5分钟之内完成操作
准备	专用抹布、铜油、不锈钢油、无毛干抹布、房内铜器，如门把手、铜牌等
方法	讲解与示范，然后每人分别进行实际操作

学习任务4 创建“绿色客房”活动

【想一想，做一做】

某大酒店总经理不久前就客房一次性用品的配置及使用情况在南京几家四、五星级酒店进行了一次调查。他发现这些用品在使用过程中存在严重的浪费现象。以香皂为例，一只净重30克的香皂，客人每次只使用约1/5左右，由于大量的团队客人及散客在酒店停留时间只有1天左右，剩余的4/5在清扫房间时只能换掉，这种情况约占总数的80%，其他一次性卫生用品的使用情况也大致如此。

这仅仅是算了一笔经济账。更多的客房管理人员算了一笔“环境账”。

酒店一年内白白倒掉的洗化用品最终进入了河流、海洋和土壤，将会给环境带来多大的污染，恐怕不是一两道算术题能够计算得清楚的！全国的酒店累计起来将是惊人的！这也仅仅是洗化用品本身，尚不包括它的外包装和其他客房一次性用品，这些包装及用品不是塑料的，就是棉的、纸的、木头的。前者目前尚不能在自然状态下直接降解，除了对其回收利用外，只能靠焚烧或深埋来处理，成为令人谈“塑”色变的“白色污染”；后者消耗的主要是木材，当“地球之肺”——森林在人类的利斧下大片瓦解之时，我们最应该做的恐怕不仅仅是呼吁，而是合理地利用和保护自然资源，保护我们赖以生存的生态环境。

想一想

1. 你是如何看待客房的一次性消耗品使用的？

2. 如何降低酒店用品的消耗但又不影响客人的方便呢？请提出自己的看法。

知识储备

1992年6月联合国在里约热内卢召开了“联合国环境与发展大会”，并通过了《21世纪议程》，标志着世界进入了“保护环境，崇尚自然，促进可持续发展”的绿色时代。符合可持续发展思想的绿色酒店、绿色客房将受到酒店经营者及顾客的普遍推崇和欢迎。

4.1 我国绿色酒店的含义

“绿色酒店”是运用环保、健康、安全理念，倡导绿色消费，保护生态和合理使用资源的酒店，其核心是为顾客提供舒适、安全、有利于人体健康要求的绿色客房和绿色餐饮。

“安全、健康、环保”，这三个理念是构成中国绿色酒店的主体内容。

4.1.1 安全

安全是绿色酒店的一个基本特征。在酒店中，影响安全的主要是消防安全、治安安全、食品安全、职业安全和消费安全这五个因素。

4.1.2 健康

健康是指为消费者提供有益于健康的服务和享受，即绿色客房和绿色餐饮。因此，在建立绿色酒店的过程中，要将“以人为本”作为出发点；在评审绿色酒店时，应把是否提供健康的服务和产品作为重要的特征与因素进行考虑。

4.1.3 环保

绿色酒店的环保主要包括三个方面。

（1）减少浪费、实现资源利用的最大化。例如，让消费者适量点菜、注意节约、提供剩菜打包、剩余的酒寄存服务等。

（2）在酒店建设和运行过程中，把对环境的影响和破坏降低到最小。例如，绿色酒店可根据顾客的意见，对没有使用完的用品不再添加等，以避免一次性消耗用品过度使用所导致的污染。

（3）将酒店的物资消耗和能源消耗降到最低点。例如，让客房随手关灯、随手关空调等绿色理念。

对达到或超过绿色酒店标准的酒店和餐馆，将准许使用绿色酒店的标志。目前，绿色酒店以“银杏叶”作为标志。

4.2 创建绿色酒店的意义

“绿色客房”是绿色酒店所提供的客房产品，它必须满足“绿色酒店”的一些基本要求，其包括客房设备的运行对环境的影响最小，客房物资消耗降到最低，客房环境符合安全卫生的标准，提供给客人良好的自然空间。

创建绿色客房具有以下意义。

4.2.1 节约能源，降低成本

据专家测算，全国创建1万家绿色酒店，将能节电30亿度，相当于目前三峡电站近一个月的发电量，167万个城市家庭一年的用电量；节水2亿吨，相当于20个西湖的水量，185万个城市家庭一年的用水量。客房是酒店创利大户，也是能源与物品的消耗大户。创建绿色客房，将为节约国家能源消耗，降低酒店的成本开支做出巨大贡献。

4.2.2 倡导绿色消费，树立良好形象

现在越来越多的顾客，特别是国外顾客开始关心环境问题。据调查，90%的美国人在消费时更愿意购买绿色产品，66%的美国人甚至愿意支付更高的价格购买绿色产品。在青少年消费群中，也有大多数的消费者更愿意购买绿色环保组织的企业产品。绿色客房倡导绿色消费，符合消费潮流的变革趋势，体现了企业具有较高的环境法制观念和环境道德观念，以及强烈的社会责任感，使顾客们感受到酒店在给他们提供优质服务的同时，也同样致力于保护环境和可持续发展。这将赢得消费者的尊敬与信赖，更赢得政府的支持，大大提高酒店的公众形象和知名度，给酒店创造很大的无形资产和商业机会。

4.2.3 稳定有志员工，有利于环境保护

通过创建绿色客房，使员工清楚意识到酒店经营除了商业化，还有社会责任和社会价值。这有利于提高员工工作的能动性和对酒店的信任，有利于员工队伍的稳定。利于增强酒店员工的环保意识和责任感，从而促进全社会的环保运动。

酒店对环境造成的污染有燃料燃烧时对大气的污染、排污水的污染，以及客房消耗物品所造成的固体废物污染等。创建绿色客房可以减少这些污染。

4.3 “绿色客房”活动的开展

4.3.1 绿色客房“6R”原则

客房作为酒店最重要的产品之一，在创建绿色酒店中占有非常重要的地位。绿色客房活动涉及的内容相当丰富，被国内外专家高度提炼成为“6R”原则。

1. 减量化原则（Reducing）

（1）减少客用物品的不必要包装。如相对固定进货渠道，建议生产厂商将非必要的包装减到最少。

（2）减少不必要的客用品的供应量。如拖鞋、梳子、牙刷、剃须刀等并非每天一换，有些是根据客人要求决定是否提供。

（3）减少布件的洗涤次数。如床单、被套可以不是每天更换，而是做到不同客人使用各自清洁的床上卧具，以减少水电消耗和减少排污量。

（4）降低洗澡用热水的温度（45℃），控制客房淋浴喷头、洗脸盆龙头每分钟的出水量，减少冲洗马桶的用水量等。例如，每个马桶的水箱里都放进一个装满水的雪碧瓶，据介绍，这样每次冲水都比原来减少一雪碧瓶容积的水，但根据科学测试，冲刷效果是一样的。

（5）减少客房的整理次数。不加区分地一天多次整理客房，有时不仅不能体现“服务质量”，还会妨碍和影响客人的工作与休息，同时增加了服务成本，增加了资源的使用。所以每天整理客房以一次为准，再视客人要求适当增加或减少整理客房次数是比较科学的。

减量化服务的开展要时刻注意客人的要求和反馈，以客人的需求为重，以客人的满意为先，故客房通常配有绿色服务提示卡。

2. 废物利用原则（Reusing）

将废弃的床单改制成小床单、洗衣袋、枕套、抹布等，提高其利用率。

3. 再生利用原则（Recycling）

注意回收旧报纸、易拉罐和玻璃瓶等，并将有机物垃圾专门堆放在一起，送往回收站，以便再生利用。

4. 替代使用原则（Replacing）

将客房放置的洗衣袋从塑料制品改为纸制品，或用可以多次使用的竹篮或布袋等代替。用天然棉麻布件替代化学纤维含量较高的布件等。用节能灯替代一般照明灯。

5. 添加使用原则（Refilling）

卫生间每天为客人配备的肥皂、罐装浴液、洗发液等卫生清洁用品，以前凡客人用剩的都扔掉，既浪费了资源，又污染了环境。绿色客房可将惯用的小罐子改成能添加的固定容器，以免浪费和污染。

6. 维修再用原则（Repairing）

加强客房设备设施的维修保养，在酒店允许的折旧年限内，尽可能延长使用寿命，对某些设施设备的配件应考虑其延伸使用。

在实施以上这些做法的同时，一定要记住一个重要的前提，即必须尊重客人的意愿，引导而不是强制，不影响设备用品的使用效果，不降低服务质量。这些做法可以通过在客房或酒店公共区域放置告示牌或提示卡形式使客人知晓。

4.3.2 酒店绿色活动实践

1. 客房中的提示卡

尊敬的宾客：

本酒店是世界环保计划的支持者。为响应“节约能源，保护环境”的倡导，我们希望尽可能减少床上卧具的洗涤次数，以节约水电消耗和减少排污量。如果您认为您床上卧具需要更换，请于早上将此卡置于枕头上。对此，我们酒店全体员工将十分感激您的举动！

绿色客房服务提示卡如图8-2所示。

图8-2 绿色客房服务提示卡

2. 客房内的绿色告示

尊敬的宾客：

您或许已经亲身感受到我们生存的环境正变得越来越令人担忧：水域污染使您可以垂钓、游泳的湖泊已经难以找到；而温室效应使“瑞雪兆丰年”成为一句日益遥远的谚语……为了保护我们的生存环境，节约资源，我们响应政府的号召，开展“创建绿色酒店”活动，并且已经在酒店各区域推出一系列“绿色服务”和“绿色产品”。

在餐厅就餐时，请您适量点菜，并将剩余的菜食带回家，我们将为您提供打包或存酒服务。本酒店不提供以野生保护动物为原料的菜肴，餐厅将向您推荐绿色食品，它们将更有利于您的健康。

为了节约水资源，减少污染，通常我们将不再更换可重复使用的棉织品，客房内备有卡片和告示，您若需要更换可告知我们。我们还为您准备了无烟客房，供您选择。一次性消耗用品的过度使用导致污染和浪费，因此请您尽量减少使用。在您用完之前，我们将不再添加，您需要时可以致电服务中心。

离开客房时请您关闭客房的电器和空调，以减少能源的消耗。鉴于废电池对土壤的严重污染，大堂设有废电池收集箱，请您将废电池放入此箱，我们将统一处理。

绿色消费不仅仅是一种口号、一个话题，它更是一种理念、一种品格、一种生活方式。环境保护不仅需要政府和专家的努力，更需要您的参与……

我们只有一个地球，正如我们只有一双眼睛。

让我们一起努力，共同创造一个充满绿色的美好明天。

实战演练

名称	创建绿色VIP客房
时间	1学时
要求	根据酒店规定的VIP客人的等级规格进行接待，以确保符合质量标准
准备	四星级客房套房一间；鲜花一束；酒具、水果盘、洗手盅各一个；总经理欢迎卡；绿色小盆景等
方法	先按5~8人一组由老师进行示范，然后每人分别进行实际操作

本项目总结

知识梳理

本项目主要讲了客房的常规清洁卫生内容、清洁技能及清洁卫生质量控制；客房计划卫生、公共区域清洁卫生及其质量控制；酒店“绿色客房”的活动开展。

主要概念

客房常规清洁　计划卫生　质量控制　公共区域卫生　绿色客房　住客房　走客房　空房　维修房

练习题

1. 客房清洁卫生的主要内容是什么？

2. 清洁客房前要做好哪几项准备工作？注意事项是什么？

3. 清洁住客房与退房有什么不同之处？应注意哪些问题？

4. 如何保持客房的清洁卫生质量？

5. 公共区域清洁卫生有哪些特点？如何保持公共区域的清洁卫生质量？

6. 试调查本地绿色酒店创建活动开展的现状、取得的成绩，以及存在哪些问题，并就存在的问题提出建议。

技能训练

【训练内容】

在实训室或者实训基地，依据客房清洁卫生标准，独立完成一间客房的清洁卫生程序。

【实训目标】

通过客房清洁卫生的训练，使学生深刻理解酒店客房部的清洁卫生业务，在完成岗位作业的活动中，掌握客房清洁卫生的操作标准与技能，清洁卫生的基本控制方法，促进学生岗位工作技能的提高。

【操作步骤】

1. 将班级每5~6位学生分成一组，每组确定1人负责。

2. 准备若干间客房，布置清洁任务，明确要求与注意事项。

3. 每个小组在老师的指导下，明确任务，制订工作计划与实施方法，分配任务。

4. 老师进行观察指导。

5. 结束后写出作业报告。

【成果形式】

撰写《对酒店客房部清洁作业的实训报告》。

【任务考核】

工作任务	评价方式		评价标准	分值
客房清洁作业	个人自评	20%	1. 在规定时间完成客房清洁任务 2. 任务完成符合工作标准 3. 完成任务的过程符合操作流程	100
	小组互评	40%		
	教师评价	40%		

项目9 客房服务接待

■ 学习目标

■ 知识目标

1. 了解对客服务的要求。

2. 掌握客房服务项目的程序与标准。

3. 了解客房服务的管理模式。

4. 理解客房优质服务的内涵。

■ 技能目标

1. 能够独立完成客房的各项服务。

2. 能够根据酒店实际情况，确定客房服务的模式并解释理由。

3. 能够对客房的服务项目提出更新改进意见。

4. 会运用优质服务的内涵评价各种服务现象。

■ 案例目标

1. 创设工作情境与问题，加深学生对客房项目的感性认识。

2. 掌握客房项目的技能与管理方法。

■ 实训目标

1. 使学生掌握基本的对客服务技能，体会如何与顾客沟通。

2. 在相互点评的过程中，培养学生观察事物、运用知识发现问题的能力。

■ 教学建议

1. 本项目建议用时5个课时。

2. 建议以任务引导的教学方法，在校内实训室授课。

3. 根据客房服务项目设计服务情景，学生以小组为单位，完成服务项目的操作要求，最后形成学生的实践成绩。

学习任务❶ 对客服务项目

【想一想，做一做】

1508房间的客人给楼层服务中心打电话，提出需要几袋茶叶。服务员不但马上给客人拿了茶叶，而且还多拿了几个杯子，送到了房间。客人从意外到惊喜，对这种细致的服务非常满意。这时，服务员又问客人一会儿是否有朋友来，客人说“是”，随后服务员又为客人送来几把椅子，客人特别高兴，给酒店写了感谢信并表示今后如有需要肯定还会来此酒店。

想一想

1. 服务员做得对，因为他根据客人要求提供几袋茶叶，判断出可能有客人来访，所以带来了茶杯。客人因为没想起要茶杯，看到服务员带来了茶杯感到很意外，感受到了服务员热情细心的服务。当服务员又送来椅子时，客人更感慨万分，对酒店提供的跟进式超值服务特别满意。

2. “为客人多做一点”不是一句口号，而是一种高标准的服务要求，是一种服务意识，是一种服务品牌，需要酒店工作人员在对客的服务中加以具体体现。

知识储备

1.1 客房服务设计的原则

客房服务是酒店服务的重要组成部分，在很大程度上体现了酒店的管理水平，客房服务是否周到、方便、有效，将直接影响顾客对酒店的评价。但是客房服务并不是越多越好、越高档越好，而是应该综合考虑酒店硬件环境、人员素质、酒店档次等影响服务内容的因素，实事求是地进行服务的设计与组织，并遵循以下三个原则。

1.1.1 符合顾客需求，符合国际惯例

及时准确地了解顾客要求，设计组织满足顾客需求的客房服务。例如，在设计客房服务之前，可通过分发调查问卷、了解其他竞争酒店所提供的服务、与顾客交流等方法，对酒店所针对的主要目标市场的需求做一个深入、细致的

了解，进行分析后，根据顾客的需求来设立服务项目。

1.1.2 符合酒店等级要求，符合国家及行业标准

根据酒店的硬件条件、酒店的价格等，适当地设计与酒店整体条件相适应的客房服务。不同档次的酒店，所投入的成本、向顾客收取的价格都是不同的，所以其服务项目的数量与规格也相应的有所区别。酒店在设计客房服务时应遵循一个“适度的原则”。

1.1.3 服务项目改进

客房服务的设计并不是一次成型的，而是一个不断更新、不断改进的过程。在酒店经营过程中，客房管理人员应根据顾客对现有服务内容的满意程度、顾客最新的服务需求、服务员从实践中得到的意见与建议、酒店设施改进、竞争酒店所推出新的服务项目、竞争环境的变化等因素进行相应的增补与修改。

1.2 客房服务项目

客房服务项目由洗衣服务、贵宾接待、小酒吧服务、送餐服务、访客接待服务、送茶服务、夜床服务、借用物品服务和叫醒服务组成。

1.2.1 洗衣服务

1. 服务内容

洗衣服务可分为水洗、干洗、熨烫三种。时间上分正常洗和快洗两种。正常洗多为上午交洗，晚上送回；若下午交洗，次日送回。快洗不超过4小时便可送回，但要加收50%的加急费。

2. 服务方法

最常见的送洗方式是客人将要洗的衣物和填好的洗衣单放进洗衣袋，留在床上或挂在门把手上。也有客人嫌麻烦请服务员代填，但要由客人亲自签名。洗衣单一式三联，一联留在楼层，另两联随衣物送到洗衣房。为了防止洗涤和递送过程中出差错，有的酒店规定，客人未填洗衣单的不予送洗，并在洗衣单上醒目注明。

送回洗衣也有不同方式。或由洗衣房收发员送进客房，或仅送到楼层，由服务员送入客房并放置在床上，让客人知道被洗的衣物已送回并可以检查衣物有否受损。按国际惯例，由于酒店方面原因造成衣物缺损，赔偿金额一般以洗涤费用的10倍为限。我国由于洗涤费用便宜，按10倍赔偿，客人也不满意。所以要求经手员工认真负责，不能出差错，否则会遭致投诉，给酒店造成经济损失和名誉影响。

1.2.2 贵宾接待

贵宾是指有较高身份、地位或因各种原因对酒店有较大影响力的客人，在接待中应受到尊重。“礼”即尊重，“仪”即尊重的表现形式。为了区别贵宾的重要性，酒店在接待上从客房布置、礼品的提供，到客房服务的内容都有所区别，以体现不同的待遇。

1. 贵宾范围

各酒店对于贵宾范围规定不一，大致包括以下几类。

（1）对酒店的业务发展有极大帮助，或者可能给酒店带来业务者。

（2）知名度很高的政界要人、外交家、艺术家、学者、经济界人士、影视明星和社会名流。

（3）本酒店系统的高级职员。

（4）其他酒店的高级负责人。

（5）酒店董事会高级成员。

2. 客房贵宾服务

（1）前期检查。接到贵宾接待通知书（详见表9-1）后，要选派经验丰富的服务员将房间彻底清扫，按规格配备各种物品，并在客房内摆放有总经理签名的欢迎信、名片，摆放酒店的赠品，如鲜花、果篮、饮料等；房间要由客房部经理或主管严格检查，然后由大堂副理最后检查认可。

（2）抵达后的服务接待。贵宾在酒店有关人员陪同抵达楼面时，客房部主管、服务员要在梯口迎接问候。贵宾在住店期间，服务员应特别注意房间卫生，增加清扫次数。对特别重要的贵宾，应提供专人服务，随叫随到，绝对保持高水准的服务。

（3）贵宾离店送行。做好贵宾离店前的准备工作，并按接待规格送行。

表9-1 贵宾接待通知书

姓名	国籍	身份	到达日期、时间及航班、车次	离店时间及航班、车次	安排房号	陪同姓名	房号

接待规格：

1. 迎送　A. 大堂副理 □　B. 部门经理 □
　　C. 副总经理 □　D. 总经理 □
2. 入住　A. 总台登记 □　B. 客房登记 □
　　C. 陪同登记 □　D. 团体迎候 □
3. 看望　A. 大堂副理 □　B. 部门经理 □
　　C. 总经理 □
4. 鲜花　A. 花束 □　B. 花篮 □
5. 水果　A. 果盘 □　B. 果篮 □
6. 饮料　A. 一次性 □　B. 折扣 □
　　C. 全免 □　D. 每天 □
7. 点心　A. 巧克力 □　B. 蛋糕　一般□　生日 □
8. 用车　A. 折扣 □　B. 全免 □
　　C. 专车 □
9. 用餐　A. 标准收费__元　B. 优惠收费__%
　　C. 全免 □　早餐__元午餐__元晚餐__元
　　D. 专座 □
10. 用房　A. 折扣□__%　B. 套房□　C. 全免□
11. 其他

接待人：__________检查时间__________

填表人：__________批准人__________日期__________

分送：总经理□　大堂副理□　公关部□　保安部□　客房部□　总机□

1.2.3　小酒吧服务

为方便客人在房间享用酒水饮料的需求，同时增加酒店客房收入，中高档酒店的客房必须配备小冰箱或小酒吧，存放一定数量的饮料和干果，供客人自行取用。收费单放在柜面，一式三联，上面注明各项饮料食品的储存数量和单价，请客人自行填写耗用数量并签名。

服务员每天上午清点冰箱内饮料食品的耗用量，与收费单核对。如客人未填写，则由服务员代填。核对无误后，交客房服务中心。单据的第一、二联转给前厅收银处，费用填入客人账单。第三联由领班统计，填写楼层饮料日报表，作为到食品仓库领取补充品的依据。

客房迷你吧台如图9-1所示。

图9-1　客房迷你吧台

1.2.4　送餐服务

送餐服务又称送房服务，是指某些客人由于生活习惯或特殊要求，如起早、患病、会客等，要求在客房用餐的一种送餐到客房的餐饮服务。现在中高档酒店按规定必须实行这项服务，多由餐饮部的客房餐饮服务专司其职。低档酒店在客人提出要求时也应当尽力满足，可由客房服务员兼管。

1. 定餐

客房用餐分为早餐、便饭、小吃、点心、夜宵等。客人若需要在客房用早餐，应于前一天晚上在客房备有的早餐牌上选好食物种类，注明用餐时间，然后将其挂在房门外把手上，由服务员定时收集，代向餐饮部定餐员定餐。客人也可直接打电话定餐。

2.送餐

送餐由餐饮部送餐员直接送进房间（如图9-2所示）。送餐车必须有保温装置，防止送到时饭菜温度不够，影响质量。

图9-2　客房送餐服务

1.2.5　访客接待服务

楼层服务员对来访客人的接待，应该像对待住客一样热情礼貌。在征得住客同意后，迎领来访者进房间。访客常常是酒店产品潜在的购买对象或者对住客有相当大的影响力。如果忽略来访客人的服务，必会引起双方客人的不快，影响其对酒店服务的总体印象，甚至会促使住客搬出酒店另寻住所。

1.2.6 送茶服务

送茶服务是指宾客入住时客房服务员热情、主动地进房送上欢迎茶，并向宾客表示问候的一项服务。虽然，现代酒店服务的发展使传统的“客到、茶到、毛巾到”的做法有所变化，但在高星级酒店的重要客人接待中，送茶服务仍然是一项体现热情、体贴和礼遇规格的服务项目。

1.2.7 夜床服务

客房晚间整理又称夜床服务，是酒店为宾客提供的一种寝前整理，旅游酒店一般都提供此项服务，客房晚间整理能体现酒店客房服务水平，使客人感到舒适温馨、有到家的感觉。夜床服务包括房间整理、开夜床和卫生间整理三项工作。

1.2.8 借用物品服务

客房内配备的物资用品不可能满足客人的全部需要。尤其是女客，常会要求借用一些物品，如电吹风、电熨斗、熨衣架、婴儿摇床等。客房部应配备这类客人可能需要的物品，在服务指南中标明，以显示服务周到。

1.2.9 叫醒服务

叫醒服务由酒店总机室负责提供，但如电话振铃无法叫醒熟睡中的客人，接线员必须请客房服务员前去敲门，直到叫醒为止。在低星级或非星级旅游酒店，虽然国家旅游局未规定必须有此服务，但客房服务员仍会按客人需要在早晨某一时间叫醒客人。在讲究细心服务的酒店，客房服务员还会按客人需要按时提醒客人与客户电话联系、外出会客、吃药等，将单纯叫醒服务扩大为“提示服务”。

实战演练

名称	洗衣服务
时间	1学时
要求	掌握收取客衣的程序、标准和操作要领
准备	（1）实训场地（建议在模拟客房或全真的实训环境中进行） （2）衣物、洗衣袋、笔、洗衣单、客衣登记表 （3）模拟客人与客房服务员的角色
方法	讲解、示范、情景模拟、实际操作
要点	注意进房收取时机，衣物核对检查，衣物的归还，投诉处理要领

学习任务② 对客服务的管理模式

【想一想，做一做】

某酒店按三星级标准建造，是较为典型的商务酒店。有客房200间，现客房总监面临选择：购买一套内部传呼系统和设备需花80万元，客房人员需配备40名，如果不买设备，则客房人员需多配备15人，假如你是客房总监，你怎样选择？为什么？

想一想

由于受不同设施、设备和人力条件的限制，在对客服务的模式上，各酒店采用了不同的形式。国外酒店以采用客房服务中心模式居多，而我国过去多采用楼层服务台的形式。前者注重用工效率和统一调控，后者突出面对面的对客服务。不同的客房服务模式对客房部的岗位设置和人员配备量上有较大区别。各个酒店应根据自身的条件和特点，选择不同的服务模式。

2.1 客房服务模式

2.1.1 楼层服务台

酒店客房区域内各楼层的服务台称为楼层服务台或楼面服务台，它发挥着前厅部总服务台驻楼面办事处的职能，24小时设专职服务员值班，服务台后面设有供客房服务员使用的工作间。楼面服务台受客房部经理和楼面主管的直接领导，同时在业务上受总服务台的指挥。作为一种传统的接待服务组织形式，楼层服务台有其弊端但也有其特有的优势。

1. 楼层服务台的优点

（1）具有亲切感

这是楼层服务台最突出的优点，也是最能体现、最能代表“中国特色”的优点。由于楼层值台人员与客人的感情交流，更容易使客人产生“宾至如归”的感觉。

（2）保证安全和方便

由于每个楼层服务台均有服务人员值班，因此，对楼层中的不安全因素能及时发现、汇报、处理；同时，客人一旦有疑难问题需要帮助，一出客房门就能找到服务员，极为方便，使客人心里踏实。在以接待内宾和会议客人为主的酒店里，甚至在一些豪华酒店里，楼层服务台仍受到客人们的欢迎。

（3）有利于客房销售

对于有关客人入住、退房、客房即时租用的情况，楼层服务台能及时准确掌握，有利于前台的客房销售工作。

（4）能加快退房的查房速度

这样避免使结账客人等候过久而产生不愉快的感受。

2. 楼层服务台的缺点

（1）造成劳动力成本较高

由于楼层服务台均为24小时值班，要随时保证有人在岗，因此，仅值台一个岗位就占用了大量人力，由此给酒店带来较高的劳动力成本。在劳动力成本日益昂贵的今天，许多酒店淘汰这种服务模式的最主要原因即在于此。

（2）服务质量较难控制

人虽然是酒店的重要要素，但也是服务质量控制的不确定因素，故分布在每个楼层的服务台势必造成管理幅度的加大，每个服务台上的服务员的素质水平多少又有些差异，一旦某个服务员出现失误，将会直接影响整个酒店的声誉。

（3）易使部分客人产生被“监视”的感觉

生活在现代社会的人们，尤其是一些西方客人对自身的各种权利非常重视，特别是个人的隐私权，因此，出入酒店的客人更希望有一种自由、宽松的入住环境。再加上有些酒店的值台服务员对客人的服务水平缺乏灵活性和艺术性，语言、表情、举止过于机械化、程序化，更使客人容易产生不快，甚至感觉出入客房区域受到了“监视”。

2.1.2 客房服务中心

为了使客房服务符合以“暗”的服务为主的特点，保持楼面的安静，尽量减少对客人的干扰和降低酒店的经营成本，越来越多的酒店采用客房服务中心的服务模式。客房楼层不设服务台，而是根据每层楼的房间数目分段设置工作间。工作间不担任接待客人的任务。客人住宿期间需要找客房服务员时，可以直接拨内线电话通知客房服务中心，服务中心实行24小时值班制，在接到客人要求提供服务的电话后，通过酒店内部的呼叫系统通知客人所在楼层服务员上门为客人服务。

作为从国外引进的一种服务组织形式，服务中心在实际运转中也有其利弊，研究其利弊对提高客房管理水平，同时进一步完善这种形式使之更适合我国旅游酒店的客房管理工作都具有重要的意义。

1. 客房服务中心的优点

（1）突出“暗”服务。从对客服务的角度看，客房服务中心最突出的优点就是给客人营造了一个自由、宽松的入住环境；同时，使客房楼面经常保持安静，减少了对客人的过多干扰。另外，由于客人的服务要求由专门的服务人员上门提供，能让客人感受到更多的个人照顾，符合当今酒店服务行业“需要时服务员就出现，不需要时就给客人多一些私人空间”的趋势。

（2）降低成本、提高劳动效率。从客房管理工作的角度来看，采用服务中心的模式加强了对客服务工作的统一指挥性，提高了工作效率，强化了服务人员的时效观念。服务信息传递渠道畅通，人力、物力得到合理分配，有利于形成专业化的客房管理队伍。尤为重要的是，采用服务中心的形式大大减少了人员编制，降低了劳动力成本，这在劳动力成本日益提高的今天尤其重要。

2. 客房服务中心的缺点

采用服务中心的模式同样也存在一些不足。比如，由于楼层不设专职服务员，给客人的亲切感较弱，弱化了服务的直接性；遇到一些会议客人、团体客人时，他们的服务要求一般比较多，让客人不停地拨打服务中心的电话，必定会不耐烦。如果有些客人出现一些急需解决的困难，服务的及时性必将受到影响。另外，采用服务中心的模式对楼层上的一些不安全因素无法及时发现和处理，在某种程度上影响了住客的安全。

2.2 服务模式的选择依据

酒店到底选择哪种服务模式，都要根据酒店自身的实际情况及考虑客人的需要来决定，比较理想的服务组织形式应该既能体现酒店自身的经营特色又能受到绝大多数客人的欢迎。在实际运作时，下面两个因素可供参考。

首先，考虑本酒店的客源结构和档次。如果酒店客源结构中外宾、商务散客占绝大多数的话，则可以采用服务中心的模式；如果酒店以接待会议团队客人为主，且又以内宾占绝大多数，采用楼层服务台的模式更合适；如果客源构成比较复杂，则可考虑将两种模式结合起来，比如白天设楼层服务台，晚上由服务中心统一指挥协调，只是应在服务指南中向客人说明。

如果酒店的档次很高，则可以采用楼层服务台模式，增加服务的密度；反之，采用客房中心模式。如果酒店是占地面积较大，庭园式的，则采用楼层服务台模式；这样可以提高服务效率，减少服务员不必要的路程。

其次，考虑本地区的劳动力成本的高低。经济发达地区劳动力成本较高，酒店相对采用服务中心的组织形式就比较多；反之，则采用楼层服务台的比较多。当然这样的情况也不尽然，在有些大城市的豪华酒店里，由于当地劳动力市场的原因，这些酒店大量雇用了内地一些旅游职业学校的学生，由于这些劳动力成本较低，酒店又能保持高水准的人工服务，因此，在一些大城市的豪华酒店里仍有不少采用了楼层服务台的模式。

实战演练

名称	送茶服务
时间	1学时
要求	在两种不同的服务模式下，快速将顾客服务的需求信息传递给相应的服务人员，并且实施送茶服务
准备	（1）实训场地（建议在全真的实训环境中进行） （2）电话、茶具等 （3）模拟客人及客房服务员的角色
方法	讲解、示范、情景模拟、实际操作
要点	注意礼貌礼仪、服务的姿势与要领

学习任务③ 客房优质服务

【想一想，做一做】

酒店728房间是某公司李先生的长期包房。服务员小明在每次为其清洁房间时，发现李先生的香皂总是完好如初地摆在那里，但小瓶沐浴露和洗发液用得却很快，经常需要替换。在客人闲暇时，小明向客人询问为什么不使用香皂时，得知李先生对香皂过敏。小明便把客人的情况报告给经理。此时，酒店正在改进客用品的制作及配备标准，根据小明反映的情况，酒店为李先生配备了固定在卫生间墙壁上的瓶装二合一沐浴洗发液。小明在清洁房间完毕后，还特意为客人在面盆旁边多放了一瓶“二合一”沐浴洗发液，以备客人取用。李先生对酒店及服务员的细心感到非常满意，并且要求小明长期为他做房间卫生。

想一想

标准化的服务是每个服务员都可以做到的，但是个性化的服务则需要服务员细心去体会与观察，发现客人的特殊需求并在客人提出要求之前就提前想客人之所想，满足客人潜在的需求，这才能算是高质量的服务。

1. 服务员小明的做法值得提倡，作为一名合格的服务员就应该学会细心观察客人的生活习惯，并根据客人的需求，提供令客人满意的个性化服务。

2. 通过上述案例说明，部门应加强对员工进行服务意识的培训，使员工养成良好的服务意识。

知识储备

著名的酒店管理专家、服务哲学创始人斯塔特勒曾说："酒店唯一出售的产品就是服务，卖好服务的酒店是好酒店，卖劣质服务的酒店是劣质酒店"，一个优秀的酒店应该是向顾客提供优质服务的酒店。

现代社会，顾客需求多元化，酒店的竞争更多地体现在服务的竞争上，服务的竞争就好比是逆水行舟，不进则退。所以树立提高从业人员的服务意识，向顾客提供优质服务的行为非常重要。

3.1 优质服务的含义

什么是优质服务，服务业的经营者和管理专家们经过长期的探索，至今缺乏权威性的定义。可能是优质服务的内容太丰富了，无法用几句话来准确概括。目前无论国内还是国外，应采用标准化服务还是个性化服务是一个争论不休的话题，人们的共识是：标准化是基础，个性化是趋势。采用个性化还是标准化服务都与酒店的档次有关，中低档倾向标准化服务，高档酒店倾向标准化和个性化服务的统一。

我们认为优质服务就是最大限度地满足客人的正当需求，为客人提供舒适、洁净的客房，并提供宾至如归的一流服务，主动提供超常的个性化的服务。即用一个公式可以概括为：优质服务=规范服务+个性服务。

1. 规范服务

规范服务是用描述性语言对酒店某个特定的服务过程所包含的内容和作业顺序，规定其所应达到的规格和标准。因此规范服务也称标准服务，是人们长期从事实践活动并从中总结出来的。规范服务的特点：效果标准、强制性、科学合理性（即符合宾客基本需要、符合作业规律）。规范涵盖了酒店已经制定的规章制度、作业流程和作业标准。规范服务是服务质量的基础，酒店员工是否能严格执行服务规范，是其服务质量能否稳定在较好水平的重要保障。

2. 个性服务

人与人不同，需求也有不同，仅靠规范服务不可能充分满足所有客人的所有要求。所谓个性化服务就是酒店努力满足顾客的个体需求，超规范需求，提供针对性服务。个性服务分为两个层次：第一层次是被动的，是由客人提出非规范需求，酒店满足他；第二层次是主动的，是指服务员以强烈的服务意识去主动接近客人，了解客人，设身处地地揣度客人的心理，从而有针对性地提供服务，也称主动周到服务。个性服务的特点有：其一是内容广泛，不同的人有不同需求；其二是服务针对性强，不能预先制定；其三是服务随机性强，不能提前准备。因此，个性服务要求酒店员工尤其是一线员工必须有高度的责任心，有强烈的服务意识，处处以客人为重。其次酒店员工要知多见广，灵活应变，机智多谋。个性服务是服务的高级阶段，是优质服务的表现形式之一，它能使顾客满意，从而成为回头客人和忠诚顾客。

3.2 客房优质服务的“十要”

向顾客提供优质服务，并不是一件轻而易举的事。应该怎样服务顾客才会满意，这是酒店服务人员从每天的实践中悟出来的，这些感悟可以归纳为优质服务“十要”。

一要对顾客的需求保持敏感。对顾客的需求保持敏感，体现了服务的真谛。要善于发现与记住顾客的需要，并且对顾客的需求做出敏捷的反应。如果我们能预见顾客的需要，在客人开口之前，就提供他所需要的服务，客人一定会满意。

二要提升服务的速度。随着生活节奏的加快，顾客对服务速度的要求越来越高。顾客通常都是不愿意等待的。服务速度慢不仅是个工作效率的问题，它会使顾客觉得酒店对他们不重视、不热心，甚至认为故意怠慢他们。

三要始终关注细节。酒店服务的好坏，常常是由许多“细节”区分的。细微之处见精神。这些细枝末节，让客人感受到酒店为客人着想的确无微不至，在服务上力求尽善尽美的努力，使客人感受到酒店的服务是质价相符、物有所值的。

四要有真诚的微笑。微笑所表达的是对他人的友谊、尊重、宽容等美好情感，这种情感是人人都需要的。微笑是人人都理解的世界语言，它是人们沟通的桥梁，情感连结的纽带。笑一笑，人与人之间就不再有鸿沟，一下子就缩短了距离。建立良好的宾客关系，酒店需要微笑的神奇魔力。

五要把握服务的火候。服务是一门艺术，讲究恰到好处。把握好服务的火候，是让顾客愉快的前提。

六要扩展服务内容。做到“人无我有，人有我优，人优我特”。

七要有娴熟的服务技能。客人到酒店来，是来享受服务的。员工的服务技能不仅仅是服务效率问题。员工娴熟的服务技能，能使服务变得赏心悦目，会给顾客以美的享受，从而提升服务的品位与价值。

八要提供更多的便利。古语说：在家千日好，出门时时难。这好与难的区别就在于在家什么都方便，出门就有诸多不便。人们都希望便利而怕麻烦。酒店许多服务项目的设立，目的就是为顾客提供各种便利。酒店若能为顾客着想，提供更多的便利，这样的服务将受到欢迎，这样的酒店才能成为顾客的家外之家。

九要满足特殊要求。顾客的特殊要求往往是顾客认为酒店服务中最有价值、最重要的部分。这种特殊需求，对酒店来说是一种挑战，能满足顾客的特殊需求，往往表明酒店具有超越同行的服务质量。

十要用顾客语言说话。即按顾客所期望的、可以接受的方式为顾客服务。在顾客看来，只有这种服务方式，自己才是被尊重、被理解的，也才是愉快的。

总之，让顾客得到愉快的住店经历，要求酒店服务人员用心为顾客服务，尽力去满足客人一切合理的物质与精神上的需求。

实战演练

项目名称	VIP宾客接待服务
时间	2课时（包括测试时间）
要求	掌握客人抵店时引领带房的程序、标准和操作要领
准备	（1）实训场地（建议在全真的实训环境中进行） （2）茶具、香巾、水果、名片、鲜花（已造型）等 （3）VIP客人接待通知书 （4）模拟客人及大堂副理、主管、领班、接待服务员的角色
方法	讲解、示范、小组情景模拟、实际操作
要点	VIP准备、客房布置、抵达迎接、过程服务

学习任务❹ 客房服务质量控制

【想一想，做一做】

有一次，赵先生因公事下榻某酒店。进去的时候，有一个部门经理模样的人正在和他的下属员工谈话。说是谈话，其实在大声训斥另一个人。赵先生办理入住过程约5分钟，这个经理一直在呵斥，责备他的员工工作为什么总是粗心大意，以致经常出差错引起客人投诉。其他员工就在这种呵斥声中工作，似乎习以为常。赵先生认为他们这样很不好，对他这个在场的顾客不礼貌，对员工也非常不尊重，也非常不公平（虽然赵先生无从知道他犯了什么错误）。

想一想

1. 这个部门经理与员工的谈话有无不妥之处？

2. 管理者的这种管理方式对员工的工作有什么影响？对员工的管理有效吗？为什么？

3. 该酒店的经理应如何预防员工在工作上的失误？

知识储备

4.1 服务质量概念

4.1.1 服务质量定义

所谓服务质量（Service Quality）是指酒店以设备或产品为依托的劳务适合和满足宾客物质及精神需求的程度。适合并满足的程度越高，服务质量就越好；反之，则服务质量越差。

4.1.2 客房服务质量的构成

客房服务质量是由以下三方面内容构成的。

1. 客房设备设施及用品。客房设备设施及用品包括客房家具、电器设备、卫生间设备、防火防盗设施、客房备用品和客房供应品的质量。这些是客房服务提供的物质基础，其舒适完好程度如何，直接影响到整个客房服务的质量。

2. 客房环境质量。客房环境质量主要是指客房设施设备的布局和装饰美化，客房的采光、照明、通风、温湿度的适宜程度等。良好的客房环境能使客人感到舒适惬意，产生美的享受。

3. 劳务质量。劳务质量是客房部一线服务人员对客人提供的服务本身的质量。它包括服务态度、服务语言、服务的礼节礼貌、服务方法、服务技能技巧、服务效率等。

在这三方面中，设备设施用品和环境的质量是有形的，构成了客房的硬件设施；劳务质量是无形的，构成了客房的软件设施，却又是服务质量的最终表现形式。二者的有机结合，便构成了客房服务质量。

4.2 客房服务质量标准的建立

所谓标准，就是对重复性事物和概念所作的统一规定，作为共同遵守的准则和依据。客房质量标准的建立与实施是质量管理的基础，是酒店一切工作的依据，包括培训依据、检查依据、考核依据、质量管理的依据、定价依据。标准的建立要有一个度，过严和过宽都不合适。

根据客房服务质量标准的设计所要考虑的因素，客房服务质量的标准应包括十个方面的内容。

4.2.1 服务工作（内容）标准

服务工作标准主要指酒店为保证客房服务质量水平对服务工作所提出的具

体要求。服务工作标准不对服务效果做出明确的要求，只对服务工作本身提出具体要求。例如，客房床单应每日更换一次；大堂地面必须每天定时吸尘。

4.2.2 服务程序标准

服务程序标准指将服务环节根据时间顺序进行有序排列，既要求做到服务工作的有序性，又要求保证服务内容的完整性。例如客房接待服务有四个环节，即客人到店前的准备工作、客人到店时的迎接工作、客人住店期间的服务工作、客人离店时的结束检查工作，其中每个环节又进一步细分出很多具体的步骤和要求，如果这个环节中有一个步骤出现问题，都会使客房服务质量受到很大影响。因此，确定客房服务程序标准是保证服务质量的重要举措。

4.2.3 服务效率标准

服务效率标准指在对客服务中建立服务的时效标准，以保证客人得到快捷、有效的服务。例如，客房服务中心接到客人要求服务的电话，3分钟内必须为客人提供服务；客人交付洗烫的衣物必须在24小时以内交还客人等。

4.2.4 服务设施用品标准

服务设施用品标准指酒店对客人直接使用的各种设施和用品的质量与数量做出严格的规定。设施和用品是酒店服务产品的硬件部分，其使用标准制定的高低直接影响到客房产品质量水平的一致性。如果客房中的一次性牙刷和牙膏质量低劣，客人就往往会在使用这些劣质用品时对酒店整体的质量水平产生怀疑和不满。

4.2.5 服务状态标准

服务状态标准指酒店针对给客人所创造的环境状态、设施使用保养水平提出的标准。例如，客房设施应保持完好无损，所有电器可以正常使用，卫生间24小时供应热水，地毯无灰尘和无霉变。

4.2.6 服务态度标准

服务态度标准指对服务员提供面对面的服务时所应表现出的态度和举止礼仪做出的规定。如服务员需实行站立服务，接待客人时应面带自然微笑，站立时不得前倾后靠和双手叉腰以及搔头挖耳，当着客人面不得高声喧哗、吐痰、嚼口香糖等。

4.2.7 服务技能标准

服务技能标准指客房服务员所应具备的服务素质和应达到的服务等级水平以及语言能力，规定服务人员所应具有的服务经验和所应掌握的服务知识，规定特定岗位上的服务人员能够熟练运用的操作技能。如一名客房清扫员应能在

30分钟左右完成一间标准客房的清扫工作。

4.2.8 服务语言标准

服务语言标准指酒店规定的待客服务中所必须使用的标准化语言。酒店在欢迎、欢送、问候、致谢、道歉等各种场合下要求员工使用规范语言。如规定服务中使用的敬语口诀：“请”字当头，“谢谢”不断，见面时“您好”，离别时“再见”，得罪客人时“对不起”，客人谢谢时“没关系”等；同时酒店也应明确规定服务忌语，如规定在任何时候不能回答客人说“不知道”。使用规范化语言可以提高服务质量，确保服务语言的准确性。

4.2.9 服务规格标准

服务规格标准指酒店对各类客人提供服务所应达到的礼遇标准。例如，规定对入住若干次以上的常客提供服务时必须称呼客人姓名；对入住豪华套房的客人提供印有客人烫金姓名的信纸信封；对VIP客人的房间要放置鲜花、果篮。

4.2.10 服务质量检查和事故处理标准

这是对前述服务标准的贯彻执行所制定的标准，也是酒店服务质量的必要构成部分。发生服务质量事故，酒店一方面要有对员工的处罚标准；另一方面也要有事故处理的程序和对客补偿、挽回影响的具体措施。

4.3 客房服务质量控制的主要环节

要有效地实现计划目标，必须实行有效的控制。所谓控制，就是监督各项活动，纠正各种重要偏差，以保证下属的行为和各项活动按照计划进行的过程。服务质量的控制必须做到准确、及时、有效，具体可采用以下方式。

4.3.1 事前控制

事前控制是质量管理的最高境界，起到防患于未然、未雨绸缪的作用，事前控制包括两方面的准备。

1. 精神准备。要求每个服务人员必须精神饱满、思想集中、着装整洁、规范上岗。必要时要事先了解客人的身份、生活习惯等，以便有针对性地提供服务。

2. 物质准备。

物质准备包括前厅、客房、安全保卫等各方面的准备工作。保证宾客一进店，就能提供满意的服务。例如，客房部要检查房间的设备是否齐全完好，房间是否整洁，布置是否美观、舒适，用品配备如何等，以确保客房质量标准。

4.3.2 过程控制

过程控制是现场管理的体现，过程控制起到随时发现问题、解决问题、纠正偏差的作用。过程控制使可能出现的问题消灭在萌芽之中，是客房服务全过程中的关键环节，直接影响到宾客的满意程度和酒店的声誉。接待服务过程的质量控制主要有以下两方面内容。

1. 严格执行接待服务规范，加强服务质量检查。特别是对接待服务的关键部门、岗位或薄弱环节要实行重点的有效控制。如接待重要来宾时，关键部门的经理24小时待命，不断巡视检查，及时发现问题并解决。

2. 充分利用质量信息反馈系统，反思质量管理中存在的问题。及时搜集接待服务过程中的各种质量信息，进行分析研究，找出质量问题产生的原因，采取改进措施，进一步提高服务质量。如发现服务质量标准存在问题，要认真进行研究，加以必要的修订。

3. 巡视检查。在不断的巡视中发现问题，解决问题，并将发现的问题及时进行分析总结，作为培训工作及指导工作的案例。

4.3.3 事后控制

接待服务结束工作的质量控制，是客房全过程质量控制的最后一个环节，也是酒店服务质量问题的暴露较为明显的阶段，这个阶段质量控制有时可能起到亡羊补牢为时不晚的作用，也可能是锦上添花的效果。其主要内容包括以下几方面。

1. 服务人员要主动、诚恳地征求意见，对服务质量不足之处要表示歉意。对一些未尽事宜或宾客提出的要求和投诉，要尽可能给予补救和答复。

2. 掌握宾客离店时间，认真核对宾客的账单，保证准确、及时结账，防止漏账。

3. 宾客离店时，主动告别，并表示感谢，欢迎下次光临。

4. 宾客离店后正确处理宾客遗留、遗弃物品。做好新一轮的服务接待准备工作，以迎接下一批宾客的到来。

实战演练

名称	VIP客房检查
时间	2课时
要求	掌握客房检查的内容、标准，并发现问题
准备	（1）实训场地（建议在全真的实训环境中进行） （2）设计被检查的客房，将问题埋设其中 （3）模拟客人及大堂副理、主管、领班的角色
方法	讲解、示范、小组情景模拟、实际操作
要点	设备检查，物品检查，接待要求检查

本项目总结

知识梳理

本项目主要讲述客房服务的项目，服务项目的操作要求；从管理角度讲述了客房的管理模式，不同管理模式的优点与缺点，阐述了优质服务的内涵，以及客房服务质量的控制方法。

主要概念

客房服务项目　客房服务模式　优质服务　客房服务质量

练习题

1. 分析不同住客类型的客房服务需求有什么不同?

2. 客房部在设立对客服务项目时，需要考虑哪些方面的因素?

3. 客房服务的主要内容包括什么?

4. 有哪几种客房服务的模式？分别有什么优缺点?

5. 客房服务质量的构成要素有哪些？客房服务质量标准的内容是什么?

6. 客房服务质量控制的主要环节是什么?

7. 什么是客房的优质服务?

8. 什么是客房的个性化服务？如何提供个性化的服务?

技能训练

【训练内容】

在学校实验室老师的带领与安排下，设计楼层迎宾服务的情景，以小组为单位，采取角色扮演法，在规定的时间完成楼层迎宾、送茶、介绍设备等服务操作，并且要求学生点评服务质量。

【实训目标】

通过楼层迎宾服务项目的训练，使学生掌握基本的对客服务技能，体会如何与顾客沟通，并且在相互点评的过程中，培养学生观察事物、运用知识发现问题的能力。

【操作步骤】

1. 将班级每5~6位学生分成一组，每组确定1人负责，安排在学校实验室进行操作。

2. 老师对学生进行操作前培训，明确要求与注意事项。

3. 两位学生扮演客人，一位学生扮演迎宾员，完成迎宾、引路、茶水、介绍等服务。

4. 一位学生点评，小组与小组之间相互评分。

5. 结束后指导老师给出作业成绩。

6. 各组在班级进行交流、讨论，写出楼层迎宾服务的操作流程与标准以及注意事项。

【成果形式】

撰写《酒店楼层迎宾服务的操作流程与操作标准》。

【任务考核】

工作任务	评价方式		评价标准	分值
客房迎宾作业	个人自评	20%	1. 迎宾流程 2. 引领宾客的姿态 3. 介绍得当 4. 应变能力	100
	小组互评	40%		
	指导老师评价	40%		

项目10 客房设备用品使用与保养

■ 学习目标

■ 知识目标

1. 了解客房设备与选择。
2. 熟悉客房设备的使用与保养要求。
3. 掌握客房布件的日常管理。
4. 掌握客房用品的消耗定额计算方法。

■ 技能目标

1. 会使用客房的设备。
2. 能够对一般的设备进行保养。
3. 能够制定客房布件和用品的管理办法。

■ 案例目标

1. 创设工作情境与问题，加深学生对客房项目的感性认识。
2. 掌握客房项目的技能与管理方法。

■ 实训目标

1. 培养学生对客房设备用品管理意义的理解。
2. 在完成作业过程中，增进酒店物资使用与管理的意识，学会基础的客房物品管理方法。

■ 教学建议

1. 本项目建议用时4个课时。
2. 建议以任务引导的教学方法，在教师的指导下完成任务。
3. 聘请酒店设备部门的员工或者主管与专业教师一起授课。

学习任务❶ 客房设备

【想一想，做一做】

入夏，正值滨城大连的旅游旺季。某二星级酒店多年来遵循“二星级酒店，五星级服务”经营之道，以服务热情、周到而闻名，但近来常因设备老化引起客人抱怨。这几天，酒店中央空调又运转失灵，使得房间闷热，客人身体不适。于是，客人纷纷投诉，有些客人入住当晚就要求退房，这给酒店造成了经济上和声誉上的损失，也影响了酒店未来的客源市场。

想一想

1. “硬件不行软件补”、“二星级酒店，五星级服务”这种说法对吗？为什么？

2. 客房设备在酒店经营中的作用是什么？

3. 如何进行客房设备管理工作？

知识储备

1.1 客房设备分类与选择

1.1.1 客房设备分类

客房设备主要包括家具、电器设备、卫生设备、安全装置及一些配套设施。

1. 家具

家具是人们日常生活中必不可少的主要生活用具。客房使用的家具主要有卧床、床头柜、写字台、软座椅、小圆桌、沙发、行李架、衣柜等。

2. 电器设备

客房内的主要电器设备包括以下几个。

（1）照明灯具。客房内的照明灯具主要有门灯、顶灯、地灯、台灯、床头灯等。它们既是照明设备，又是房间的装饰品。

（2）电视机。电视机是客房的高级设备，可以丰富客人的生活。

（3）空调。空调是使房间保持适当温度和调换新鲜空气的设备。

（4）音响。供客人收听有关节目或欣赏音乐的设备。

（5）电冰箱。为了保证客人的饮料供应，在客房内放置小冰箱，在冰箱内放置酒品饮料，方便客人随意饮用。

（6）电话。房间内一般设两架电话机，一架放在床头柜上，另一架装在卫生间，方便客人接听电话。

3. 卫生设备

卫生间的设备主要由洗脸台、浴缸、坐厕、毛巾架、镜子、灯具、垃圾桶等组成。

4. 安全装置

为了确保宾客安全，客房内一般都装有烟雾感应器，门上装有窥视镜和安全链，门后张贴安全指示图，标明客人现在的位置及安全通道的方向。楼道装有电视监控器和自动灭火器。安全门上装有昼夜照明指示灯。

选择客房设备是为了选购技术上先进、经济上合理、适合酒店档次的最优设备，有利于提高酒店的工作效率和服务质量，满足宾客需求。每个酒店要根据自身的特点，确定客房设备的选择标准，这是进行客房设备管理的基础。

1.1.2 客房设备选择的标准

1. 设备选择标准

（1）适应性。适应性是指客房设备要适应客人需要，适应酒店等级，与客房的格调一致，造型美观，款式新颖。

（2）方便性。方便性是指客房设备的使用方便灵活，简单易操作，同时易于维修保养、工作效率高的设备。

（3）节能性。节能性是指能源利用的性能。随着水、电能源的日益紧张，人们的节能意识也在逐渐加强。酒店用电、用水量都比较大，节水、节电成了大家比较关心的问题。在选择设备时，应该选择节能设备。

（4）安全性。安全是酒店客人的基本要求。在选择客房设备时要考虑是否具有安全可靠的特性和是否装有防止事故发生的各种装置，商家有无售后服务也是设备安全的重要保证。

（5）成套性。成套性是指各种设备的配套，以保持家具的一致性和外观的协调性。

（6）可发展性。为了配合新时代商务旅客对酒店服务的需要，酒店在选购设备时要综合考虑其设备的经济性和发展性。

以上是选择客房设备要考虑的主要因素，对于这些因素要统筹兼顾，全面权衡利弊。

2. 客房主要设备的选择

（1）家具的选择。家具必须实用、美观。构架结实、耐用和易于保养，如客房用床有以下几项要求。

① 尺寸合适。床是酒店为客人提供休息和睡眠的主要设备，大多数的床包括弹簧、床垫和架三个部分。弹簧使床具有弹性并提供支撑；床垫覆盖弹簧并加以衬料；弹簧和床垫都安放在床架上。酒店使用的床通常为西式床。

② 使用舒适，安静无声。

③ 经久耐用。

在大多数酒店里，床头板不属于床的一部分。通常，床头板安装在床上方的墙上，而不安装在床架上。床头板是整套家具的一个部分，其设计与室内的其他家具保持风格一致。

组合柜要求抽屉不宜过多，否则客人容易遗忘东西，拉手要简单、牢固、开启无响声。衣柜的深度以55~60厘米较为理想，衣柜宽度平均每人不小于60厘米，衣柜最好采用拉门或折叠门。

（2）卫生间设备的选择。客房卫生间是客人的盥洗空间，它的面积一般为4~7平方米，主要设备是浴缸、马桶和洗脸盆三大件。

浴缸有铸铁搪瓷、铁板搪瓷和人造大理石等多种。以表面耐冲击、易清洁和保温性良好为最佳。浴缸按尺寸分大、中、小三种。一般酒店多采用中型的一种，高档酒店采用大型浴缸。浴缸底部要凹凸或光毛面相间的防滑措施。

马桶和洗脸盆有瓷质、铸铁搪瓷、铁板搪瓷及人造大理石等多种，使用最多的是瓷质。它具有美观且容易清洁的优点。

卫生间的三大件设备应在色泽、风格、材质、造型等方面相协调。

（3）地面的选择。地面选择主要有地板、地砖、地毯。

地毯主要有纯毛地毯、混纺地毯、化纤地毯和塑料地毯四种。不同种类的地毯有不同的特点。纯毛地毯好看、弹性强、耐用、便于清洁，但价格较高。混纺地毯具有纯毛地毯质感舒适的特点，价格又低于纯毛地毯。化纤地毯外表与触感均像羊毛地毯，阻燃、耐磨，且价格低廉。塑料地毯则质地柔软、耐用、耐水、可用水冲洗。客房宜选用柔软、富有弹性、保暖、触觉感好的较高档次的纯毛地毯或混纺地毯，色彩最好采用中性色调，图案的构图应力求平衡、大方、淡雅。太花、太杂或过于强烈的色彩和图样不宜采用。

选用地面首先要考虑与酒店的等级、客房的档次相一致。其次，要在材质和色彩上下工夫，体现装饰艺术效果，使客人进入房间有一种舒适、安宁的感受。

1.2 客房设备使用与保养

客房设备的使用主要涉及员工与客人两方面。客房部要加强对员工的技术培训，提高他们的操作技术水平，懂得客房部设备的用途、性能、使用方法及保养方法。

1.2.1 客房家具的使用与保养

1. 床。为了避免床垫有局部凹陷，应定期翻动床垫，床垫每年翻动4次。在翻动时，用手动吸尘器附件清洁吸尘，这样可使床垫各处压力和磨损相同，保持平整完好，延长使用寿命。

2. 木质家具。衣柜、写字台、床头柜、行李架等木质家具，容易变形、腐蚀、易燃等，所以家具在使用中应根据其特点，注意保养，防潮、防水、防热、防虫蛀。

使用时间较长的家具，必须定期打蜡上光，保养的办法是将油性家具蜡倒在家具表面或干布上擦拭一遍，形成一层保护层，15分钟后再重复擦一次，可达到上光的效果。

1.2.2 地毯的使用与保养

1. 地毯清洗计划。在酒店里，交通密集的公共区域通常是地毯重污发生区，针对这种情况，客房部应制订周密的地毯清洁计划。比如，可以在平面图中用不同的颜色来表示人流量大的区域和易产生重污的区域。人流量大的区域至少每天需要清洗一次，而人流量相对小、不易弄脏的区域则可以每周或每月清洗一次。

2. 吸尘。吸尘是保养地毯的首要程序。大多数酒店的客房部每天至少对地毯吸一次尘，同时也包括定期深度清洁、局部清洁、去污渍等。污渍必须在其深入地毯、变成顽渍前及时去除。

3. 防虫蛀。纯毛地毯很容易遭虫蛀，因此使用时应在地毯底下放些药物以防虫蛀。

1.2.3 客房主要电器的使用与保养

1. 电视机。电视机要将各频道节目调至最佳效果，使客人按键即可收看。服务员对电视机擦灰时，要用柔软的干布，移动时要轻搬轻放。电视机应放在通风良好的地方，避免阳光直射到电视屏幕上，电线插座接头要安全可靠，电源线不能有裸露的地方，如有不安全的地方要及时通知维修人员。

2. 电冰箱。用于酒店客房的电冰箱一般以冷藏为主，容积较小，供制冰或冷冻少量的食品用。电冰箱要放在通风的地方，不要让太阳直射，冰箱的背部与墙面需间隔10厘米以上，以保证散热。保持箱体内外的清洁，以防异味产生。

1.2.4 卫生间洁具的保养

坚持经常清洁卫生间洁具，要用专门的清洁剂来保洁，严禁用去污粉等粗糙的物品以及腐蚀性强的如硫酸之类的物品去擦拭卫生洁具。

1.3 客房设备管理要求

1.3.1 建立客房设备档案

建立客房设备档案，使客房部对本部门的设备情况有明确的了解，正确掌握设备的调进调出，为设备的使用、保养、维修和更新改造工作提供相关的信息。

以下介绍客房设备档案的主要组成部分。

1. 客房装饰情况表。该表要求将家具饰物、地毯织物、建筑装饰和卫生间材料等分类记录，并注明其规格特征、生产厂家及装修日期等。

2. 楼层设计图。该图表明酒店共有多少类型客房，其确切的分布和功能、设计等。

3. 织物样品。墙纸、床罩、窗帘、地毯等各种装饰织物的样品都应作为档案资料。如果原来的织物被替代了，则应该保留一份替代样品。

4. 照片资料。每一种类型的客户都应保留如下照片资料：各种房间的设计图；床和床头柜的布置；写字台和行李柜布置；卫生间布置；套房的起居室和餐室的布置图。

以上这些资料做好后，还要根据新的变化予以不断的补充和更新，否则将逐渐失去意义。

1.3.2 客房历史档案

所有客房甚至于公共区域，都应该设有历史档案。它包括家具饰物、安装期或启用期、规格、历次维修记录等。

1.3.3 客房设备的更新改造

为了保证酒店的规格、档次和格调一致，保持并扩大对市场的影响力，多数酒店都要对客房进行计划中的更新改造，并对一些设备用品实行强制性淘汰。这种更新计划常常包括一年一次的常规修整计划，如地毯、饰物的清洗；墙面清洁和粉饰；家具修整；窗帘床罩的洗涤等；客房使用达5年时的部分更新计划；客房使用10年左右的全面更新计划，它要求对客房陈设、布置和格调等进行全面彻底的改变。

1.4 客房设备的新趋势

客房作为酒店出售最重要的有形商品之一，客房的设备设施是构成其使用价值的重要组成部分。科学技术的发展及宾客要求的日益提高促使酒店客房设备配置出现了一些新的变化趋势，这些变化趋势主要体现在人本化、家居化、智能化和安全性等几个方面。

1.4.1 人本化趋势

作为现代化的酒店，“科技以人为本”的原则在客房设备配置上也应体现出来。以人为本就是要从宾客角度出发，使客人在使用客房时感到更加方便、舒适。比如，传统的床头控制板正在面临淘汰，取而代之的是以“一钮控制”的方式。

又如，客房中的连体组合型家具不但使用起来不方便，而且使得酒店客房“千店一面”，而分体式单件家具则可以使客房独具特色，而且住宿时间稍长的宾客还可按自己的爱好、生活习惯布置家居。

1.4.2 家居化趋势

家居化趋势主要体现在以下几个方面。首先是客房空间加大、卫生间的面积加大。其次是通过客用物品的材料、色调等来增强家居感。比如，多用棉织品、手工织品和天然纤维编织品，普遍放置电烫斗、烫衣板；卫生间浴缸与淋浴分开，使用电脑控制水温的带冲洗功能的恭桶。另外，度假区酒店更是注重提供家庭环境，客房能适应家庭度假、几代人度假、单身度假的需要。儿童有自己的卧室，电视机与电子游戏机相连接等。

1.4.3 智能化趋势

可以说智能化趋势的出现将人本化的理念体现得最为淋漓尽致。因为在智能化的客房中，宾客可以体验如下美妙感受：客房内将为客人提供网上冲浪等Internet服务，客人所需一切服务只要在客房中的电视或电脑中按键选择即可；客人更可以坐在屏幕前与商务伙伴或家人进行可视的面对面会议或交谈；宾客可以将窗户按自己的意愿转变为美丽的沙滩、辽阔的大海、绿色的草原；还可在虚拟的客房娱乐中心参加高尔夫球等任何自己喜爱的娱乐活动；房间内的光线、声音和温度都可根据客人的个人喜好自动调节。

1.4.4 安全性日益提高

安全的重要性是不言而喻的，但这需要更加完善的安全设施加以保障。比如，客房楼道中的微型监控系统的应用；客房门采用无匙门锁系统，客房将以客人指纹或视网膜鉴定客人的身份；客房中安装红外感应装置，使服务员不用敲门，只需在工作间通过感应装置即可知客人是否在房间，但却不会显示客人在房间中的行为。另外，床头柜和卫生间中安装紧急呼叫按钮，以备在紧急情况下，酒店服务人员与安保人员能及时赶到，这些设施大大增强了客房的安全性。同时，又不会过多打扰客人，使客人能拥有更多的自由空间而又不必担心安全问题。

实战演练

名称	家具打蜡
学习时间	0.5学时
要求	（1）正确选择、使用家具打蜡所需的工具及蜡材 （2）正确掌握家具打蜡的程序 （3）动作熟练、规范 （4）蜡层均匀、光亮 （5）家具表面整洁 （6）在5分钟之内完成操作
准备	木制家具
方法	讲解、示范、实际操作
要点	将家具专用喷雾蜡/上光剂喷在洁净的抹布上从左至右顺时针方向擦拭，家具表面整洁无尘无污迹

学习任务❷ 客房布件

【想一想，做一做】

一个有288间客房的酒店，床上布件的单房配备为3套，每套床单2条，被套2套，枕套4个。该酒店预计年平均出租率约为86%，如果该酒店布件的洗涤损耗率为20%，则该酒店床上布件的年度消耗定额应是多少？

想一想

1. 如果该饭店床上布件一年实际报费了210套，试问这种状况正常吗？

2. 如果不正常，请你分析可能造成的原因有哪些？应该采取何种解决措施？

知识储备

2.1 客房布件分类与选择

布件又称为布草、布巾或棉织品。在酒店的经营活动中，布件不仅是一种日常生活必需品供客人使用，还被用于装饰环境与烘托气氛。布件是酒店多次性消耗用品。

2.1.1 布件的分类

按照用途来划分，酒店的常用布件可分为四大类。

（1）床上布件，包括床单、枕套、被套、褥垫、床裙等。

（2）卫生间布件，包括浴衣、大浴巾、小浴巾、面巾、地巾等。

（3）装饰布件，包括遮光窗帘、纱窗帘、沙发套等。

（4）餐桌布件，包括台布、餐巾等。

2.1.2 布件选择

布件的选择主要在于其质量与规格。一般情况下，酒店宜选用全白的布件，看起来清洁和舒适，又易于洗涤与保养。如果选用了有色的布件，则应考虑其洗涤和保养的成本问题。

（1）床上布件质量。床上布件主要是床单和枕套，其质量主要取决于以下因素。

① 纤维质量。纤维要求长，纺制出来的纱比较均匀、条干好、强力高。使用起来耐洗、耐磨。

② 纱的捻度。纱纺得紧，这样使用时不易起毛，强度也好。

③ 织物密度。密度高且经纬分布均匀的织物比较耐用。用作床单的织物刻度一般为288×244根/10平方厘米，高级的可超过400×400根/10平方厘米。

④ 断裂强度。一般情况下，织物的密度较满意则其强度就高。

⑤ 制作工艺。卷边平齐，尺寸标准，缝线平直、耐用。

⑥ 纤维质地。常用的床单和枕套有棉质、人造纤维及棉与人造纤维混纺。棉质床单或枕套软、透气、吸水性能好、使用舒适，但易皱不耐用。人造纤维不具有棉质的优点，但具有耐磨、耐用、耐洗涤的特点。混纺吸取了二者的优点，因而目前一般客房多使用混纺床单和枕套，一般来说，50/50与65/30的涤棉混纺床单不仅具有棉布的舒适性，而且易洗快干、抗皱、挺括，其耐洗性能也有了较大提高。床上布件的规格详见表10-1。

表10-1 床上布件尺寸规格　　单位：厘米

类别	参考尺寸	计算方法
单人床单（床：100×190）	160×240	在床的长宽基础上各加60厘米（不含缩水率）
双人床单（床：150×200）	210×260	
大号床单（床：165×205）	230×270	
特大号床单（床：180×200）	270×290	
普通枕套（枕：45×65）	50×80	在枕芯的宽度基础上加5厘米，长度基础上加20厘米（不含缩水率）
大号枕套（枕：50×75）	55×95	

（2）卫生间布件质量。传统的卫生间布件都可统称为毛巾。酒店的档次越高，使用的毛巾越舒适越讲究。其尺寸规格详见表10-2。

① 毛圈数量和长度。毛圈多而且长，则柔软性好，吸水性佳。但毛圈太长又容易被钩坏，故一般毛圈长度在3毫米左右。

② 织物密度。毛巾组织是由地经纱、纬纱和毛经纱组成。地经纱和纬纱交织成地布，毛经纱则与纬纱交织成毛圈，故纬线越密则毛圈抽丝可能性也越小。

③ 原纱强度。地经要有足够的强度以经受拉扯变形，故较好的毛巾地经用的是股线，毛经是双根无捻纱，这就提高了吸水和耐用性能。

④ 毛巾边。毛巾边应牢固平整，每根纬纱都必须能包住边部的经纱；否则，边部很容易磨损、起毛。

⑤ 缝制工艺。查看折边、缝线、针脚等的工艺。

表10-2　卫生间布件尺寸规格

类别	尺寸（厘米）	重量（克）	酒店档次
大浴巾	120×60	400	一、二星级
	130×70	500	三星级
	140×80	600	四、五星级
小浴巾	100×34	125	无明确规定
面巾	55×30	110	一、二星级
	60×30	120	三星级
	70×75	140	四、五星级
地巾	65×35	280	一、二星级
	70×40	320	三星级
	75×45	350	四、五星级
方巾	30×30	45	三星级
	32×32	55	四、五星级
浴衣	大、中、小（号）	不定	四、五星级
备注	地巾可方可长		

2.2　客房布件日常管理

客房、餐厅及其他部门每天需要提供大量的布件，而客人对布件的质量往往要求很高，布件的质量直接影响到酒店的服务质量和规格。同时，由于酒店布件使用量大，容易损耗，因此，搞好布件的管理，是客房管理工作的一个重要工作。

2.2.1 核定布件的需要量

各布件的需要量应根据每个酒店的等级、客房床位数量、餐厅种类、餐桌座位数及台布替换率、洗涤损耗率等来核定。需要多少布件数量通常以“套”来表示。一套是指按酒店制定的布置规格将一间客房都布置齐全所需要的量，如一套包括两条床单，两套被套，4个枕套。一般酒店都至少拥有4套以上的布件，一套在日常使用；一套刚撤下来待洗；一套在中心库房周转；一套新的存在仓库里备用。

2.2.2 布件存放定点定量

在用布件除在客房一套外，楼层布件房应存放多少，工作车上放置多少，中心库房存放多少，各种布件摆放位置和格式等都应有规定，使员工有章可循。

2.2.3 建立布件收发制度

布件收发制度包括数量控制和质量控制两个方面。

（1）以脏布件换取干净布件。通常由楼层杂工将脏的布件送交洗衣房，由洗衣房的人员清点复核，在客房“布件换洗单”上签字认可。杂工凭此单即可去中心库房领取相同数量的干净布件。

（2）如果使用部门需超额领用，应填写借物申请，经有关人员核准方可。如果中心库房发放布件有短缺，也应开出欠单作凭证。

（3）收点或叠放布件时，应将破损、有污迹的拣出来，单独处理。

2.2.4 建立布件报废更新和再利用制度

布件的报废制度是对破损或有无法清除的污迹，以及使用年限已满的布件定期、分批进行报废的制度。布件的报废与更新应根据酒店等级、服务水准和规格要求而定。酒店规格越高，对布件的要求也越高，布件的报废更新率也越高。布件报废应有严格的核对审批手续。一般由中心库房主管核对并填写“布件报废单”，洗衣房主管审批。对可再利用的，可改制成其他用品，如小床单、抹布、盘垫等。

2.2.5 控制员工使用布件

要严格禁止员工对布件的不正当使用，比如用布件作抹布，或私自使用客用毛巾。这样既造成了浪费，又使劳动纪律无法得到保证。

2.2.6 定期进行存货盘点

布件需要定期进行全面盘点，通过盘点，帮助客房管理人员了解布件的使用、消耗、库存情况，发现问题及时处理。盘点工作通常为一月一小盘，半年一大盘，大盘点由客房部会同财务部进行。

2.3 客房布件保养与储存

1. 布件的保养

加强对布件的保养能够提高布件的使用效率，保证并延长其使用寿命。根据织品特性，在保养的过程当中要注意以下几点。

（1）尽量减少库存时间。

（2）棉、麻织品耐碱不耐酸，在洗涤过程中，使用弱碱性洗涤剂；洗涤后容易变形，要求浆后使用。毛、丝织品耐酸不耐碱，在洗涤过程中，使用弱酸性洗涤剂。

（3）新布件必须经洗涤后才能投入使用。备用布件要遵循“先进先出”原则。

（4）布件要定点存放，切勿将布件乱堆乱放，以免污染和损坏布件。

2. 布件的储存

（1）温湿度。库房温度在20℃以下，湿度在50%以下不利于霉菌的生长。布件存放距墙、地面0.5米以上；经常通风，保持库内干燥；使用吸湿剂，如生石灰、氯化钙、硅胶等；或是使用吸湿机。

（2）防虫、防鼠。容易虫蛀的商品主要是一些由营养成分含量较高的动植物原料加工制成的商品。如棉织品、丝织品、毛织品、麻织品等。客房又是害虫多发区，因此要采取以下措施：① 切断仓库害虫来源，要切断仓库害虫的来源和传播，需要进行入库前布件的检查、入库布件的检查和仓库环境的卫生消毒；② 药物防治，使用各种化学杀虫剂杀灭害虫。

（3）远离火源。布件属于易燃物，库房内要严禁烟火。

（4）仓库严禁放强酸、强碱等腐蚀性液体。

（5）加强管理，防止布件丢失。

（6）长期不用的布件应用布兜罩起来，以防止积尘、变色。

实战演练

名称	清除地毯污渍
时间	1学时
要求	（1）按照标准程序进行实训 （2）根据污渍的种类及程度选择正确的清洁工具和清洁剂 （3）必须在5分钟之内保质保量地完成操作
准备	干布、清洁剂、海绵、地毯（可准备一块30厘米×30厘米，有污渍的地毯）
方法	讲解、示范、实训操作
要点	三个要领：（1）彻底刮除污渍，用海绵块蘸上清洁剂溶液擦拭；（2）用干布吸干污水；（3）根据实际情况灵活选择不同的污渍处理方法，如番茄酱渍、可乐渍、口红渍、蜡渍等

学习任务③ 客房用品

【想一想，做一做】

据某家酒店介绍，一次性用品在使用过程中存在严重的浪费现象，“以香皂为例，一块净重30克的香皂，客人每次只使用约1/5左右，由于大量的团队客人及散客在酒店停留时间只有1天左右，剩余的4/5在清扫房间时只能换掉。”

“通常情况下，打扫客房的时候都会发现，开了瓶的沐浴液、洗发液还剩大半，拆了封的香皂几乎没使用，每天都得扔掉一大堆，非常浪费。所以，我们决定推广环保，将牙刷、牙膏等六小件撤出部分房间，除非客人主动要求，否则不再提供六小件。”

想一想

1. 试分析酒店一次性用品在使用与管理过程中的利与弊。

2. 酒店撤出六小件后，应如何加强客房日用品的管理，以满足宾客的生活之需？

3. 如何控制一次性用品的使用？

3.1 客房用品选择

客房用品也称日常客用品，也有人称它为客房低值易耗品，主要是供客人使用的生活资料。客用品涉及的品种多，使用的频率高、数量大，容易遗漏的环节也多。所以客房用品管理是客房管理工作中颇具潜力的一个方面。

客用品按消耗的方式不同可分为一次性消耗品和多次性消耗品两类。一次性消耗品是一次性消耗完毕、完成价值补偿的消耗品，如茶叶、信封、洗浴液、香皂等。多次性消耗品是可连续多次供客人使用，价值补偿要在一个时期内逐渐完成的消耗品，如床上布件、卫生间“四巾”、酒店宣传用品、衣架、玻璃器皿等。不同档次的酒店所提供的日常客用品是有差别的。因此在选择时务必要坚持以下五项原则。

1. 达标

选用的客房用品必须符合行业的相关标准。如星级酒店就必须按照《中华人民共和国旅游行业标准星级酒店客房客用品配备与质量要求》进行客房用品配置。

2. 实用性

为满足客人旅居生活的需要，客房日用品种类必须齐全，物尽其用。

3. 美观

美观大方的日用品不仅能使客人舒服悦目，又能体现酒店的档次。

4. 适度

客房用品应能够体现酒店的档次并突出其风格，而不是种类越多越好。

5. 环保性

客用品涉及的品种多，使用的频率高、数量大，且这些一次性用品的成分多是塑料及其他化学物质，在自然界中降解速度非常缓慢，对环境造成了很大污染。这就需要酒店在购买日用品时要以环保性为原则。

3.2 客房用品管理

3.2.1 一次性消耗品的消耗定额制定

一次性消耗品消耗定额的制定方法，是以单房配备量为基础的，确定每天需要量，然后根据预测的年平均出租率来制定年度消耗定额。

计算公式为：

$$A=b\times x\times f\times 365$$

其中：A表示每项日用品的年度消耗定额；b为每间客房每天配备额；x为酒店客房总数；f为预测的年平均出租率。

例：某酒店有客房300间，年平均出租率为80%，牙膏、圆珠笔的单间客房每天配备额为2支、1支。求该酒店牙膏、圆珠笔的年度消耗定额。

根据上述公式计算得：

牙膏的年度消耗定额$=b\times x\times f\times 365=2\times 300\times 80\%\times 365=17.52$（万支）

圆珠笔的年度消耗定额$=b\times x\times f\times 365=1\times 300\times 80\%\times 365=8.76$（万支）

3.2.2 多次性消耗品的消耗定额制定

多次性消耗品定额的制定基于多次消耗品的年度更新率来确定。其定额的确定方法，应根据酒店的星级或档次规格，确定单房配备数量，然后确定其损耗率，即可制定消耗定额。

计算公式为：

$$A=B\times x\times f\times (1+r)$$

其中：A表示每项日用品的年度消耗定额；B为每间客房每天配备额；x为酒店客房总数；f为预测的年平均出租率；r为用品的损耗率。

例：某酒店有客房400间，客房水杯单房配备1.5套，每套4只，预计客房平均出租率为75%。在更新周期内，水杯的损耗率为35%，问该酒店年度需要采购多少只水杯？

根据上述公式计算得：

解：

水杯的年度消耗额=1.5×400×75% ×（1+35%）=607.5（套）

水杯年采购量=607.5×4=2430（只）

3.2.3 客房用品的消耗定额管理

客房用品价值虽然较低，但品种多、用量大、不易控制，容易造成浪费，影响客房的经济效益，实行客房用品的消耗定额管理，是指以一定时期内，为保证客房经营活动正常进行必须消耗的客房用品的数量标准为基础，将客房用品消耗数量定额落实到每个楼层，进行计划管理，用好客房用品，达到增收节支的目的。

3.3 客房用品发放和使用控制

3.3.1 客房用品的发放

客房用品的发放应根据楼层小库房的配备定额明确一个周期和时间。这不仅方便中心库房的工作，也是促使楼层日常工作有条理以及减少漏洞的一项有效措施。

在发放日期之前，楼层领班应将其所管辖楼段的库存情况了解清楚并填明领料单（详见表10-3）。凭领料单领取货物之后，即将此单留在中心库房以便作统计用。

表10-3 日常消耗品申领单

楼层：________ 日期：________

	申领数	实发数		申领数	实发数
普通信笺			火柴		
航空信笺			水杯		
普通信封			小香皂		
航空信封			烟缸		
明信片			圆珠笔		
门后指示图			服务指南		
便笺纸			门把菜单		
宾客意见书			干洗单		
住客预订表			湿洗单		
小酒吧账单			垃圾袋		
大香皂			浴帽		
卫生纸			浴液		
面巾纸			鞋刷		

申领者：______ 发放者：______

3.3.2 客房用品的日常管理

客房用品的日常管理是客房用品控制工作中最容易发生问题的一环，也是最重要的一环。

1. 控制流失

（1）建立客用品领班责任制。各种物资用品的使用主要是在楼层进行的，因此，对客用品使用的好坏及定额标准的掌握，关键在领班。各楼层应配备专人负责楼层物资用品的领用、保管、发放、汇总以及分析的工作。

（2）控制日常客用品消耗量。客房用品的流失主要是员工造成的。比如有些员工在清洁整理房间时图省事，将一些客人未使用过的消耗品当垃圾扔掉，因此领班做好员工的思想工作，通过现场指挥和督导，是减少客用品浪费和损坏的重要环节。同时，还要为员工创造不使用客房用品的必要条件。

2. 每日统计

服务员按规定数量和品种为客房配备与添补用品，并在服务员做房报告上做好登记。楼层领班通过服务员做房报告汇总服务员在每房、每客的客用品的耗用量（详见表10-4）。

表10-4 每日楼层消耗品汇总表

楼层：______　　　　日期：______

项目／楼层	卫生纸	洗发液	浴液剂	擦鞋纸	圆珠笔	小铅笔	明信片	梳子	针线包	香皂	牙具
四楼											
五楼											
六楼											
七楼											
八楼											
九楼											

备注：______　　　　当日做房数：______

3. 定期分析

一般情况下，这种分析应每月做一次，其内容包括以下几点。

（1）根据每日耗量汇总表制定出月度各楼层耗量汇总表。见表10-5。

（2）结合住客率及上月情况，制作每月客用品消耗分析对照表，见表10-6。

（3）结合年初预算情况，制作月度预算对照表。见表10-7。

（4）根据“控制对照表”前后对照，确定每天每间平均消耗额。见表10-8。

表10-5 楼层日常消耗品月度用量汇总分析表

____年____月　　　　制表人：______　　　　审核者：______

楼层	开房数（间天）	香皂		卫生纸		圆珠笔		购物袋		牙具		洗发液		沐浴液	
		总耗量（块）	平均量（块）	总耗量（卷）	平均量（卷）	总耗量（支）	平均量（支）	总耗量（只）	平均量（只）	总耗量	平均量	总耗量	平均量	总耗量	平均量
总计															

表10-6 每月物资消耗分析对照表

品名	单位	单价/元	上月消耗	金额/元	本月消耗	金额/元	与上月相比	
							增%	减%
圆珠笔								
夹纸笔								
开瓶器								
卫生袋								
针线包								
擦鞋纸								
杯垫								
行李牌								
意见书								
维修单								
明信片								
塑料包								
牙具								
服务指南								
洗发液								
洗衣单								
剃须刀								
沐浴液								
合计								

上月住客率	本月住客率	与上月相比		上月每间房消耗率	本月每间房消耗率
		增	减		
备注					

制表人：______　　　　时间：______

表10-7 月度预算对照表

部门：______ 月份：______ 年份：______

费用项目	编号	预算	支出总数	所占比例	上月支出	本月支出	结余

表10-8 控制对照表

<table>
<tr><th>楼层</th><th colspan="2">控制之前</th><th>客源类别</th><th colspan="2">控制之后</th><th>差额百分比</th></tr>
<tr><td rowspan="3">五楼</td><td colspan="2">585间天/月开房</td><td rowspan="3">散客</td><td colspan="2">597间天/月开房</td><td rowspan="3">−44%</td></tr>
<tr><td>总支出</td><td>平均支出</td><td>总支出</td><td>平均支出</td></tr>
<tr><td>2064元/月</td><td>3.53元/月</td><td>1168元/月</td><td>1.96元/月</td></tr>
<tr><td rowspan="3">六楼</td><td colspan="2">681天/月开房</td><td rowspan="3">团体客</td><td colspan="2">662间天/月开房</td><td rowspan="3">−25%</td></tr>
<tr><td>总支出</td><td>平均支出</td><td>总支出</td><td>平均支出</td></tr>
<tr><td>2219元/月</td><td>3.26元/月</td><td>1615元/月</td><td>2.44元/月</td></tr>
</table>

实战演练

名称	编制客房用品节约管理办法
学习时间	1学时
要求	运用已学的知识，讨论减少客房一次性用品消耗的管理办法
准备	设计若干个问题
方法	小组讨论合作完成

本项目总结

知识梳理

客房设备、布件、用品的管理直接影响酒店的服务质量与效益，是客房工作的重要任务之一。本项目介绍了客房设备分类与选择，讲授了设备的使用与保养方法；以及客房消耗品的管理方法等重要内容。

主要概念

客房设备　布件　客房用品　消耗定额

练习题

1. 客房设备有哪些种类？如何选择客房设备？

2. 怎样进行客房布件的控制？

3. 客房用品管理通常有哪些方法？

4. 某酒店有客房200间，年平均出租率85%，茶杯、茶叶的每间客房配备额为2只、4包。问该酒店茶杯、茶叶的年度消耗定额为多少？（茶杯的年损耗率为15%）

5. 某酒店有客房400间，床单单房配备3套，每套4张，预计客房平均出租率为75%。在更新周期内，床单的年度损耗率为35%，求其年度消耗定额。

技能训练

【训练内容】

组织学生参观一家星级酒店客房部，了解其客房用品的种类及管理方法，根据所学知识，找出该酒店用品管理方法中值得肯定的地方以及存在的问题，并提出合理化建议。

【实训目标】

通过学生的社会调查与发现，培养学生对客房设备用品的管理意义的理解，在完成作业过程中，增进酒店物资使用与管理的意识，学会基础的客房物品管理方法。

【操作步骤】

1. 将班级每5~6位学生分成一组，每组确定1人负责，联系若干个酒店客房部。

2. 组织学生与客房部员工及主管进行交流，明确任务要求。

3. 实地考察客房的各种用品，以及各种用品的作用与管理方法。

4. 学生必须认真做好记录，收集各种资料。

5. 在老师的指导下，各组在班级进行交流讨论。

6. 各组提交考察报告。

【成果形式】

撰写《酒店客房用品的使用与管理考察报告》。

【任务考核】

工作任务	评价方式		评价标准	分值
客房用品的管理	个人自评	20%	1. 小组工作计划 2. 小组配合 3. 调查报告的质量 4. 建议的可行性	100
	小组互评	40%		
	指导老师评价	40%		

项目11 客房安全管理

■ 学习目标

■ 知识目标

1. 了解客房安全管理的基本含义。
2. 熟悉客房安全管理设施的配备。
3. 掌握客房防火与防盗的工作要求。
4. 了解酒店潜在的安全事故的处理方法。
5. 掌握解决突发性事件应采取的措施。

■ 技能目标

1. 能说出客房安全制度的内容。
2. 会使用客房安全设施与设备。
3. 能够处理安全事故。
4. 能够解决客房常见的突发性事件。

■ 案例目标

通过案例的学习，创设工作情境与问题，可以加深学生对客房安全的感性认识，了解客房安全设备的分布，掌握客房安全事故的一般处理方法。

■ 实训目标

通过学生的调查与发现，使学生了解客房消防安全设备的配置及管理意义，在完成作业过程中，增进酒店安全管理的意识，学会基础的客房安全管理方法。

■ 教学建议

1. 本项目建议用时4个课时。
2. 建议以案例分析、视频观看的教学方法，拓展学生知识面。
3. 聘请酒店安全部门的员工或者主管进行酒店安全知识与案例讲座。

学习任务❶ 客房安全概述

【想一想，做一做】

一天，入住某星级酒店的客人从外面走了进来，由于他双手抱着西瓜，无法开房门，于是他只能请服务员替他拿放在口袋内的房间钥匙开门，服务员看到客人裤后口袋有钥匙状的物品，但自己不方便去取，于是，用自己的钥匙开门，并说了声“请”。当天傍晚，住该房间的客人回来后发现装有大量现款的密码箱丢失了。

想一想

1. 请问案例中的服务人员做错了吗？错在哪里？
2. 碰到此类失窃事件，作为酒店相关管理人员该如何处理？
3. 如何预防酒店失窃事件的发生？

1.1 客房安全的内涵

客房部不仅要以干净舒适的客房以及服务人员热情好客的态度、娴熟的服务技巧来满足宾客的各种需求，使其乘兴而来、满意而归，而且还要极其重视宾客的一个最基本的需求——安全。酒店宾客与其他任何人一样，需要安全和保护，希望免遭人身及财产的损害。

客房安全（Security）是指客人在客房范围内人身、财产、正当权益不受侵害，也不存在可能导致侵害的因素。客人在住店期间对客房的安全期望很大，对于在旅途之中或身处异国他乡的宾客来说，作为宾客家外的“家”的酒店客房必须是一个安全的住所。因此，酒店有义务和责任为宾客提供安全与保护。安全是酒店各项服务活动的基础，只有在安全的环境内，各种服务活动才能得以开展。但是，酒店也难免会发生人为或非人为的不可避免的意外事故。所以酒店应加强对服务人员安全意识的培养，增强服务人员的紧急应变能力，以降低灾害发生时所造成的生命及财产的损失。

1.2 客房安全事故发生的原因

1.2.1 直接原因

造成客房安全事故发生的直接原因主要有人为原因和设施原因两个方面。人为的原因主要是指由人们不安全行为所造成的各种原因，包括指导与监督疏忽、肇事者未按规定要求行事、误用或错用各种器具、危险性物品使用错误及不安全行为等。设施原因主要指不良的环境设施所引起的，包括照明不良、维修不当，使地面过滑，以及危险场所的防护设施等。

1.2.2 间接原因

间接原因主要指各种机械装置的定期检查和保养不良。由于最高经营者责任心不强，导致安全管理制度和安全管理组织不完备、安全管理标准不明确等。具体包括以下几项：

- 裂纹或破损的各种手柄；
- 未及时清理使用过的刮脸刀片；
- 裸露的电线；
- 未及时处理各种不良导线；
- 客用电梯的不安全操作；
- 客房照明不良；
- 未及时清理客房地面污物和垃圾；
- 客用钥匙管理不当；
- 玻璃门无明显标记；
- 客房用餐时被玻璃杯损伤；
- 非常通道使用不安全。

客房不可忽略的五大隐患：电源隐患；水隐患；空气隐患；噪声隐患；治安隐患。

1.3 客房安全设施配置

为保证住店客人生命财产安全，必须在公共区域和客房内加强各类安全设施的配置，同时客房内各种生活设施设备也要安全可靠。

1.3.1 电视监控系统

电视监控系统由电视摄像镜头、电视监视器、电视屏幕操作机台、录像等部分组成。电视监控系统是酒店主要的安全装置，除了安装在酒店大厅及公共场所之外，通常也作为客房部主要的安全装置。一般设置在楼层过道和客用电梯。

1. 楼层过道。在楼层过道安装监控探头，一般采用中、长焦镜头。

2. 客用电梯。客用电梯空间小且又是封闭的，一旦出现紧急意外事件，受害人难以求援，安装监控探头便于对电梯内发生的可疑现象进行跟踪和取证。一般采用视野宽阔的广角镜头。

1.3.2 自动报警系统

自动报警系统是由各种类型的报警器连接而成的安全网络系统，主要设置在酒店财务部、收银处、贵重物品寄存处以及商场消防通道等区域，用于防盗、防火、防爆报警。我国酒店常用的报警器有微波报警器、红外线报警器、超声波报警器等远程报警系统，以及声控报警器、微动式报警器、磁控式报警器等。

1.3.3 消防监控系统

酒店的消防监控系统一般由火灾报警系统、灭火系统、防火设施组成。

1.3.4 通信系统

通信系统主要有专用电话、传呼系统及对讲机。

1.3.5 房间安保设施

1. 门锁

门锁是保障住客安全最基本也是最重要的设施，由于酒店规模、档次的差异，各酒店所使用的门锁各异。

2. 窥镜

窥镜安装在房门上端，为广角镜头，便于住客观察房间的外部情况。

3. 保险箱

保险箱供客人存放贵重财物。

实战演练

名称	客人物品失窃处理
时间	0.5学时
要求	熟练掌握处理程序，熟练处理类似事件
准备	布置场景、准备案例
方法	讲解、示范、角色演练
要点	能分析原因，提出处理办法

学习任务② 防火与防盗

【想一想，做一做】

陈力是北京某四星级酒店客房部的服务员，在上早班时，816客房的客人对她说："请把我房间里的台灯灯泡换成100W的，我晚上回来办公太暗了。"于是，陈力打扫好房间后，就去领了三只100W的灯泡给客人换上了。过了一段时间后，有人通知说816房间着火了。事故调查后发现是816房间台灯开关自燃后，引燃了地毯。台灯最大的额定功率为60W，而陈力擅自更换了大功率的灯泡，而且台灯开关又有些老化，客人出门前又未将插电板拔出，由于长时间的超负荷，而造成台灯开关自燃。

想一想

1. 陈力的做法正确吗？正确的做法应该是怎样的？
2. 该事件的发生说明酒店在安全管理上有哪些漏洞？

知识储备

2.1 客房火灾发生的原因及预防

火灾直接威胁酒店内客人和员工的生命财产及酒店的财产安全，使酒店在声誉和经济上付出沉重代价。虽然火灾发生率很低，但后果严重，酒店必须花大力气认真对待防火问题。

2.1.1 火灾发生的原因

了解客房发生火灾的原因，可以防患于未然。根据《世界酒店》杂志对近年来酒店火灾部位及原因进行统计分析的结果表明，火灾多发生在客房区域，占酒店火灾的68.8%。其具体内容详见表11-1。

表11-1 酒店火灾部位统计

火灾部位	所占比例（%）
客房	37.6
楼层走道	31.2
厨房、仓库	17.9
其他服务场所	8.1
电机房	5.2

客房发生火灾的原因主要有如下几种。

1. 吸烟不慎引起火灾

吸烟不慎引起火灾在酒店火灾中居首位，起火部位多为客房。吸烟不慎引起火灾主要有以下五种情况。

（1）乱扔烟头、火柴棍，引起地毯、沙发、衣服、废纸篓、垃圾道起火。

（2）躺在沙发、床上吸烟，火星散落其上，引燃导致火灾。这种原因引起的火灾在客房火灾中所占比例最大。

（3）客人将未熄灭的烟头放在沙发扶手上，因事后遗忘或掉落在沙发上引起沙发起火。

（4）客人将未熄灭烟头或火柴棍扔入烟灰缸内离去，引起缸内可燃物着火。这类火灾大多发生在烟灰缸靠近其他可燃物的情况下。

（5）在禁止吸烟的地方违章吸烟。在有可燃气体或蒸汽的场所，违章点火吸烟，发生爆炸起火。

2. 电气引起火灾

在酒店火灾中，由电气引起的火灾仅次于吸烟。

（1）电气线路引起的火灾。电气线路往往由于超载运行、短路等原因，产生电火花、局部过热，导致电线、电缆和周围可燃物起火。

（2）用电设备引起火灾。电气设备由于质量差、发生故障或使用不当引起火灾事故。

3. 其他原因

（1）宾客将易爆易燃物品带进客房，引起火灾。

（2）员工不按安全操作规程作业，如客房内明火作业，使有化学涂料、油漆等，未采取防火措施而造成火灾。

（3）防火安全系统不健全、消防设施不完备等。

2.1.2 火灾的预防

客房部日常的防火工作很重要，作为客房部应该结合本部门特点制定出适合本部门的火灾预防措施。

1. 客房内配置完整的防火设施设备，包括地毯、家具、床罩、墙面、窗帘、房门等，尽可能选择具有阻燃性能的材料制作。

2. 禁止客人携带易燃、易爆物品进入客房。

3. 不得在客房内自行安装电器设备，禁止使用电炉、电暖气等电器。提醒使用电熨斗的客人注意安全。

4. 及时清理楼道内的垃圾，保证疏散通道的畅通无阻。

5. 定期检查房内电器是否处于正常使用范围，是否超负荷用电。

6. 熟悉各种消防设备和设施的存放地点。

7. 定期打扫楼梯间、转弯处等隐蔽区域，杜绝隐患的存在。

8. 房内床头柜上摆放“请勿吸烟”的标志，烟灰缸应摆放在梳妆台上。

9. 发现火情时，应马上报告消防中心。

2.2 火灾事故的处理

客房楼层发生火灾时，客房服务人员应充分表现平时良好的专业服务能力和紧急应变能力，沉着、冷静地按平时防火训练的规定要求迅速行动，确保宾客的人身财产和酒店财产的安全，努力使损失减少到最小程度。

2.2.1 发现火情时的处理方法

1. 立即使用最近的报警装置，发出警报。

2. 及时发现火源，用电话通知总机，讲清着火地点和燃烧物质。

3. 使用附近合适的消防器材控制火势，并尽力将其扑灭。如使用灭火器，拔下安全插销，喷嘴对准火源，用力压下握把。消防器材使用详见表11-2。

表11-2 灭火器材的使用

灭火器材	适用范围	使用方法
二氧化碳灭火器	扑救电气火灾、重要文件、珍贵设备、精密仪器以及油类等火灾	1. 先拔去保险销； 2. 一手持喷筒把手，并紧压把手，气体即自动喷出
干粉灭火器	范围广，如易燃液体、电器、金属、纸类、纺织品等火灾	1. 拔出保险销； 2. 把喷管喷口对准火源，拉动拉环，即喷出
泡沫灭火器	用于扑灭油类、可燃液体和可燃固体的初起火灾	将灭火器颠倒握牢，使泡沫从外向内射向火源
“1211”灭火器	可用于油类、化工原料、易燃液体、精密设备、重要文件及电气着火	1. 先拔掉安全销； 2. 握紧压把开关，使密封阀开启； 3. 灭火剂在氮气压力作用下，通过虹吸管由喷嘴射出

4. 关闭所有电器开关。

5. 关闭通风、排风设备。

6. 如果火势已不能控制，则应立即离开火场。离开时应沿路关闭所有门窗。在安全区域内等候消防人员到场，并为他们提供必要的帮助。

2.2.2 听到报警信号时的处理

1. 客房服务人员首先要能辨别火警信号和疏散指令信号。如有的酒店规定一停一响的警铃声为火警信号，持续不断的警铃声为疏散信号。

2. 客房服务员听到火警信号后，应立即查看火警是否发生在本区域。

3. 无特殊任务的客房服务员应照常工作并保持镇静、警觉，随时待命，同时做好宾客的安抚工作。

2.2.3 听到疏散信号时的处理方法

疏散信号表明酒店某处已发生火灾，要求宾客和全体酒店员工立即通过紧急出口撤离到指定地点。该信号只能由在火场的消防部门指挥员发出。

1. 迅速打开紧急出口（安全门）、安全梯，有组织、有计划、有步骤地疏散客人。

2. 组织客人疏散时，一定不能乘电梯。

3. 帮助老弱病残、行动不便的客人离房，楼层主管要逐间查房，确认房内无人，并在房门上做好记号。

4. 各楼梯口、路口都要有人把守，以便为宾客引路。

5. 待人员撤离至指定的地点后，客房部员工应与前厅服务人员一起查点宾客。如有下落不明或还未撤离的人员，应立即通知消防队员。

2.3 客房失窃的原因及预防

偷盗现象在酒店里时有发生，尤其在管理不善的酒店更是如此。偷盗的发生或多或少地影响客人在酒店内的正常活动，直接或间接地影响酒店的声誉。客房部应采取有效措施，预防偷盗事件的发生。

2.3.1 客房失窃类型

客房失窃可分为酒店财物失窃和宾客财物失窃两种类型。

1. 酒店财物失窃

酒店失窃的物品通常有床单、毛巾、毛毯以及客房用品。失窃金额虽然比较小，但还是要引起客房部员工的重视。

2. 宾客财物失窃

为避免客人丢失贵重物品，服务员应提醒宾客做好贵重物品的登记工作。

2.3.2 客房失窃的原因

客房失窃事件在各个酒店中都时有发生，不仅是客人会受到财物的损失，酒店本身也会受到一定的影响。分析客房失窃的原因，有如下三种。

1. 员工内盗

员工内盗是指酒店内部员工的偷盗行为。心理学中研究得出，人有从众行为，容易仿效，当一名员工被发现有偷盗行为，而不及时进行阻止的话，其他员工可能会仿效着去偷盗。

2. 宾客盗窃

宾客偷盗是指住店宾客中的不良分子有目的或者是顺手牵羊的偷盗行为。

3. 外来人员盗窃

外来人员盗窃是指社会上一些不法分子进入酒店而引起的偷盗行为。

2.3.3 盗窃事故的预防

为有效防止失窃事件的发生，应针对不同的失窃原因采取相应的预防措施。

1. 防止员工偷盗行为

客房部的员工平时接触酒店和宾客的财物，因此，客房部应从实际出发制定以下有效防范员工偷窃的措施。

（1）聘用员工时，严格进行人事审查。

（2）制定有效的员工识别方法，如通过工作牌制度识别员工。

（3）客房服务员、工程部维修工、餐饮部送餐服务员出入客房时应登记其出入时间、事由、房号及姓名。

（4）制定钥匙使用制度。客房服务员领用工作钥匙必须登记签名，使用完毕后将其交回办公室。

（5）建立部门资产管理制度，定期进行有形资产清算和员工存物柜检查，并将结果公之于众。

（6）积极开展反偷盗知识培训和对偷盗者的教育培训。

2. 防止客人偷盗行为

客房部制订科学、具体的“宾客须知”，明确告诉宾客应尽的义务和注意事项。也可以采取以下措施。

（1）在酒店用品上印上或打上酒店的标志或特殊标志，使客人打消偷盗的念头。

（2）制作一些有酒店标志的精美的纪念品，如手工艺品等，给客人留作纪念。

（3）做好日常的检查工作，严格管理制度，杜绝不良客人的企图。

3. 防止外来人的偷盗行为

酒店周围可能会有一些不法分子在盯着客人伺机而动，因此可以采取以下措施。

（1）加强楼层进出口控制，及其他场所的不定时巡查。

（2）加强安全措施，对于有价值的物品（如景泰蓝花瓶）摆放在公共场所的，要注意保护。

（3）注意来往人员携带的物品，对于可疑人物尤其要高度重视。

2.4 失窃事故的处理

防火和防盗工作是酒店安全工作中最为重要的内容。酒店必须建立一套完整的预防措施和处理程序，防止火灾和盗窃的发生，减少它们带来的不良后果。

虽然防盗工作一直在做，但仍无法完全杜绝盗窃事故的发生，因此，一旦发现此类事情，对于酒店而言，还是要正确处理好。

1. 接到客人投诉在房间内有财物损失，应立即通知相关单位（人员），包括值班经理、保安科、房务部。

2. 封锁现场，保留各项证物，会同安保人员、房务部人员立即到客人房内。

3. 将详细情形记录下来。

4. 向保安部调出监控系统的录像带，以了解出入此客房的人员，便于进一步调查。

5. 过滤失窃前曾逗留或到过失窃现场的人员，假如没有，则请客人帮忙再找一遍。

6. 千万不能让客人产生“酒店应负赔偿责任”的心态，应树立客人将贵重物品置放在保险箱内的正确观念，这才是首要预防盗窃的措施。

7. 遗失物确定无法找到，而客人坚持报警处理时，立即通知警卫室人员代为报警。

8. 待警方到达现场后，让警卫室人员协助客人及警方做事件的调查。

9. 将事情发生的原因、经过、结果记录于值班经理交代本上。

10. 对于此类盗窃意外，除相关人员外，一律不得公开宣布。

实战演练

名称	消防器材使用
时间	2学时
要求	熟练掌握器材使用程序，熟悉器材的类型
准备	（1）灭火器 （2）布置场景、准备案例
方法	讲解、示范、角色演练
要点	针对不同的火情，选择使用不同的器材

学习任务③ 意外事故的防范

【想一想，做一做】

一天下午，某度假村的服务员小陈打扫客房时发现房间角落有一串观音挂像，看上去做工比较粗糙，她觉得是小孩子玩的项链，不是什么贵重物品，下班时就随手放在工作台的抽屉里。晚上，前厅部的小李接到了一位客人的电话，声称自己白天退房时可能把一串观音挂像掉在了客房，且非常焦急，因为这是他从寺庙求来的，对他有非常大的意义。但小李在“遗留物品登记本”上没找到项链的记录。经调查才找到了这串放在工作台抽屉里的挂像。

想一想

1. 客房部服务人员在拾获客人的遗留物品时该如何处理？

2. 如何避免客人的物品被移动？

3. 什么是遗留物品？

知识储备

3.1 自然灾害

自然灾害常常是不可预料或无法抗拒的，包括水灾、地震、飓风、龙卷风、暴风、雪等。自然灾害的发生，会引起客人的恐慌，作为酒店的服务人员应以轻松的心情、沉着的态度来稳定客人的心情，同时客房部应做好相关的安全计划，具体的内容包括以下几个方面。

1. 客房部及其各工作岗位在发生自然灾害时的职责与具体任务。

2. 应具备的各种应付自然灾害的设备器材，并定期检查，保证其处于完好的使用状态。

3. 必要时的紧急疏散计划（可以类似火灾的紧急疏散计划）。

3.2 突然停电

停电事故可能是外部供电系统引起的，也可能是酒店内部设备发生故障引起的。停电常会造成诸多不便。因此，酒店需有应急措施，如采用自备发电机，保证在停电时能立即自行起动供电。客房部在处理停电事故方面，应该制订周密计划，使员工能从容镇定地应对。具体的内容包括以下几个方面。

1. 若预先知道停电消息时，可用书面通知方式告知住店宾客，以便宾客早做准备。

2. 及时向客人说明是停电事故，正在采取紧急措施恢复供电，以免客人惊慌失措。

3. 即使停电时间较长，所有员工都要平静地留守在各自的工作岗位上，不得惊慌。

4. 若在夜间，使用应急灯照亮公共场所，帮助滞留在走廊及电梯中的客人转换到安全的地方。

5. 加强客房走廊的巡视，防止有人趁机行窃，并注意安全检查。

6. 防止客人因点燃蜡烛而引起火灾。

7. 供电后检查各电器设备是否正常运行，其他设备有没有被损坏。

8. 向客人道歉并解释原因。

9. 做好工作记录。

3.3 宾客意外受伤

客人在客房内遭受的伤害大多数与客房内的设备用品有关：一是设备用品本身有故障；二是客人使用不当。一旦发生宾客负伤、生病等紧急情况时，必须向管理人员报告，同时应立即采取救护行动。

（1）开房门发现客人倒在地上时，应注意宾客是否在浴室倒下；是否因病（贫血或其他疾病）倒地；是否在室内倒地时碰到家具；身上是否附着异常东西（绳索、药瓶等）；倒地附近是否有大量的血迹；应判明客人是否因病不能动弹，是否已死亡。

（2）在发生事故后，应立即安慰客人，稳定伤（患）者的情绪，注意观察病情变化，在医生来到之后告知病情。

（3）服务人员在医护人员来到之前，也可以进行临时性应急处置：如果伤处出血时，应用止血带进行止血；如果不能缠绕止血带时，用手按住出血口，待医生到达后即遵医嘱。

（4）如果是轻度烫伤，先用大量干净水进行冲洗；对于重度烫伤，不得用手触摸伤处或弄破水泡，应听从医生的处理。

（5）如果四肢骨折时，先止血，后用夹板托住；如果是肋骨骨折，应在原地放置不动，立即请医生处置。

（6）如果头部受了伤，在可能的情况下要小心进行止血，并立即请医生或送往医院。

（7）如果后背受了伤，尽量不要翻动身体，应立即请医生或送往医院。

（8）如果杂物飞进眼睛，应立即上眼药或用洁净的水冲洗眼睛。

除此之外，为尽量减少发生在客房内的意外事故，在平时的工作中，服务员要增强责任心，细心观察，严格按照岗位职责和操作规程办，管理人员查房时也要认真仔细，不走过场，许多不安全因素就会被消灭在萌芽状态。

3.4 食物中毒

食物中毒多是因为食品、饮料保洁不当所致，其中毒症状多见于急性肠胃炎，如恶心、呕吐腹痛、腹泻等。为了保障所有来店宾客的人身安全，必须采取以下措施：

1. 采购人员把好采购关，收货人员把好验货关，仓库人员把好仓库关，厨师把好制作关；

2. 客房服务人员发现客人食物中毒时马上报告总机讲明自己的身份、所在地点、食物中毒、人员国籍、人数、中毒程度症状等；

3. 做好记录，并通知医务室和食品检验室、总经理、副总经理、保安部、餐饮部、公关部、行李房、车队到达食物中毒现场。

3.5 外来侵入和骚扰

客房部安全管理工作还要预防外来侵入和骚扰事件，此类事件既影响了酒店的正常营业，威胁着酒店、客人的名誉和安全，也干扰、妨碍客人在酒店中的正常活动与休息。因此，要做好预防工作，防患于未然。

3.5.1 预防外来侵入

为防止住客在客房内遭受外来的侵扰，客房门上的安全装置是十分重要的，包括能双锁的门锁、安全链、无遮挡视角一般不低于160°的门镜、其他能进入客房的入口处的门（阳台门、连通门等）都应能上闩或上锁。

3.5.2 预防骚扰

预防外来的对住客的骚扰，尤其是外来可疑人员骚扰，是客房安全管理中很棘手的一个问题。不但影响酒店的声誉和正常营业，而且也干扰了客人在酒店中的正常活动和休息，威胁着客人的安全。根据国内外一些酒店的经验，可以采取较为灵活的方法加以控制。

1. 保安人员和服务人员不动声色地进行监视，一旦有嫌疑的人员准备乘电梯上楼时，保安人员即用对讲机或电话通知楼层服务员，告知其特征，注意对其的“接待”。

2. 当“客人”走出电梯时，客房服务员可让其办理访客登记手续，并以巧妙方式提问试探，必要时可委婉地请其上楼。

3. 客房服务员应尽量记住住客和访客，特别是一些可疑者的特征，若发现异常情况及时向管理人员或保安部门报告。

4. 可在酒店总机房安装电话来电显示器，若发现有相同号码的电话经常打往酒店不同客房时，可采取预防措施。

5. 当客房部员工发现有住客带外来可疑人员进房时，应报告酒店保安部。

3.6 防爆防毒

凡是对客人造成伤害的任何不安全因素，都在被严格防范之列。在酒店管理过程中，防止意外事故的发生是不可忽视的重要内容，客房部对此类情况更要做好妥善处理工作。

实战演练

名称	客人烫伤处理
时间	1学时
要求	熟练掌握处理程序，熟练处理类似事件
准备	布置场景、准备案例、情境角色
方法	讲解、示范、角色演练
要点	能分析原因，提出处理办法

知识梳理

安全是客房部工作的根本，作为顾客的家外之家，客房部的每一位员工都要有一定的安全意识。本项目中我们学习了客房安全的概念、各种安全事故发生的原因及预防措施。了解了安全设施设备的配置。

主要概念

客房安全　安全设施　安全设备

练习题

1. 安全工作的定义是什么？客房安全设施是如何配备的？

2. 火灾的起因有哪些？

3. 发生火灾时怎么处理？

4. 酒店客房失窃可以采取哪些防护措施?

5. 掌握酒店意外事故的一般处理方法。

技能训练

【训练内容】

组织学生调查酒店消防设备的分布与使用情况。

【实训目标】

通过学生的调查与发现，使学生了解客房消防安全设备的配置及管理意义，在完成作业过程中，增进酒店安全管理的意识，学会基础的客房安全管理方法。

【操作步骤】

1. 将班级每5~6位学生分成一组，每组确定1人负责。

2. 明确任务。

3. 制订调查计划，分配任务。

4. 在小组长的带领下实施调查。

5. 小组提交调查报告。

【成果形式】

撰写《酒店消防设备的分布与使用情况调查报告》。

【任务考核】

工作任务	评价方式		评价标准	分值
客房灭火器的分布情况	个人自评	20%	是否有计划 是否有分工 小组合作 报告的完成情况	100
	小组互评	40%		
	指导老师评价	40%		

项目12 客房部人力资源管理

■ 学习目标

■ 知识目标

1. 理解客房部编制定员的概念。
2. 掌握编制定员的方法和步骤。
3. 了解客房培训的主要类型与内容。
4. 熟悉客房培训的方法。
5. 理解员工绩效考评的含义与作用。
6. 掌握客房部员工绩效考评的方法与程序。

■ 技能目标

1. 会计算客房的编制。
2. 能够设计培训方案。
3. 能够说出绩效考评的内容与方法。
4. 能根据所给情景制定一套考核方案。

■ 实训目标

1. 通过学生的整套培训方案策划，使学生了解客房培训管理的意义。

2. 在完成作业过程中，增进酒店人员的素质意识，学会基础的客房培训管理方法。

■ 教学建议

1. 本项目建议用时4个课时。
2. 建议以案例分析、视频观看、创设任务的教学方法实施教学。
3. 聘请酒店培训部门的员工或者主管进行案例讲座。

学习任务❶ 客房部编制定员

【想一想，做一做】

某酒店有650间客房（均折成标准房计算），分布在3~23楼。客房清扫服务员的定额为早班15间、中班60间；领班的工作定额为早班80间、中班160间。假定酒店年均开房率为80%，员工每天工作8小时，实行每周5天半工作制，且每年可享受法定节假日10天。

想一想

1. 该酒店客房楼层服务员和领班的编制定员总数应为多少？
2. 计算客房编制定员应考虑哪些因素？

知识储备

1.1 客房部编制定员的含义

酒店的编制定员，就是酒店根据实际情况和发展目标，采取科学的程序和方法，合理地确定组织机构和岗位设置，并对各部门、各类人员进行合理配备。它所要解决的是酒店各工作岗位配备什么样的人员，以及配备多少人员的问题，通过对酒店用人方面的数量规定，保障酒店有效运转，促进机构精干高效，提高劳动生产效率。其中，“编制”主要指机构、部门人员配置的规定；“定员”则更侧重从岗位角度确定配备人员的数量。由于酒店部门的编制和定员是彼此密不可分的两项人力资源规划工作，因此这两个概念是统一不可分割的。

客房部是一个劳动密集、工种岗位多、工作环节多、分工细的部门。从工作角度看，客房部的业务运转、服务和管理工作的有效组织是酒店正常经营活动的重要保障；从人员来看，客房部是酒店各部门中所占员工数量比例较大的部门。因此，对于客房部来说，编制定员工作意义重大。

要保证编制定员工作行之有效，必须注意定员标准的先进性和合理性。所谓先进性，就是定员标准必须符合精简、高效、节约的原则。所谓合理性，即定员标准必须保障客房部业务的正常运转，保障员工身心健康，并保持各类人员的合理比例和劳动定额的合理标准，避免劳逸不均，出现人员闲置等现象。

1.2 客房部编制定员的依据与方法

1.2.1 编制定员的依据

酒店确定编制定员的通常做法是根据酒店客房数量，如按照1：1.5的比例，一家用400间客房规模的酒店确定酒店劳动编制定员为600人。其实，这种简单的计算方法不能完全说明问题，影响定员水平的因素有许多方面。客房部在具体编制定员工作时，同样要考虑多种影响因素。

1. 规模与档次

客房部的编制定员与客房部的业务范围成正比关系。规模大、档次高的酒店，客房部业务分工更细、岗位更多，服务项目和服务标准上要求更高，因此，与小型酒店、低档酒店的编制定员有很大不同。

2. 管理模式与业务范围

客房服务一般有两种模式，即楼层服务台和客房服务中心。不同的服务模式在用人数量上存在很大的差异。楼层服务台岗位要求在每个楼层设置2~3班的值台服务人员，因此需要更多的定员编制。相反，客房服务中心人员编制就比较精简。此外，客房部管理方式也影响着定员编制的确定，如酒店将公共区域卫生地面和镜面的清洁维护外包给清洁公司，公共区域的人员编制相应就会减少。

3. 员工素质水平

工作效率的高低，与员工的素质有很大关系。客房部员工的年龄、性别、文化程度，以及工作态度、思想素质和专业水平等的差异都将影响工作定额的确定。了解和预测客房员工未来可能达到的整体水平是制定工作量的重要标准。

4. 工作设施环境

工作环境包括酒店的外部环境，如当地气候、空气质量、周围环境等；酒店内部环境，如酒店设计、布局、流线、装饰风格，以及接待客人的生活习惯和消费文明程度等。如一家酒店重新改造后，客房面积比原来增加许多，房间内增添了多项设备，装修材料上大量采用了玻璃与镜子。这些硬件上的变化需要客房卫生操作的要求和工作的时间定额相应进行调整，从而也会影响到客房部的编制定员。

5. 劳动工具

现代化的工作器具是质量和效率的保证。劳动手段越是现代化，工作定额就越高，用人就越少；反之，工作定额就应降低。

6. 工作量大小

酒店客房部工作量一般分三个部分：一是固定工作量，即指只要酒店开业就会存在，而且必须按时去完成的日常例行工作任务，如客房部的日常管理工作、房务中心、布件房、公共区域卫生、日常清洁保养工作等；二是变动工作量，是指随着酒店业务量等因素的改变而变化的工作量，主要表现在随客房出租率的变化而改变的那部分工作量，如客房的日常清扫整理、对客服务、洗衣服务等；三是间断性工作量，通常是指那些时间性、周期性较强，只需要定期或定时完成的非日常性工作量，如每周楼层申领补充客用品，定期对所有棉织品进行盘点，定期或根据需要对酒店外墙、外窗、地毯进行清洗，地面或家具打蜡等。

1.2.2 编制定员的方法

客房部在一定时期内需要配置的劳动力资源总数，取决于生产、服务、管理等方面的工作量与各类人员的劳动效率。由于客房部人员的差异性、工作性质的差异性，无法用统一的计量单位综合反映他们的工作量和劳动效率。因此，必须根据不同的工作性质，采用不同的计算方法，分别确定各类人员。

常用的方法有以下几种。

1. 历史分析法

历史分析法是通过考察部门历史在位人员数量、质量、业务量、工作量等历史数据的关系，同时，制定者根据以往经验进行分析来确定编制定员的方法。

2. 现场观察法

现场观察法也称实况分析法，即借助实地访谈、跟踪，通过现场观察、写实分析来确定部门编制定员的方法。

3. 劳动效率定员法

劳动效率定员法是一种根据工作量、劳动效率、出勤率来计算定员的方法。主要适用于实行劳动定额管理、以手工操作为主的工种。其计算公式为：

$$定员人数=\frac{工作量}{员工劳动效率\times出勤率}$$

例：某五星级酒店拥有客房500间（套），年平均出租率为80%。客房服务员分早、中两个班次，早班每个客房服务员每天的劳动定额为12间，晚班为48间，该酒店实行每周5天工作制，除固定休息日外，还享受每年7天的有薪假期（10天的法定休假日正常排班，根据劳动法进行加班补偿）。问客房部应该如何确定客房服务员的定员人数。

解：根据上述公式可知：

客房服务员平均年出勤天数=［365-（52×2）-7］=254（天）

客房服务员年出勤率=254÷365×100%=70%

早班客房服务员定员人数=（500×80%）÷（12×70%）=48（人）

中班客房服务员定员人数=（500×80%）÷（48×70%）=12（人）

4. 岗位定员法

岗位定员法就是根据组织机构、服务设施等因素，确定满足工作的岗位数量，再根据岗位职责及业务特点，考虑各岗位的工作量、工作班次和出勤率的因素来确定人员的方法。这种定编方法一般适用于酒店前厅部门、工程部和客房部的一些工作岗位，如门卫、行李员、值班电工、锅炉工、房务中心文员、布件收发员等。

5. 比例定员法

按比例定员是指根据酒店的档次、规模按一定比例确定人员总量；同时，以某一类人员在全员总数的比例和数量，来计算另一类人员数量的方法。这一方法是依据客房部某类人员与酒店之间，或不同岗位人员之间客观上存在规律性比例关系的规律决定的。如客房人员约占酒店总人数的30%，楼层客房服务员与楼层客房领班的比例约为1∶6等。当然，这种比例关系在确定编制时只是一个相对的依据，因为每个酒店的实际情况不同，服务标准和管理目标也不同。

6. 职责定员法

按职责定员是指按既定的组织机构及其职责范围，以及机构内部的业务分工和岗位职责来确定人员的方法。它主要适用于确定管理人员的数量。

7. 设施设备定员法

按设施设备定员是指按设施设备的数量，以及设备开动的班次和员工的看管定额来计算定员人数的方法。客房卫生服务员定员的最主要依据就是根据客房设施的数量和状况，一般高星级酒店客房服务人员与客房数的比例约为1∶5左右；酒店锅炉房、总机房和客房部的洗衣房等部门的岗位定员常根据设备的数量与设备条件作为定员的依据。

1.3 劳动定额的制定

劳动定额是指在一定的生产技术和组织条件下，为生产一定数量的产品或完成一定量的工作所规定的劳动消耗量的标准。劳动定额是现代酒店劳动生产的客观要求。酒店员工一般只从事某一工序的工作，这种分工是以协作为条件的，怎样使这种分工在空间和时间上紧密地协调起来，这就必须以工序为对象，规定在一定的时间内应该提供一定数量的产品，或者规定生产一定产品所消耗的时间。否则，生产的节奏性就会遭到破坏，造成生产过程的混乱。对于酒店客房部，是否能科学合理地制定劳动定额，影响着客房部劳动生产的有效组织与管理，影响着员工的劳动生产率。

1.3.1 劳动定额的表现形式

劳动定额的基本表现形式有三种：一是时间定额，即生产单位产品消耗的时间，如完成一间走客房的常规清洁工作需要40分钟；二是产量定额或工作量定额，即单位时间内应当完成的合格产品的数量，如一个楼层领班一天（白班）需要对60间客房的清洁卫生质量进行检查；三是看管定额，这是一个人或一组工人同时看管几台机器设备。客房部采用什么形式的劳动定额，要根据不同的工作类型、工作特点和工作组织的需要而定。

1.3.2 制定劳动定额的方法

1. 经验统计法

经验统计法包括两层含义：一是以本酒店历史上实际达到的指标为基础，结合现有的设备条件、经营管理水平、员工的思想及业务状况、所需要达到的工作标准等，预测工作效率可能提高的幅度，经过综合分析而制定定额；二是参照员工实际操作所制定的定额，它能够反映员工的实际工作效率，比较适合酒店工作的特点，但这种方法不够细致，定额水平有时会偏向平均化。

2. 技术测定法

技术测定法就是能通过分析员工的操作技术，在挖掘潜力的基础上，对各部分工作所消耗的时间进行测定、计算、综合分析，从而制定定额。这种方法包括工作写实、测试、分析和计算等多个环节，操作比较复杂，但较为科学。需要注意的是，抽测的对象必须能够客观、真实地反映多数员工的实际水平，测试的手段和方法必须比较先进、科学。

实战演练

名称	员工排班
时间	2学时
要求	掌握楼层员工人员编制和日常工作安排的方法及要领
准备	准备案例
方法	讲解、案例分析、编制员工排班计划
要领	（1）安排工作应本着“合理、高效”和“公平、公正”的原则 （2）派工时如果遇到必须兼顾多个楼层，尽量分派给多个员工，避免集中让一个员工来做

学习任务❷ 客房部员工培训

【想一想，做一做】

酒店的李先生是一位工作热情很高的培训经理。可当大家讨论到如何组织专题培训时，他却担忧起来。原来，不久前他花费许多精力，经过多方联系，终于找到了在全国酒店业都非常知名的高教授来酒店做培训讲座。高教授是到当地出差的，临时接下了这项培训任务，于是就根据自己的研究方向给酒店全体员工做了企业文化建设专题讲座。高教授渊博的知识，幽默的语言，高超的授课技巧给大家留下了深刻印象，课堂气氛非常活跃，员工的反映良好。小李也为成功地举办了这次活动而感到欣慰。不过，为这次培训，酒店也支出了不小的费用。当小李要面对培训项目评估时却有些为难了，说心里话，他并没发现这次培训带来多大的实际收益，企业员工的士气和凝聚力方面与以前没有什么变化。

想一想

1. 花这么多钱值得吗？
2. 培训的实际收益不高的原因在什么地方？
3. 培训作用是什么？

知识储备

2.1 培训的意义

培训是指企业通过各种方式使员工具备能完成现在或者将来工作所需要的知识、技能，改变他们的工作态度（Knowledge，Skills，Attitude，KSA），以改善员工的工作绩效，并最终实现整体绩效提升的一种计划性和连续性的活动。培训无论对酒店还是个人的生存与发展都有着不可忽视的意义。

2.1.1 提高员工素质

通过培训可以提高员工的行为能力和综合素质，从而提高了工作质量和工作效率，减少了工作中的失误，降低了成本，提高了客户满意度；培训使员工更高层次地理解和掌握所从事的工作，增强工作信心。培训也提高了管理人员的管理决策水平。

2.1.2 改善服务质量

服务质量是酒店经营与发展的生命。全面而持续的培训则是服务质量的必要保障。培训意味着员工不断学习新知识，掌握新技术和先进正确的工作方法，改变错误的或落后的工作方法，不断地了解满足顾客需要的变化发展。培训不仅加强了服务规范，同时建立在改进质量问题基础上的培训更推动了酒店服务水平和管理水平的提升。

2.1.3 降低损耗和劳动成本

培训有效地降低了损耗和劳动成本，使酒店在市场经营中保持优势。有关专家研究结果表明，培训可以减少73%左右的浪费。例如在以创建绿色酒店为主题的培训中，员工掌握了更为科学、合理、高效、节能和安全的操作方法，节约能源、减少损耗的环保意识加强，使酒店的经营成本降低。同时，经过培训，员工的操作技能、工作效率得到提高，使劳动成本降低。

2.1.4 开发员工潜能、创造发展机会

现代酒店将培训与开发联系在一起。培训不仅定位于为了改善个体目前的工作技能，实现企业的短期目标，更着眼于企业与个体的长期目标。一方面，员工不断地经过“培训—工作—再培训—再工作”系统而持续的学习过程，使员工具有担任现职工作所需的学识与技能，以保证出色地完成本职工作；另一方面，通过培训，也使员工具备了将来担任更重要职务所需的学识与技能，并为以后的晋升和个人发展创造了条件。

2.1.5 提高员工忠诚度

酒店的培训与开发体系不仅有助于提高员工的能力，创造了新的发展机会，也促使员工在学习中不断感受到自己的成长对企业发展的重要性，更自觉地理解和认清酒店在各个阶段的管理目标，不断调整自己去满足企业的需要，从而增强了员工对企业的使命感、忠诚度和工作满意度，这也是酒店获得的来自员工的良好回报。

2.2 培训特点

1. 实用性，以培训需求为原则，讲究实用。

2. 成人性，缺乏学习动力，功利心强，记忆力差，但理解力强。

3. 在职性，不能影响工作，利用休息、下班时间穿插学习，有强制性。

4. 多样性，内容多样、形式多样、层次多样。

5. 速成性，强调时效。

6. 持续性，终身教育。

2.3 培训的类型与方法

2.3.1 培训类型

酒店员工培训的种类很多，依据不同，划分的类型也不同。

1. 按培训对象的不同层次划分

酒店培训是全员性的，不论是一般员工，还是中、高级管理人员都需要通过培训提高三种技能，即概念技能、人际关系技能和劳动操作技能。概念技能指与观念、概念、思想意识有关的技能，主要是通过系统的理论学习获得和提高。人际关系技能是与人沟通和影响他人的能力，主要通过长期的生活与社会实践中培养，劳动操作技能主要是指动手能力，如清扫客房、餐饮摆台、办理订房手续等，主要通过不断的训练得到掌握。不同层级的员工技能结构的要求不同，相对而言，高级管理人员需要具有更高的分析、判断、决策管理的能力，而基层员工更需要实际业务的操作能力。这就使酒店培训中划分为高级管理人员培训、中级管理人员培训、基层或督导层培训、服务员及操作人员培训。

2. 按实施培训的不同阶段划分

按照实施培训的阶段不分类，大体上可分为职前培训、在职培训及非在职培训三种。

（1）职前培训。职前培训是员工正式获得职位，任职之前所进行的系列培训。职前培训的最主要内容是新员工入职培训。它是指新员工进入酒店报到后，正式分配部门工作前进行的各类培训活动，国外称为“导向培训”（Orientation Training）。它也是酒店培训工作最基础、最重要的内容。入职培训的目的是帮助新员工树立酒店意识，明确自己的角色定位，获取作为酒店工作人员必备的理论知识，以符合酒店工作人员的基本要求。新员工入职培训由酒店人力资源部组织和实施，内容包括向新员工正式介绍组织的基本情况和主要政策，并进行关于礼貌服务、消防安全、卫生防疫等基础性、公共性的酒店专业知识技能的培训。酒店还会带领新员工参观酒店。通过这些培训，使新员工熟悉工作环境、工作的基本要求，并在一开始就重视培养新员工对组织的情感。

当入职培训结束并通过测试后，新员工被分配到部门报到，开始在部门进行岗位培训。部门经理或部门培训师负责向新员工进行部门业务知识讲授，领班和师傅以传、帮、带的指导方式进行操作技能培训（详见表12-1），目的是使新员工更快地熟悉工作岗位的任务要求，掌握业务程序和规范，了解如果碰到困难和问题，应该通过什么渠道来解决。

表12-1　×××酒店客房部新员工岗位培训内容

岗位：楼层服务员

序号	项目	培训内容	课时
1	部门概况介绍	1. 部门组织机构 2. 客房工作纪律 3. 客房消防安全知识 4. 电话接听规范 5. 各类表单填写与操作 6. 工作概况 7. 内部成员介绍 8. 部门参观与设施介绍	1天
2	服务知识	1. 敲门规范 2. 中式铺床操作规范 3. 整房操作规范及注意事项 4. VIP、散客、会议客人、访客接待 5. 洗衣服务规范 6. 留言服务规范 7. 小整服务、夜床服务规范	1天
3	操作规程	1. 整理房间（各类房型） 2. 工作车整理保养 3. 对客服务	10天
4	综合考核	走房整理、铺床、敲门进房、补备客用消耗品、输送布件等	2课时
		培训时间总计	13天

（2）在职培训。在职培训是指酒店员工在工作岗位完成生产任务过程中所接受的培训。其主要特点是培训内容与岗位需要直接挂钩，目的在于帮助员工

及时获得适应酒店发展所必需的知识和技能，不断提高工作绩效，完备上岗任职资格。因此，在职培训是职前培训的继续与延伸，是从初级水平或初级阶段向中级阶段发展的培训。

在职培训主要定位于岗位业务培训，但形式内容多种多样。如回炉培训是指对已经过上岗培训的员工进行的再培训，目的是使他们纠正工作中的错误与不足，巩固和强化正确的操作技能。交叉培训是指有计划地换岗、换部门进行业务培训，以使员工熟悉不同部门或岗位的业务，具备多项专业技能，酒店常通过这种培训方式培养业务骨干和储备干部，也有利于企业根据工作需要灵活而合理地调配人员。

（3）非在职培训。非在职培训是指酒店企业的员工暂时离开岗位或部分脱离岗位，即脱产或半脱产到有关的教育机构参加为期较长的学习或进修。许多种情况下，酒店会安排部分员工进行这种形式的培训，若因酒店面临全面更新改造，有精力充分考虑业务骨干的培养；又比如员工工种变更、职位提升，需要进行系统的学习与提高。

根据受训时间安排及受训员工脱产时间长短，职外培训可分为全日式、间日式与兼时式培训。受训员工以全天时间脱产参加培训为全日式培训。为了避免影响工作，也可采用间日式，即非连续进行培训，间日为之。兼时式培训为在职培训与职外培训均可采用的方式，为避免影响工作或培训安排需要，受训员工每天仅接受若干小时的训练，其余时间仍返回工作岗位继续工作。

3. 按实施培训的不同地点划分

（1）店内培训。在酒店人力资源部或各部门统一计划安排下，利用酒店的培训教室、员工食堂等后台设施场地，或利用闲置的空房、非营业时间的餐厅等进行培训。

（2）店外培训。店外培训主要指委托院校或培训机构组织实施的培训。其中包括选送员工到旅游酒店院校进修、学习或参加培训机构为获得职业或岗位证书而组织的培训考核，去国内外相关酒店参观、考察、实习等。

2.3.2 培训的内容

客房部的业务培训涉及不同部门、区域、岗位及工作任务，内容十分广泛。其主要包括几大方面。

1. 部门及岗位基础培训

- 客房部组织机构、岗位设置及分工。
- 客房劳动纪律。

- 岗位职责。

2. 对客服务

- 礼节礼貌礼仪规范。
- 不同国家、地区宾客的习俗与特点。
- VIP接待与服务规范。
- 客人投诉分析及处理。
- 对叫开房门客人身份的确认。
- 房间有无客人的判断确认。
- 敲门进入客房的规范。
- 宾客茶水服务的注意事项。
- 对特殊客人服务。
- 电话接听规范及电话礼节。
- 客衣送洗服务。
- 擦鞋租借服务。
- 应急事件的分析及处理。

3. 客房区域卫生清洁与保养

- 各类房型、房态的房间清洁程序和操作规范。
- 加床服务、小整服务与夜床服务。
- 杯具洗涤、消毒。
- 工作车的配备、清洁与保养。
- 灭虫工作。
- 各项计划卫生操作标准与规范。
- 客房设备维护保养。
- 客房安全。
- 钥匙的管理。
- 消防安全。
- 卫生防疫。
- PA业务。
- 电梯、玻璃、镜面、金属类材料的清洁保养。
- 大理石、花岗岩、木质地面及地毯的清洁保养。
- 吊灯的清洁保养。
- 各类清洁剂及清洁设备工具的使用。
- 客房部督导管理。
- 客房部与其他部门的沟通与协调。

- 沟通技巧。
- 如何开好班前会。
- 如何有效地进行员工激励。
- 如何建立高效团队。

2.3.3 培训的方法

1. 讲授法

讲授法是由专人对参加人员用讲解传授的形式传播知识，是最常用的培训方法。这种方法的效果很大程度上取决于教师。

2. 演示法

演示法也可称为示范法，是通过模拟工作现场或在真实的工作环境中利用设施、使用实际设备及器具、用品进行操作、展示和讲解，这种培训方法比讲解法更为直观，多用于技能培训和训练。

3. 个案分析法

个案分析是对现实工作中发生过的某个典型的事例进行分析与研讨，并提出看法或对问题见解的一种培训方法。个案分析方法的特点是通过解决实际问题来学习，它始终贯穿的主题是“你将怎么做”和“为什么”。学习者不仅可以熟练掌握和运用已学过的概念、知识，而且可以发展自己的观点和技巧，甚至在此基础上产生新的概念、新的思路。个案教学比看教科书更加生动、真实。它与传统的讲授教学形式也不同，后者是教员作系统的讲解，学员则被动地听和记。而在个案教学中，学习主要是在相互讨论与争辩的氛围中进行的，学员充当主角、中心和主动的学习者，教员则更像导演或教练，起着穿针引线，帮助学生相互沟通，启发学生自己去做分析判断的作用。

4. 角色扮演法

角色扮演是一种非正式的表演，它通过学员扮演各种实际工作中的角色，亲自参与解决各种实际问题，通过别人的眼睛去看问题，去体验别人的事情，或者去体验别人在特定的环境里会有什么样的反应和行为。角色扮演活动程序一定要首先是扮演者，其次是观察者，最后是教员。学员在扮演角色时要能把自己融入进去，观察者在观察时要能集中在整个表演过程中，并使自己沉浸在具体事例中，以便判断学员扮演角色的真实性。最后，教员通过列举一些更加具体、细致表演的行为，总结出整个学习的要点。角色扮演要注意的是：教员要严格控制时间进度，避免表演有余而实际问题解决不足的毛病，避免过激行为。每个参与者都要积极参与，进入表演、观察、评说。角色扮演教学法的优点是：可以使学员通过表演剧情中的各种角色来接触实际问题；使学员能够了解别人的思想、观点，而且能够评价这些思想和观点。

5. 小组讨论发言法

小组发言即指将全体学员分成3~6人一组的若干小组，在规定的时间内讨论某一特点问题，并将讨论结果由小组代表在全班做交流发言，最后再由教员做总结性发言的培训方式。“小组发言”使每个人都能充分参与、表述自己的观点，所以能在较短时间内产生许多各种各样的思想及观点，有助于提高讨论问题的深度和广度，能提供给新的思路。由于能在最短时间内让每个人充分参与，因而调动了学员学习的积极性，且使整个学习显得轻松热烈、气氛活跃。

6. 管理游戏法

管理游戏法是20世纪兴起的一种用于高级管理培训的方法。管理游戏法具有生动、具体的特征。案例分析中，受培训员工在人为设计的理想条件下轻松地完成决策，而管理游戏法则常因游戏的设计使学员在解决问题的过程中面临更多切合实际的管理矛盾，决策成功或失败的可能性同时存在，需要受培训人员积极参与和训练，运用有关的管理理论与原则、决策力与判断力对游戏中所设置的种种境遇进行分析研究，采取必要的有效办法解决难题，争取游戏的胜利。

实战演练

名称	员工培训
时间	2学时
要求	在熟悉客房业务的基础上，准确而有效地完成对新员工的业务培训，掌握培训技巧
准备	教室、黑板、笔、演示的工具（根据培训内容）
方法	小组情境训练、角色演练
要点	小组准备工作充分，注意仪容举止，表达流畅，与培训对象互动

学习任务③ 客房部员工绩效考评

【想一想，做一做】

某酒店客房部为了配合酒店组织机构调整和人员精简的战略布置，决定减少领班的编制。由于楼层客房领班的主要职责就是查房，要想做到领班减员，就得从减少领班查房的工作量入手。为此，客房部制订并实施了“优秀员工免查房”计划，将原来客房清扫后，领班对卫生质量进行全面普查的做法改为一部分客房由员工自我检查，自我控制客房卫生工作质量。客房部制定了相应的制度和实施办法，规定客房服务员可向部门提出“免查房”申请，由客房部经理、主管和领班对其进行为期一个月的、跟踪式的绩效考核，以证明该服务员是否具有很强的专业能力和良好的工作表现，是否能保证质量地完成客房清扫任务。考核通过的服务员则作为优秀客房服务员，并获得客房免查资格。如果发生客人投诉或在主管抽查中发现严重差错，则取消资格。对于获免查房的优秀服务员，因其提高了酒店劳动生产效率、降低了人力成本，每月则享受客房部的专项津贴。

该项措施的实施大大激励了客房服务员的工作积极性和自觉性，使客房服务质量有了明显提高，并减少了领班的工作量，从而实现了客房部的管理目标。

想一想

1. “优秀员工免查房”体现了酒店管理的创新意识，它的依据是什么？
2. 试分析实施该项制度会不会出现什么负面影响？如果会，是什么？

知识储备

3.1 绩效考评的含义与内容

3.1.1 绩效考评的含义

绩效考评，又称人事考核、绩效评估等，是指按照一定的标准，采用科学的方法，检查和评定企业员工对职务所规定职责的履行程度，以确定其工作成绩的一种有效的管理方法。研究表明，绩效考评具有控制、激励、标准、发展以及沟通功能。绩效考评是酒店人力资源管理的基础工作，酒店通过对员工的工作表现与成绩的系统评定，确定员工的待遇、决定员工的工作岗位以及安排培训工作，也是对员工奖励与处罚的重要依据。有效的绩效考评还能为员工创造良好的工作环境，对提高酒店的服务质量和员工的工作积极性，提高酒店的经营效益，增强酒店竞争力具有重要的意义。人事考核的精神实质在于其人本主义的管理思想，即注重员工工作能力的提高和发展潜能的发挥，体现员工参与管理的实质性。因而，这种绩效考评方法在酒店中有十分重要的应用意义。

酒店绩效考评包括两个含义：广义上指对组织和个人的全面绩效评估，而狭义上指对员工个人的绩效考评。本节主要就后者进行讨论。

客房部员工的绩效考评是指针对客房部每个员工所承担的工作，应用各种科学的定性与定量的方法，对员工工作的实际效果（数量、质量、成本费用等）及其对酒店的价值贡献进行的考核和评估。绩效考评是收集、评价和传递员工在其工作岗位上的工作行为和工作绩效信息的过程，是对员工工作优缺点的一种系统描述。

科学的员工绩效考评体系，既可以掌握员工的劳动态度、工作绩效，还可以帮助员工认识自己的潜在能力，更作为酒店人力资源开发管理的有效激励机制，为确定员工劳动报酬、人员调配和晋升、实施奖罚措施、制订培训计划提供了依据。

3.1.2　绩效考评的内容

1. 工作能力评估

工作能力是个体工作业绩的基础和潜在条件，没有工作能力就不可能创造好的工作业绩。工作能力评估就是酒店对员工体能、知识、智能、技能和管理能力等内容的评估。

2. 工作业绩评估

工作业绩是指员工的工作成果和效率。工作业绩评估就是对员工职务行为的直接结果进行评价的过程。这个评价过程不仅可以说明各级、各岗位员工的工作完成情况，更重要的是通过这些评价推动员工有计划地改进工作，以达到酒店各部门、各项业务的要求，符合酒店发展的需要。一般说来，可从员工工作量、工作质量和工作效率等方面来进行业绩评估。如客房部在一个考核周期对客房服务员做清洁卫生的客房数量、卫生合格率、顾客投诉率等进行统计、对比和分析，客观地评价员工在这一阶段的工作表现和工作效果。

3. 工作态度评估

工作态度主要指纪律性、协作性、积极性，服务、归属、敬业和团队精神等影响员工作能力发挥的个人心理因素。当然，影响工作能力发挥的还有外部条件的限制，在绩效评估中对员工作态度进行评价，就是要鼓励员工充分发挥个人的主观能动性，最大限度地创造优异的工作业绩。

3.2 绩效考评的方法

3.2.1 排序比较法

排序比较法是对酒店同一部门内的员工进行排序，这是一种传统而简单、易于操作的绩效评价方法，也是最常用的方法之一。

排序比较法分为直接排序法和交替排序法。直接排序法要求客房部经理将本部门所有员工按照工作表现和工作业绩从高到低（从最好到最差）进行排序。交替排序法是根据某些工作绩效评价指标，将绩效最好的员工和绩效最差的员工分别进行排序。例如，一个班级20名员工，在评估表上方按绩效最好的1、2、3、4……10依次排列名单，下方相对应处的排列正好相反，按绩效最差的倒数1、2、3、4……10排列，这样从最好和最差向两个方向将所有考评对象全部排列。交替排序法简单而明了，但不适用于公开评估，一方面挫伤员工的自尊心，也无法真正反映员工的优缺点。

3.2.2 配对比较法

配对比较法是指在某一业绩标准和全面表现、工作质量或接受新事物能力等的基础上，把每一员工都与其他员工相比较来判断谁更好，并记录每一个员工和任何其他员工比较时被认为最好的次数，根据次数的高低给员工排序。这种方法较之于排序法的优点在于，考虑了每一个员工与其他员工绩效的比较，更加客观。

3.2.3 强制比例法

强制比例法是指考评中把员工划分为几个等级，根据正态分布原理，规定优秀的员工和不合格员工的人数或比例，而将大部分员工的工作绩效分布于中间。比如，优秀员工和不合格员工的比例均占20%，其他60%为合格、一般、较好的普通员工。强制比例法适合对部门内相同职务员工较多的情况下采用，它可以有效地避免由于考评人的个人因素而产生的考评误差。

3.2.4 目标考评法

目标考评法是根据被考评人完成工作目标的情况来进行考核的一种绩效考评方式。在开始工作之前，考评人和被考评人应该对需要完成的工作内容、时间期限、考评的标准达成一致。在时间期限结束时，考评人根据被考评人的工作状况及原先制定的考评标准来进行考评。目标考评法是酒店目标管理的核心体现。

3.2.5 关键事件法

关键事件法是指部门主管或负责考评的其他管理人员平时把员工工作中好的及不好的“重要事情”收集并记录下来。这些事情经过汇总后就能反映员工的全面表现。根据这些书面记录进行整理和分析，最终形成考评结果。采用这种考评法时，必须对从上次考评到本次考评的整个考核阶段内发生的每件重要事情及时作好记录，包括正反两方面的事迹，使考评尽可能公平正确。此外，对员工的全面考评一般不宜单独采用该方法，而要结合其他考评方法。

3.2.6 计分考评法

计分考评法是指部门根据岗位工作任务和工作标准，事先确定考核内容和考核项目的分值，考核时由主管对照该表，根据被评估对象的实际工作情况进行打分，从每项指标分数的高低来评价员工业绩和工作表现的方法。其具体内容详见表12-2。

表12-2 员工工作表现考核评分表

部门：	岗位：		员工姓名：
项目	标准	得分	说明
1. 客房清扫完成工作量要求	30.0	29.0	
2. 客房清扫质量完好	25.0	20	
3. 保持工作车的清洁	20.0	17.5	
4. 一次备齐工作用品	3.0	1.5	
5. 工作结束关闭设备	3.0	3.0	
6. ……	3.0	2.0	
合计	100	80.5	

主管签名： 日期：

3.2.7 评语法

评语法是指由考评人撰写一段评语来对被考评人进行评价的一种方法。评语的内容包括被考评人的工作业绩、工作表现、优缺点和需努力的方向。评语法对员工整体工作表现的概括性和总结性强，应用也非常广泛。但由于该方法可能会有较强的主观性，不适于单独使用。

3.3 绩效考评的程序

3.3.1 制订考核计划

酒店制订考核计划，是人力资源部与各部门、部门管理者与员工在共同参与的基础上确定的员工绩效目标和绩效考评周期。它是实施考核工作的指导性文件，是员工绩效考评过程的开始。

为了保证绩效考评能顺利进行，人力资源部主管和客房部主管必须事先制订有关计划，首先要明确考核目的和对象，再根据目的选择重点的考核内容、时间和方法。如考核新员工是否达到转正的要求和员工晋升资格考核，考核目的不同，对象不同，考核内容和考核方法也不相同。

3.3.2 确定考核标准

在考核计划确定之后，接着要确定绩效考评标准。考核标准的合理性与科学性直接决定着考核工作的有效性。如果没有客观的考核标准，考核者就无法客观地对被考核者做出准确的评价；同时，如果考核标准制定得不合理，考核结果和员工的实际表现就会存在偏差，从而影响考核工作的公正与公平。

客房部绩效考评标准的确定应注意几个方面的问题：（1）绩效考评标准应该是根据工作本身来建立的，而不管谁做这项工作，即所谓对事不对人；（2）绩效考评在客房部及员工个人的控制范围内，而且是通过部门或个人的努力可以达到的；（3）绩效考评的标准应是公开的，员工对标准应该清楚明了；（4）绩效考评标准是员工参与共同制定的。管理者与被管理者对标准的合理与否达成共识有助于建立和谐的工作关系，并有效地激励员工；（5）绩效标准尽可能量化，而且是可变的。对一些现象或态度的考核内容，应该使用通俗文字详细说明，并在执行过程中定期地讨论操作标准，不断地改进。

3.3.3 实施考核

在绩效考评的具体实施阶段，客房部经理或主管在考核计划的指导下，对照考核标准对被考评人员各方面的表现进行观察、跟踪，并做好信息收集和记录。

考核信息的收集和记录是考核实施的核心内容，也是整个考核结果的依据。它可以帮助管理者及时地了解员工工作表现，发现绩效问题，有助于管理者找出问题产生的原因，并迅速地实施改进措施。书面的记录还可以防止不必要的劳动纠纷，为管理者在绩效评价时提供充分的事实根据，避免各种偏见或误解所造成的消极影响。管理者与被管理者进行绩效反馈面谈能够言之有据，防止上下级之间由于在对绩效评价等级上的分歧而产生的矛盾与冲突。通过信息的收集和记录，管理人员还可以积累大量关键事件，从中发现员工的潜在培训需求、需要提高的工作技能与需要丰富的工作知识，从而帮助管理者制订有效的培训方案与员工个人发展计划，以便针对性地发展与培养员工。

1. 信息收集与记录的方法

信息收集与记录的方法和途径根据考核目标，以及考核需要掌握的信息内容不同而不同。通常收集考核信息的方法有查阅考勤记录、工作日记、生产报表（如客房清扫工作日报表）、备忘录、现场观察记录、同事反映、顾客评价（如感谢信、客人投诉）、立功记录（如获得月度最佳服务员）、事故报告（如违反规章制度造成客人或酒店财产损失）等。

2. 绩效信息收集与记录的注意事项

绩效信息在收集与记录时，应特别注意关键事件数据记录的问题。关键事件数据指的是比较极端的行为，常常是员工极端负面的行为，比如在上班期间喝醉酒、与客人发生口角甚至殴打顾客、对同事行为不端、利用工作之便偷窃客人或酒店物品等。由于这些极端行为往往可以成为立即解雇的理由，因此管理者应尽快和尽可能多地做出相应的记录。记录应包括事件发生的日期、时间、地点、当时的谈话情况、员工的行为细节以及处理情况等，但应注意的是，在记录时，要以记叙的形式记载事情的经过，不要修饰或解释，用词要客观，避免加入个人主观的意见或感情。在发生某些特别严重的事件时，你可以要求目击事件的第三者也呈送一份报告。

3.3.4 分析评价

这个阶段主要是对员工的德、能、勤、绩等做出综合性的评价。分析评价是一个由定性到定量再到定性的过程，其过程如下。

酒店人力资源部与客房部的绩效分析评价工作反映在《员工工作绩效评估表》上，评估表是在收集各种原始绩效信息和细化标准的基础上进行的归纳，直接形成对员工绩效考核的总体评价。评估表的形式多种多样，可按等级法，如不合格、一般、合格、良好、优秀，对绩效进行评定；也可根据绩效内容的重要程度，确定绩效指标的权重后，在此基础上进行评定。考评部门不同，评估表的侧重也可能不同，用于人力资源部组织的绩效考评的评估表更注重从每个岗位中提炼出有代表性的绩效评价指标，而客房部内部的评估表更具体指向某一岗位的工作要求和业务能力。但无论指标侧重和描述有什么不同，人力资源部与客房部的考评标准和内容应是一致的，都应包括德、能、勤、绩四大方面。

绩效评估表的内容主要包括以下几个部分（详见表12-3）：

（1）员工个人资料，包括员工姓名、部门、职位、编号等；

（2）员工绩效评价，酒店评价指标、评价尺度、实践评价等级或得分、相关评语；

（3）绩效改善的建议；

（4）考评者与被考评者签名或意见。

表12-3　客房部员工工作绩效评估表

<table>
<tr><td colspan="4">第一部分：个人信息</td></tr>
<tr><td>员工姓名</td><td></td><td>职位</td><td>客房服务员</td></tr>
<tr><td>部门</td><td>管家部</td><td>员工证号</td><td></td></tr>
<tr><td>绩效评价原因</td><td colspan="3">☐年度例行评价　☐晋升　☐绩效不佳
☐工资调整　☐试用结束　☐其他</td></tr>
<tr><td>雇员到现职时间</td><td colspan="3"></td></tr>
<tr><td>评价期间</td><td colspan="3"></td></tr>
<tr><td colspan="4">评价等级说明
5——表现十分突出　4——很好　3——好
2——需要改进　1——不令人满意　0——无法做出评价</td></tr>
<tr><td colspan="4">第二部分：工作内容的评价尺度</td></tr>
<tr><td colspan="4">被评价职位：客房服务员</td></tr>
<tr><td colspan="3">A. 客房清洁　评价权重：30%
根据房况报告，确定日常清洁内容，按照操作规程标准，清洁整理离店房与住店房；根据主管安排，做好客房周期性大清洁工作</td><td>评价等级：
评　语：</td></tr>
<tr><td colspan="3">B. 对客服务　评价权重：20%
礼貌服务于客人，对客人的投诉，要求和询问要做出快速与机智的反应；告知客人酒店的其他设施；熟悉所有的酒店设施和服务</td><td>评价等级：
评　语：</td></tr>
<tr><td colspan="3">C. 工作纪律　评价权重：30%
保证部门间的交流、通信和合作；参加所有要求参加的会议和培训；对所有主管和经理所做的决定、计划、日程表和部门会议都有好表现，服从酒店的政策和规定</td><td>评价等级：
评　语：</td></tr>
<tr><td colspan="3">D. 个人形象　评价权重：10%
给客人保持友好、整洁和职业性的形象；保持员工手册上所列的正确的仪容仪表</td><td>评价等级：
评　语：</td></tr>
<tr><td colspan="3">E. 安全意识　评价权重：10%
保证有必要的控制以防客人的财产受到损失或丢失；采取必要的措施有效避免个人人身伤害以及酒店的财产损失</td><td>评价等级：
评　语：</td></tr>
<tr><td colspan="4">总评分：
评　语：</td></tr>
<tr><td colspan="4">第三部分：绩效改善建议</td></tr>
</table>

（续）

第四部分：绩效反馈与签名	
此份报告是根据本人对其工作及行为的观察与了解而得出的 评估者签名：	日期：
我非常同意□ 基本同意□ 有点同意□ 有点不同意□ 完全不同意□ 此份报告 评估者签名：	日期：
审查者签名：	日期：

3.3.5 绩效反馈

绩效考评得到结果并不代表考核工作结束，公正和有效的考核不仅体现在考核标准与考核过程的高度透明，同时还要求考评者必须将考核结果告知被考评者本人，并提供绩效反馈。如果只考核而不反馈与沟通，就会影响实现绩效考评的激励、奖罚、公平竞争等功能的发挥，甚至可能由于员工对考核工作的不理解和不信任，而导致绩效考评目标和目的无法实现。

1. 360度反馈系统

360度反馈系统指绩效考评主体包括被考评者的上级、同事、下级、内部客户、外部客户以及被考评者本人，各自从不同角度对被考评者的绩效做出全方位的考评，并通过反馈程序将评估结果反馈给被考评者，以达到公平全面地评估被考评者的工作绩效，帮助被考评者改善工作行为、提高工作绩效的目的。

通过360度的绩效评估反馈，被考评者可以获得来自多层面的人员对自己素质能力、工作风格和工作绩效的评估意见，帮助被考评者更好地认识自我。360度绩效评估反馈有助于与其他部门、部门内部、同事之间、上下级之间的沟通与互动，提高团队的凝聚力和工作效率。

2. 绩效面谈

绩效面谈也是绩效考评反馈的一种有效方式，在酒店实践中应用广泛。它是指绩效考评结束后，通过管理人员与被考评者面对面的沟通方式，有效地将考核结果反馈给员工，同时也可以及时地了解员工的反映与意见，使上下级之间的交流更为直接和顺畅。

为了达到良好效果，管理人员与员工的面谈技巧非常重要。面谈时管理人员应注意做到以下几点：

（1）对事不对人，评价与批评针对具体事情，避免扩展到对员工个人素质方面的攻击与指责；

（2）言之有据的原则，评估结果具有说服力；

（3）避免“一言堂”的单向交流，采取双向交流，鼓励员工提出不同的意见，而不是强迫压制其接受考核结果；

（4）帮助员工排除紧张与压力等心理障碍，向员工表达相互平等和相互信任的态度；

（5）优缺点并重，客观地、全面地让员工清楚了解管理者对自己的看法与期望；避免过分夸大员工的缺点，而忽视员工的优点。

3.3.6 结果运用

绩效考评本身不是目的，而是一种手段，绩效考评结果的有效运用是管理的关键。绩效考评结果的运用主要体现在以下方面。

1. 绩效考评结果与绩效改进计划

通过绩效考评和反馈，有助于客房管理人员发现员工绩效问题所在，有的放矢地制订和实施改进计划使员工改变原有的行为，提高服务水平和专业能力，改善相应职位的工作效率与工作业绩。客房部可以根据员工特点，设计具体改进绩效的方法，比如，工作轮换、参加相应技能培训、更新工具、改善工作条件、重新设计工作程序、推荐阅读物、组织员工团队活动等。

2. 绩效考评结果与招聘

绩效考评结果在对于客房部内部选拔和外部招聘上具有重要意义。绩效考评结果可以帮助酒店管理者更为客观、准确和全面地认识员工的能力与素质，从而可以帮助管理者对其是否适合提升到相应的职位做出正确的判断。根据绩效考评结果以及绩效管理过程中所收集的其他信息与反馈，可以更好地帮助客房部经理识别岗位优秀人员所应具有的优秀品质与绩效特征，给招聘工作提供有益的参考。

3. 绩效考评结果与培训

通过对绩效考评结果的分析，可以有效地了解各个员工的不足和薄弱环节，从而给人力资源开发与培训提供了决策依据，使培训具有针对性。

4. 绩效考评结果与薪酬制度

绩效考评结果是通过确定一系列量化的指标来体现的，层层细化后成为每个员工的个人工作目标。考核时根据每个人工作目标完成情况提出量的差距，充分体现了个体之间客观的工作表现差异，从而为科学地确定薪酬体系奠定了基础。

5. 绩效考评结果与人事调整

绩效考评结果对于处理酒店内部员工的关系，改善酒店的企业文化，提高员工士气，增强酒店的凝聚力与战斗力也起着关键性的作用。绩效考评结果为酒店提供了与人事处理相关的有力的书面证据，使管理者与人事部门可以负责、公正、主动地运用纪律处分、降职、调动、晋升等人事处理措施，建立科学合理的人事制度，体现酒店的组织公平。

实战演练

名称	员工考评
时间	2学时
要求	在熟悉客房绩效考评的基础上，编制一份对新员工的工作考评表
准备	教室、黑板、笔、演示的工具
方法	小组合作完成
要点	考评表的结构完整，内容准确

本项目总结

知识梳理

员工是酒店的根本，提高员工的劳动效率与职业素质，是客房部的重要工作之一。本项目我们学习了客房劳动定额、编制定员的概念，以及培训的类型与方法、绩效考评的方法与程序。

主要概念

编制定员　劳动定额　培训　绩效考评

练 习 题

1. 客房劳动的定额与定员对客房管理有何影响？

2. 在对员工绩效考评方法中，哪种方法使用得最普遍？为什么？

3. 编制定员的方法有哪些？它们分别适用于哪些部门和职位？

4. 客房部培训的种类与内容有哪些？

5. 客房部对新员工的培训包括哪些内容？应采取怎样的方式？

6. 完整的绩效考评体系包括哪些环节？为什么客房部管理人员要对绩效考评结束进行反馈？

技能训练

【训练内容】

以小组为单位调查酒店客房的培训需求，然后策划培训方案。培训方案包括培训需求、培训计划、培训实施、培训效果评估四个方面内容。

【实训目标】

通过学生的整套培训方案策划，使学生了解客房培训管理的意义，在完成作业过程中，增进酒店人员的素质意识，学会基础的客房培训管理方法。

【操作步骤】

1. 将班级每5~6位学生分成一组，每组确定1人负责。

2. 明确任务。

3. 制订工作计划，分配任务。

4. 在小组长的带领下实施调查。

5. 小组提交培训方案策划报告。

【成果形式】

撰写《酒店客房培训需求及培训计划》报告。

【任务考核】

工作任务	评价方式		评价标准	分值
客房培训需求及培训计划	个人自评	20%	是否有计划 是否有分工 合作工作情况 报告的完成情况	100
	小组互评	40%		
	指导老师评价	40%		

参考文献

[1] 韩军. 酒店前厅运行与管理. 北京：清华大学出版社，2009

[2] 徐文范，贺湘辉. 酒店前厅管理实务. 广州：广东经济出版社，2008

[3] 孔永生. 前厅与客房细微服务. 北京：中国旅游出版社，2007

[4] 徐宝良，朱永松. 酒店服务管理细节. 北京：中国宇航出版社，2007

[5] 栗书河. 前厅服务训练手册. 北京：旅游教育出版社，2006

[6] 吴军卫. 旅游酒店前厅与客房管理. 北京：北京大学出版社，2006

[7] 沈忠红，魏洁文. 现代饭店前厅客房服务与管理. 北京：人民邮电出版社，2006

[8] 项园园. 酒店前厅运转与管理. 北京：高等教育出版社，2005

[9] 劳动和社会保障部职业技能鉴定中心. 前厅服务员中级操作技能考试手册. 北京：中国财政经济出版社，2005

[10] 国家旅游局人事劳动教育司. 前厅服务与管理. 北京：旅游教育出版社，2004

教辅产品及教师会员申请表

申请教师姓名			
所在学校		所在院系	
联系电话		电子邮件地址	
通信地址			
教授课程名称		学生人数	
您的授课对象	本科□ 研究生□ MBA□ EMBA□ 高职高专□ 其他□		
教材名称		作者	
书号		订购册数	
您对该教材的评价			
您教授的其他课程名称		学生人数	
准备选用或正在使用的教材（教材名称 出版社）			
您的研究方向		是否对教材翻译或改编有兴趣？	是□ 否□
您是否对编写教材感兴趣？		是□ 否□	
您推荐的教材是：			
推荐理由：			

为确保教辅资料仅为教师获得，请将此申请表加盖院系公章后传真或寄回给我们，谢谢！

教师签名：

院/系办公室公章

地　　址：北京市崇文区龙潭路甲3号翔龙大厦B06室
　　　　　北京普华文化发展有限公司
邮　　编：100061
传　　真：（010）67120121
读者热线：（010）67129879　67129872-818
网　　址：http://www.ptpress.com.cn
邮购电话：（010）67129872-818
编辑信箱：puhuabook869@126.com